新能源汽车驱动电机与控制技术
（第2版）

主　编：贺翠华　邹德伟　张之超
副主编：王文菁　张林林　胡海青
主　审：白秀秀

北京理工大学出版社
BEIJING INSTITUTE OF TECHNOLOGY PRESS

内容提要

本书详细阐述了新能源汽车驱动电机与控制技术的相关知识及应用，主要内容包括：新能源汽车简要概述；新能源汽车常用的四种驱动电机（直流电动机、交流感应电动机、交流永磁电动机和开关磁阻电动机）的结构认知、工作原理分析、性能特点比较及应用；功率二极管、MOSFET、IGBT三类功率变换器件及电能变换技术；功率电路的功率模块、滤波电容等重要器件模块；常用驱动电机的控制技术；四种新型电动机（双机械端口能量变换器、混合励磁电动机、多相电机和轮毂/轮边电机）的结构、工作原理和特性等。

本教材可作为高等院校、高职院校新能源汽车技术、新能源汽车检测与维修技术、汽车智能技术、汽车电子技术、智能网联汽车技术、智能交通技术等相关专业的教材和社会相关培训班用书。此外，本教材可作为参加全国新能源汽车关键技术技能大赛、汽车运用与维修（含智能新能源汽车）职业技能1+X证书考取、新能源汽车故障诊断与维修工作的参考用书。

版权专有　侵权必究

图书在版编目（CIP）数据

新能源汽车驱动电机与控制技术 / 贺翠华，邹德伟，张之超主编. -- 2版. -- 北京：北京理工大学出版社，2024.2

ISBN 978-7-5763-3970-3

Ⅰ. ①新… Ⅱ. ①贺… ②邹… ③张… Ⅲ. ①新能源－汽车－驱动机构－控制系统 Ⅳ. ①U469.720.3

中国国家版本馆CIP数据核字（2024）第093866号

责任编辑：多海鹏　　**文案编辑**：辛丽莉
责任校对：周瑞红　　**责任印制**：李志强

出版发行 / 北京理工大学出版社有限责任公司
社　　址 / 北京市丰台区四合庄路6号
邮　　编 / 100070
电　　话 / （010）68914026（教材售后服务热线）
　　　　　　（010）63726648（课件资源服务热线）
网　　址 / http://www.bitpress.com.cn

版 印 次 / 2024年2月第2版第1次印刷
印　　刷 / 三河市天利华印刷装订有限公司
开　　本 / 787 mm×1092 mm　1/16
印　　张 / 15
字　　数 / 346千字
定　　价 / 79.00元

图书出现印装质量问题，请拨打售后服务热线，负责调换

前　言

为贯彻落实党的二十大精神，在第一版的基础上，本版教材依据高职高专"新能源汽车驱动电机教学基本要求"及汽车类专业岗位群需要，将立德树人放在首位，加强综合职业能力培养，较第一版主要修订的内容如下：

1. 增加了课程思政内容

本书共计六个项目，每个项目在学习目标、任务引入及任务考核环节，创设职业情境，增强学生的专业信心和民族自豪感，鼓励学生立志为我国新能源行业发展而努力；培养学生团结、包容、不畏困难、吃苦耐劳、专注、安全等职业修养，将课程思政内容融入专业教育始终。

2. 采用最新国家标准

教材内容引用新能源汽车电机最新国家标准，比如《电动汽车用驱动电机系统功能安全要求及试验方法》（GB/T 43254—2023）、《电动汽车用驱动电机系统可靠性试验方法》（GB/T 29307—2022）、《电动汽车用驱动电机系统 第 1 部分：技术条件》（GB/T 18488.1—2015）、《电动汽车用驱动电机系统电磁兼容性要求和试验方法》（GB/T 36282—2018）等。

3. "岗课赛证"融通

根据新能源汽车"岗"位职业需求，在"课"程方面，重构课程体系及课程标准，以"赛"作为课程教学的高端示范和标杆，对标 1 + X 职业技能"证"将职业活动和个人职业生涯发展所需要的综合能力融入教材。对接"新设备、新工艺、新技术"增加电机技术的实车应用案例；增加实训项目（电机三相绕组的检测、能量回收系统的操作演示、旋转变压器的检测等）。

4. 利用信息技术，实现"融媒体"化

通过二维码实现了"纸质 + 视频 + 动画"等媒体立体呈现教材内容；采用信息化教学手段，减少操作风险，增加 VR 虚拟拆装电机操作视频等。

5. 进一步丰富了配套教学资源

为本书配套开发设计了教学课件、任务工单、学习工作页、习题作业、媒体素材等配套资源，服务于学生学习以及教师教学需要。

6. 成果导向的项目——任务体例

为适应新能源汽车岗位群能力本位人才培养需求，修改第一版教材的章节体例为项目任务体例，设计新能源汽车驱动电机销售和检修为载体的实训任务，增加必需、够用的基础理论知识，在实践中培养学生电机介绍和检修等技能。

为了易于学习和掌握专业技能，本书编写时选用了大量图例，文字力求简练、通俗，内容简明扼要。

本书由烟台汽车工程职业学院贺翠华老师主持编写，贺翠华、邹德伟和张之超任主编，王文菁、张林林和胡海青担任副主编。具体分工为：贺翠华编写项目1和项目2，邹德伟编写项目3，张之超编写项目4，王文菁编写项目5，张林林编写项目6，胡海青负责教材视频、习题、课件等教学资源建设。

本书由烟台汽车工程职业学院白秀秀教授主审，白教授对全书进行认真细致的审校，并提出了宝贵的意见和建议，在此表示衷心的感谢！

在本书的编写过程中，查阅引用了参考资料及网络上的相关内容，在此对所引用资料的作者表示感谢；本书第2章有18幅涉及电动机结构组成及原理分析的图片为鹏芃科技网站授权使用，在此对鹏芃科技网站和曹连芃教授表达诚挚的谢意，请各位读者尊重原创，勿将图片以任何形式用于他处，可登录网站http://www.pengky.cn/查询相关详细资料。

由于编者水平有限，书中不免有遗漏和不足之处，敬请各位读者批评指正。

目 录

项目1　走进电动机　　1
　　任务1　识别新能源汽车的分类与特点　　2
　　任务2　介绍驱动电机　　11
　　任务3　识别电机驱动系统的组成结构及关键技术　　19
　　任务4　介绍电机驱动系统的发展现状与未来趋势　　28

项目2　常用驱动电机认知　　36
　　任务1　直流电动机认知　　36
　　任务2　交流感应电动机认知　　46
　　任务3　交流永磁电动机认知　　57
　　任务4　开关磁阻电动机认知　　70
　　任务5　驱动电机的选择　　79

项目3　功率变换器分析　　86
　　任务1　功率半导体器件认知　　86
　　任务2　DC/DC变换器认知　　99
　　任务3　AC/DC变换器认知　　107
　　任务4　DC/AC变换器认知　　115

项目4　功率变换器应用技术分析　　123
　　任务1　功率电路分析　　123
　　任务2　冷却技术分析与选择　　137
　　任务3　IGBT驱动与保护电路分析　　148

项目5　驱动电机控制技术分析　　155
　　任务1　直流电动机控制技术分析　　155

  任务 2 交流感应电动机控制技术分析 161
  任务 3 交流永磁电动机控制技术分析 176
  任务 4 开关磁阻电动机控制技术分析 184

项目 6 新型驱动电机认知 194
  任务 1 双机械端口能量变换器认知 195
  任务 2 混合励磁电机认知 202
  任务 3 多相电机认知 211
  任务 4 轮毂/轮边电机认知 221

参考文献 229

项目 1　走进电动机

随着人口的增加及生活质量的不断提高，汽车保有量不断增长，而且从目前的发展趋势看来，汽车需求量也会不断增加。传统燃油汽车是以汽油、柴油为主要能源的。能源是现代工业文明的基础之一，是人类赖以生存与发展的重要保障，但从世界范围来看，以石油为典型代表的能源危机日益凸显，在 20 世纪 20 年代，有人预测全世界石油还能利用 100 年，而到 1970 年石油可开采年数月减少到 40 年。20 世纪，发生了多次因能源尤其是石油引发的战争，给国际造成了巨大的影响。2022 年，俄乌冲突导致新一轮能源市场的动荡。乌克兰的紧张局势，以及美国和欧洲对俄罗斯实施的一系列经济制裁带来了地缘政治风险，阻碍了全球的原油和天然气供应。由于欧洲的天然气供应高度依赖俄罗斯，在地缘政治风险的影响下，欧洲的天然气价格正在上涨，给尚未结束的欧洲能源危机增加了不确定性。随着石油资源、天然气资源、煤炭资源、铀等资源极速短缺，以及过度开采造成的国土资源破坏，能源危机与环境污染等问题凸显。化石能源与原料链条的中断，必将导致世界经济危机和冲突的加剧，最终葬送现代市场经济。事实上，中东及海湾地区与非洲的战争都是由化石能源的重新配置与分配而引发的。这种军事冲突，今后还将更猛烈、更频繁。总之，能源危机迟早会爆发，并且它的爆发将具有爆炸性。因此，开发出可以代替石油且能够满足需要的新能源，减少对石油的依赖，增加燃油消耗少的节能车数量，已成为各国当前迫在眉睫的任务。

工业废气和汽车尾气造成了严重的环境污染问题。石油化工行业是工业废气生产排放量最大的行业，也是废气污染治理最困难的。由于石油化工生产中排放的废气不但成分复杂、种类繁多，且排放量大、污染性强，难以治理。汽车尾气中含有上百种不同的化合物，这些化合物不仅会对空气造成污染破坏，对人类健康的伤害也影响巨大。大气污染及二氧化碳排放问题日益严重，导致这些问题的主要原因——汽车尾气排放，越来越受关注，并成为亟须解决的问题。

解决以上能源与环境问题的最佳方案是发展新能源与清洁能源。目前传统汽车技术还无法改变上述问题，若要摆脱对石油能源的依赖，减轻大气污染，改变传统汽车的不足，那么发展新能源汽车是必由之路。与传统汽车相比，新能源汽车是采用非常规的车用燃料作为动力来源（或使用常规的车用燃料但采用新型车载动力装置），综合车辆的动力控制和驱动等方面的先进技术，具有新技术、新结构的汽车。2023 年前三个季度，我国新能源汽车产业保持强劲发展势头。据中国汽车工业协会数据显示，2023 年前三个季度新能源汽车产销量分别完成 631.3 万辆和 627.8 万辆，同比分别增长 33.7% 和 37.5%。新能源汽车新车销量占汽车新车总销量已经达到 29.8%。中国发展新能源汽车主要出发点如下：石油储量有限，是不可再生能源；大力发展新能源汽车有利于国家能源安全；新能源汽车是实现"碳中和"和"碳达峰"的重要抓手；有利于中国汽车工业实现对欧美日传统汽车强国的超越；相较传统燃油汽车，电动汽车性能更强、费用更低。

任务 1　识别新能源汽车的分类与特点

一、学习目标

1. 知识目标

（1）掌握新能源汽车的分类与特点。

（2）掌握各类新能源汽车的典型车型。

2. 能力目标

（1）能够描述新能源汽车类型及特点。

（2）能够描述常见新能源汽车的动力结构形式。

3. 素质目标

（1）培养学生查阅资料的能力。

（2）培养学生归纳总结的能力。

二、任务引入

假如你正在一家新能源汽车 4S 店做销售员，顾客咨询店里的新能源汽车的种类及特点。请问你该如何向这位顾客进行介绍呢？

三、知识储备

按照动力源的不同，新能源汽车主要分为纯电动汽车（battery electric vehicle，BEV，包括太阳能汽车）、混合动力汽车（hybrid electric vehicle，HEV）、燃料电池汽车（fuel cell electric vehicle，FCEV）和其他新能源（如超级电容、飞轮、压缩空气等高效储能器）与非常规的车用燃料（指除汽油、柴油之外的燃料，如天然气（NG）、液化石油气（LPG）、乙醇汽油（EG）、甲醇、二甲醚等））汽车的四大类。纯电动汽车与传统内燃机汽车的最大区别是动力系统。纯电动汽车的动力系统主要由动力蓄电池、驱动电机及其控制系统等组成，能够实现车辆减速制动时的能量回收；混合动力汽车主要指利用发动机与电动机的组合作为动力能源的汽车，其突出优点是发动机工作在经济工况区，排放低、燃油消耗量少，同时可以回收车辆减速制动时的能量。混合动力汽车被认为是当代汽车工业为保护大气环境及资源利用而采取的重大举措，近年来在国外取得了长足的发展，是当前最具产业化的新能源汽车。燃料电池汽车的动力系统主要由燃料系统、空气供给系统、燃料电池组、整车动力总成控制系统、驱动电机及其控制系统、DC/DC 变换器和蓄电池（batyery，BAT）等组成。由于燃料电池汽车采用燃料电池作为动力源，可以实现完全的零污染、零排放，因此，被认为是最具发展前景的新能源汽车。

1.1.1 纯电动汽车

纯电动汽车，又称蓄电池电动汽车、二次电池电动汽车，是完全由可充电电池（如铅酸电池、镍镉电池、镍氢电池或锂离子电池）提供动力源，用电机驱动车轮行驶，符合道路交通、安全法规各项要求的电动汽车，其结构形式如图 1 - 1 所示。

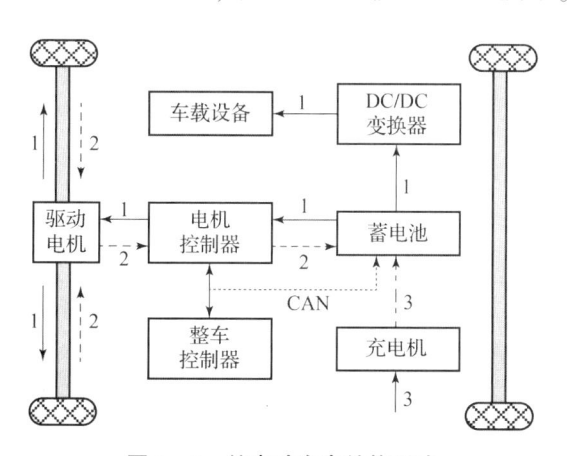

图 1 - 1 纯电动汽车结构形式

在图 1 - 1 中，模式 1 为电动运行，由蓄电池输出电能，通过电机控制器进行电能变换，控制驱动电机运行，通过减速或变速装置将动力传输给车轮，驱动车辆运行；模式 2

为制动运行,当车辆减速或制动时,由电机控制器控制驱动电机运行于发电状态,将车轮动能转换为电能储存于蓄电池;模式 3 为外接充电模式,由车载充电机(on – board charger,OBC)接入外部电源向蓄电池充电。对于电动汽车的控制,由整车控制器通过控制器局域网(CAN)总线,协调蓄电池和电机控制器的能量分配和车辆的运行控制,控制指令来自加速踏板、制动踏板、方向盘和挡位等信号。

纯电动汽车的优点主要包括以下几个。

(1) 零排放、无污染、低噪声。

(2) 结构简单,使用维修方便。

(3) 直接采用电机驱动,能量转换效率高;同时可以回收制动能量,提高了能量的利用效率。

(4) 动力电池可以利用夜间进行充电,对电网能起到"削峰填谷"的作用。

电动汽车动力总成认知　　动力传动系统的认知　　电动汽车机械动力的传递路线

1.1.2　混合动力汽车

混合动力汽车,又称复合动力汽车,是指车辆驱动系统由两个或多个能同时运转的单个驱动系统联合组成的车辆,车辆的行驶功率依据实际的车辆行驶状态由单个驱动系统单独或共同提供。

按照动力系统能量流和功率流的配置结构关系,混合动力汽车分为串联、并联和混联三种主要的结构形式。按照两种不同能量的搭配比例不同,混合动力汽车又可以分为轻度混合动力、中度混合动力、重度混合动力和插电式混合动力四种类型。其中重度混合动力的代表车型有丰田普锐斯(Prius)等,插电式混合动力的代表车型有雪佛兰沃蓝达(Volt)等。

混合动力汽车的主要特点主要包括以下几个。

①可采用小排量的发动机,降低了燃油消耗。

②通过控制策略优化,使发动机经常工作在高效低排放区,提高了能量转换效率,降低了排放。

③将制动能量回收到蓄电池中再次利用,降低了燃油消耗。

④某些混合动力汽车在市区可关停发动机,由电动机单独驱动,实现零排放。

⑤电动机和发动机联合驱动,提高了车辆的动力性能。

⑥利用现有的加油设施,具有与传统燃油汽车相同的续驶里程。

1. 串联式混合动力汽车(series hybrid electric vehicle,SHEV)

对于串联式混合动力汽车,发动机驱动发电机,电动机使用发电机的电能驱动车轮,因为功率是以串联的方式流向驱动车轮的,故称为串联式混合动力汽车,如图1-2所示。由于发动机的功率和电动机的功率是串联结构,发动机不直接将动力传输至车轮,而是通过驱动发电机以电能耦合的形式提供动力。串联式混合动力系统可以使用小功率输出的发动机,并且使其在相对稳定的高效率工作区间内工作,从而产生和提供电能给电动机,同时给蓄电池充电,因此,串联式混合动力汽车又称里程延长式混合动力汽车。

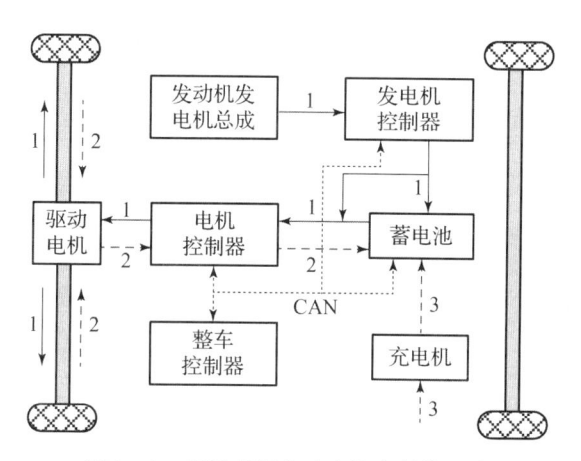

图1-2 串联式混合动力汽车结构形式

在图1-2中,模式1为发动机发电机总成通过发电机控制器向蓄电池充电,同时可以直接供给电机控制器,控制驱动电机驱动车辆运行;模式2为制动运行;模式3为停车充电。

串联式混合动力汽车代表车型包括雪佛兰Volt、奥迪A1 e-tron、宝马i3增程式混合动力汽车和传祺GA5增程式混合动力汽车。

2. 并联式混合动力汽车(parallel hybrid electric vehicle,PHEV)

在并联式混动动力系统中,发动机和电动机都可以驱动车轮,车辆根据行驶工况来选择功率输出方式,如图1-3所示。由于功率是并联输出到车轮,因此,称为并联式混合动力系统。在这种系统中,蓄电池充电是通过转换电动机为发电机来实现的,利用蓄电池的电能来驱动车轮。虽然该系统结构简单,但是由于只有一台驱动电机,所以该驱动电机不能同时驱动车轮和向蓄电池充电。

在图1-3中,模式1为并联驱动运行,发动机与驱动电机同时输出动力,传递给变速器驱动车辆运行;模式2为制动运行,使驱动电机运行于发电状态,向蓄电池回收能量;模式3为发动机单独驱动,由整车控制器(vehicle control unit,VCU)根据蓄电池不同的电量状态和车辆运行工况控制实现。

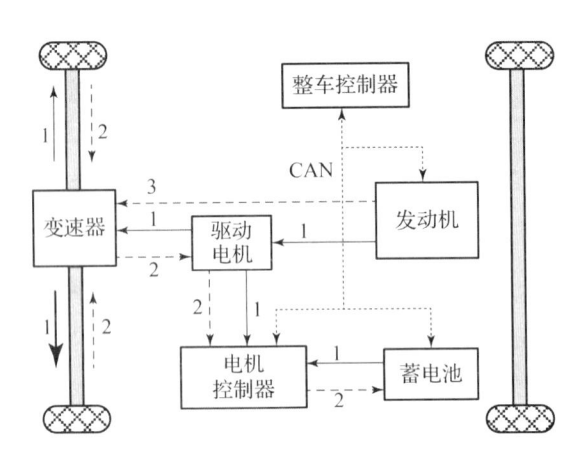

图 1-3　并联式混合动力汽车结构形式

并联式混合动力系统把传统能源发动机的飞轮换成了电动机，它的连接形式就是发动机—电动机—变速箱。本田的 IMA 系统是非常典型的并联式混合动力系统，至今已经发展到第六代并应用在本田的 CR-Z、思域、飞度等车型上。

并联式混合动力系统视频　　　　并联式混合动力系统 PPT

3. 混联式混合动力汽车（parallel-series hybrid electric vehicle，PSHEV）

混联式混合动力汽车采用动力分配单元，结合了串联式混合动力系统和并联式混合动力系统，这是为了最大化地利用这两种系统的优势，其混合动力结构具有多种形式，典型的混联式混合动力结构如图 1-4 所示。混联式混合动力汽车有两个电机（一个驱动电机，一个起动/发电机），根据运行工况的要求，通过动力分配单元，可以选择驱动电机单独驱动或者驱动电机和发动机联合驱动，以达到最高效率水平。并且在必要的情况下，系统在驱动车轮的同时还可以通过发电机发电，丰田 Prius 和 Estima 混合动力汽车都采用了这种系统。

图 1-4（a）为纯电动运行模式，发动机和发电机组处于停止状态，仅由蓄电池输出电能给驱动电机，由驱动电机运行驱动车辆，这一运行模式与纯电动汽车相同；图 1-4（b）为发动机驱动与发电机发电运行模式，驱动电机处于停止状态，这种模式常应用于车辆高速行驶的工况或蓄电池电量较低的工况；图 1-4（c）为发动机与驱动电机同时驱动运行模式，常用于车辆加速或高速超车运行工况；图 1-4（d）为制动与发电运行模式，当车辆需要减速或停车时，驱动电机运行于发电工况，进行能量回收，同时也可以根据蓄电池电量，由发电机进行充电。

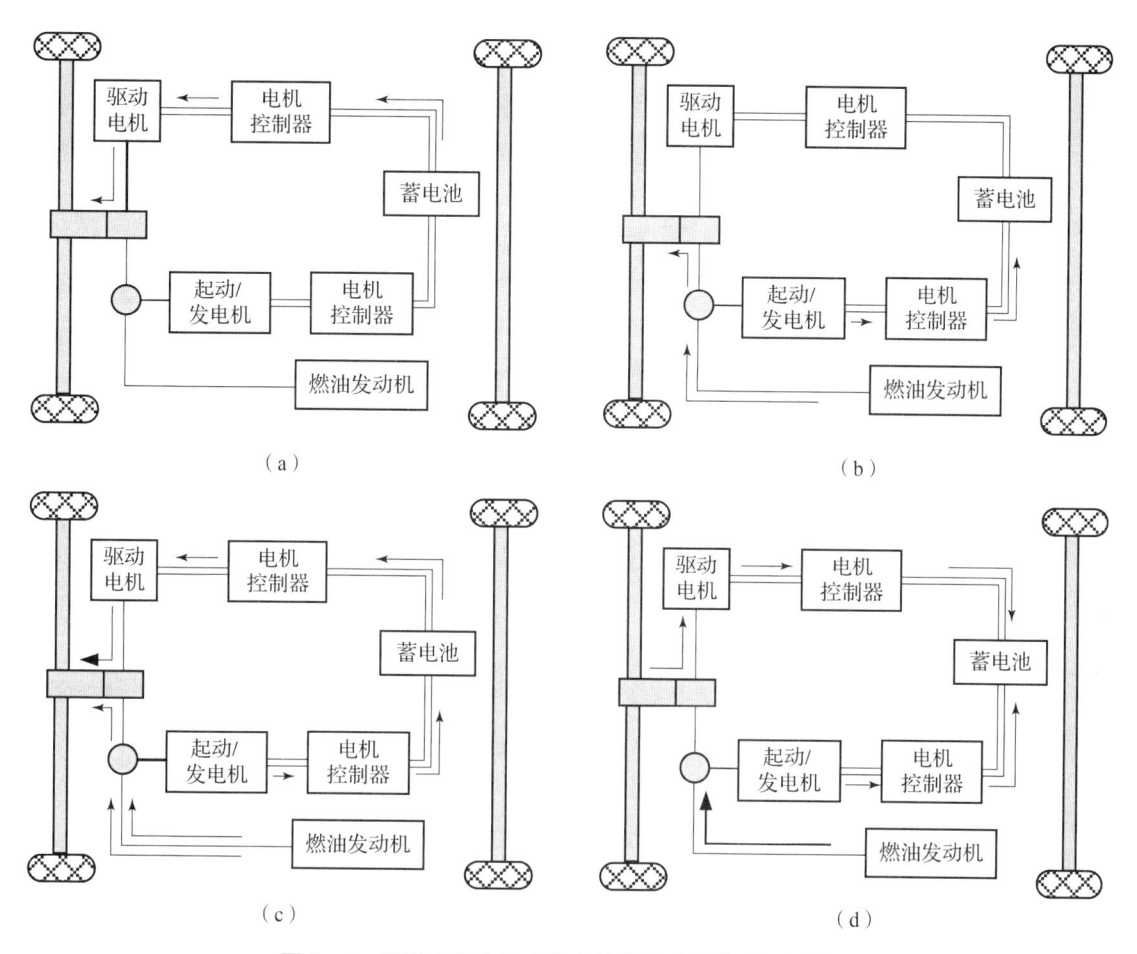

图 1-4 混联式混合动力汽车结构形式及典型运行模式

(a) 纯电动运行；(b) 发动机驱动与发电机发电运行；
(c) 发动机与驱动电机同时驱动运行；(d) 制动与发电运行

混联式混合动力汽车运行工况涵盖了串联式混合动力汽车、并联式混合动力汽车和纯电动汽车的各种运行工况，控制灵活、节油率较高。

1.1.3 燃料电池汽车

燃料电池主要以氢燃料为能源，辅助于蓄电池、超级电容等储能器的电动汽车，是一种电-电混合电动汽车，如图 1-5 所示。燃料电池汽车是利用氢气与空气中的氧气在催化剂的作用下在燃料电池中经电化学反应产生电能，并作为主要动力源驱动的汽车。

在图 1-5 中，模式 1 为车辆运行，由燃料电池发电，经过高压 DC/DC 变换器将电能直接提供给电机控制器，同时蓄电池也输出电能给电机控制器，由电机控制器控制驱动电机向车轮输出动能；模式 2 为车辆制动，此时驱动电机运行于发电状态，将车辆动能转换

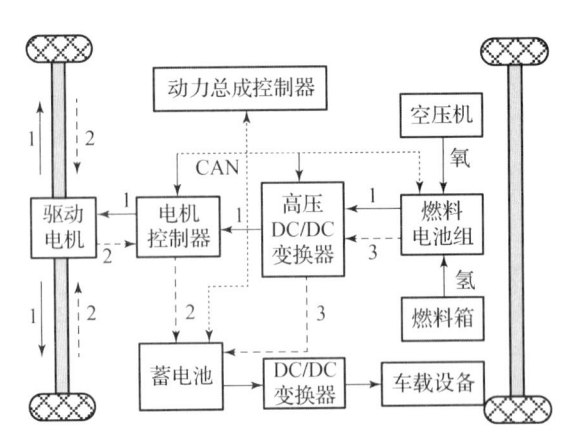

图 1-5 燃料电池汽车结构形式

为电能存储于蓄电池,这一模式与纯电动汽车类似;模式 3 为蓄电池充电,当蓄电池电量不足时,燃料电池组发电,经高压 DC/DC 变换器向蓄电池充电。

燃料电池汽车的优点主要包括以下内容。

①能量转换效率高。燃料电池的工作过程是化学能转化为电能的过程,不受卡诺循环的限制,能量转换效率较高,燃料电池的能量转换效率可高达 60%~80%,为内燃机的 2~3 倍。

②零排放,不污染环境。燃料电池的原料是氢气和氧气,生成物是水。采用其他富氢有机化合物,用车载重整器制备氢气作为燃料电池汽车的燃料,生成物除水之外还可能有少量的 CO_2,接近零排放。

③氢燃料来源广泛,可以从可再生能源中获得,不依赖石油燃料。

④续驶里程长。采用燃料电池系统作为能量源,克服了纯电动汽车续驶里程短的缺点,其长途行驶能力及动力性已经接近传统汽车。

⑤过载能力强。燃料电池除了在较宽的工作范围内具有较高的工作效率外,其短时过载能力可达额定功率的 200% 或更大。

⑥噪声低。燃料电池属于静态能量转换装置,除了空气压缩机和冷却系统以外无其他运动部件。因此,与内燃机汽车相比,燃料电池汽车运行过程中噪声和振动都较小。

燃料电池汽车并非十全十美,目前还有待改进的地方有以下几点。

①燃料电池电动汽车的制造成本和使用成本较高。

②辅助设备复杂,且质量和体积较大。

③起动时间长,系统抗振能力有待进一步提高。此外,在 FCEV 受振动或冲击时,各种管道的连接和密封的可靠性需要进一步提高。

氢燃料电池汽车典型车型有丰田 Mirai、本田 Clarity、韩国重卡 XCIENT Fuel Cell 和宝马 BMW i Hydrogen NEXT 车型等。

新能源汽车政策指导及支撑

四、任务实施

任务名称：识别新能源汽车的分类与特点		
姓名：	班级：	学号：
任务描述	假如你是一家新能源汽车4S店的销售人员，顾客咨询店里的新能源汽车的种类及特点。请你向这位顾客进行介绍	
能力目标	（1）能够描述新能源汽车类型及特点； （2）能够描述常见新能源汽车的动力结构形式	
实施准备	（1）新能源汽车实训室； （2）新能源汽车4辆：吉利帝豪EV450、比亚迪秦、比亚迪汉、迈腾GTE	
实施步骤	（1）分组：教师将学生分成4组，每组选出1名组长； （2）布置任务：要求每组同学选1名代表作为销售人员，将其中一辆新能源汽车向顾客（教师和其余同学）进行介绍。顾客可以针对此辆车向销售人员咨询其种类、动力来源及特点； （3）学生查阅资料，记录车辆信息，组织语言进行介绍，小组合作完成任务； （4）小组交换车型，彼此咨询和介绍	
自我反思	在专业能力、关键能力等方面的收获或体会：	

五、任务考核

评价项目	评价内容	评价标准	分值	自我评价	平台评价	组内评价	组间评价	教师评价	汇总
素质测评	规则意识	遵守作息制度，不迟到、不早退、不旷课	10						
	分析解决问题能力	提升自我查阅资料、解决问题的能力	10						
	个人表达	口头表达能力，书面总结能力	10						
	团队合作	搜集信息、合作共事、知识共享、听取意见等方面	10						
专业测评	信息收集	准确记录顾客和车辆信息	10						
	知识掌握	新能源汽车不同的分类方式	5						
		纯电动汽车的基本结构和特点	10						
		混合动力汽车的基本结构和特点	10						
		燃料电池汽车的基本结构和特点	5						
	汽车介绍	新能源汽车介绍是否准确	10						
	方案制订	方案制订是否合理	10						
总评		总分	100						

六、思考练习

1. 填空题

（1）纯电动汽车，又称蓄电池电动汽车、二次电池电动汽车，是以_____作为主要能量来源或附加一种储能器的电动汽车。

（2）按照动力系统能量流和功率流的配置结构关系，混合动力汽车分为_____

_____、_____和_____三种主要结构形式。

2. 判断题

(1) 对于串联式混合动力汽车,发动机驱动发电机,电动机使用发电机的电能驱动车轮。（   ）

(2) 在并联式混动动力系统中,只有电动机可以驱动车轮。（   ）

3. 选择题（多选）

按照动力源的不同,新能源汽车主要分为（   ）。

A. 纯电动汽车（BEV,包括太阳能汽车）

B. 混合动力汽车（HEV）

C. 燃料电池汽车（FCEV）

D. 其他新能源汽车

任务2　介绍驱动电机

一、学习目标

1. 知识目标

(1) 掌握新能源汽车对驱动电机的性能要求。

(2) 掌握驱动电机的分类。

(3) 掌握电机学的基本定律。

(4) 掌握电机的基本性能参数。

2. 能力目标

(1) 能够描述新能源汽车对驱动电机的性能要求。

(2) 能够说出常见驱动电机的分类。

3. 素质目标

(1) 培养学生严谨认真的素质。

(2) 培养学生逻辑推导的能力。

二、任务引入

顾客在购买汽车时会非常关注车辆的相关参数和配置,尤其是动力参数。假如你是一家新能源汽车 4S 店的销售人员，顾客进店咨询店里某款新能源汽车动力性能。请你向这位顾客解释这些参数的含义。

新能源汽车铭牌上详细地记载了许多重要的信息，包括电机型号、额定功率、峰值功率等。你能向顾客解释这些参数的含义吗，通过下面的学习相信你能够做到。

三、知识储备

在新能源汽车中，一般情况下是驱动电机取代发动机，并在电机控制器的控制下，将电能转换为动能来驱动车辆行驶。其中，在纯电动汽车和燃料电池汽车中，驱动电机是唯一的动力装置；在串联式混合动力汽车中，驱动电机作为主要的动力装置；在并联式混合动力汽车中，电动机作为辅助动力装置。新能源汽车与传统燃油汽车最重要的区别在于新能源汽车全部以驱动电机为动力装置。驱动电机可向外输出转矩，驱动汽车前进或后退；同时也可以作为发电机发电，如在整车高坡下滑、高速滑行及制动过程中，此时驱动电机作为发电机将势能或动能转化为电能。

驱动电机拆解　　　　　　　　驱动电机系统概述

1.2.1 新能源汽车对驱动电机的性能要求

新能源汽车的驱动电机在需要充分满足汽车运行功能的同时，还应满足行驶的舒适性、环境适应性等性能，以及对车辆一次充电续驶里程的要求。新能源汽车驱动电机具有比普通工业电机更为严格的技术规范和标准要求，其主要性能要求如下。

1. 体积小、质量轻

为了充分利用有限的车载空间，降低运行中的能量消耗，应尽量减小驱动电机的体积和质量。驱动电机可以采用铝合金外壳，各种控制装置的质量和冷却系统等也要求尽可能轻量化和小型化。

这意味着，电机系统（驱动电机+电机控制器）的尺寸将受到很大的限制，电机设计厂家必须想尽办法缩小驱动电机的体积，即提高驱动电机的功率密度和转矩密度。尤其是民用的乘用车，对驱动电机的体积限制要求很高，因此，业内一般选用高功率密度的永磁同步电机作为驱动电机解决方案。减小电机质量，也能间接降低整车的功耗，实现续驶里程提升。

2. 全速段高效运行

一次充电续驶里程长，特别是在车辆频繁起停或变速运行的情况下，驱动电机应具有较高的效率。续驶里程一直是新能源汽车的短板，而提升续驶里程的方法就是提升驱动电机的效率，保证每一度电都能发挥最大的用处。驱动电机的高效工况区要够广，保证汽车在大部分工况下都是处于高效状态下。

3. 低速大转矩及宽范围的恒功率特性

即使没有变速器，驱动电机本身也应能满足所需要的转矩特性，以满足在起动、加速、行驶、减速、制动等各种运行工况下的功率和转矩要求。驱动电机应具有自动调速的功能，可以减轻驾驶员的操纵强度，提高驾驶的舒适度，并且能够达到与传统燃油汽车同样的控制响应。

4. 高可靠性

在任何运行工况下都应具有高可靠性，以确保车辆的行驶安全。

5. 高电压

在允许的范围内尽可能采用高电压，可以减小电机的尺寸和控制器、导线等设备的尺寸，特别是可以降低逆变器的成本。

6. 安全性能

动力蓄电池、驱动电机等强电部件的工作电压达到 300 V 以上，因此对电气系统的安全性和控制系统的安全性提出了更高的要求，二者都必须符合相关车辆电气控制的安全性能标准和规定。

7. 高转速

与低转速电机相比，高转速电机的体积较小、质量较轻，有利于降低整车装备的质量。

8. 使用寿命长

为降低新能源汽车的使用成本，驱动电机的使用寿命应和车辆保持一致，真正实现节能环保的目标。

同时，驱动电机还要求耐热和耐潮性能好、运行噪声低，结构简单，成本低，适合批量生产、使用维护方便等特点。

1.2.2 驱动电机的分类

电动机的种类很多，用途广泛，功率覆盖面非常大。而新能源汽车出于对功率容量、体积、质量、散热等条件的考虑，采用的电动机种类较少。迄今为止，新能源汽车采用的驱动电机主要包括直流电动机、交流感应电动机、永磁电动机、开关磁阻电动机等。

1. 直流电动机

直流电动机是在新能源汽车上应用最早、最广泛的一种驱动电机，对于以动力电池提供电能的新能源汽车，可以由蓄电池直接获得直流电。

直流电动机由定子、转子、换向器和电刷装置组成，定子上有磁极，转子有绕组，通电后，转子上形成磁极，定子和转子的磁场之间有一个夹角，在定子和转子磁场的相互吸引下，电动机旋转。直流电动机商品化历史最长、控制简单，且具有优良的电磁转矩控制特性，串励式直流电动机、他励式直流电动机、永磁式（有刷）直流电动机至今仍在新能源汽车行业中广泛地应用；其缺点是电动机本身结构复杂，机械换向，有电刷装置的维护问题，换向的电火花会产生严重的电磁干扰，高速时有环火，不适宜高速运行，且体积偏大、防护差。鉴于以上缺点及交流感应电动机驱动系统的迅速发展，可以预见，直流电动机在新能源汽车行业将逐步被淘汰。

2. 交流感应电动机

交流感应电动机中定子及转子为独立绕组，两者基于电磁感应原理实现力矩的传递，其转子以低于或高于气隙旋转磁场转速旋转的交流电动机，也称交流异步电动机。其简单坚固、成本相对低廉，但控制系统复杂，存在调速范围小、转矩特性不理想的问题。近年来交流电动机之所以得到普遍推广，主要得益于电力电子技术、微处理器技术和交流电动机控制技术的发展。

交流电动机　　　　　三相交流感应电动机

3. 永磁电动机

永磁电动机是利用永磁体建立励磁磁场的同步电动机，其定子产生旋转磁场，转子采用永磁材料制成，磁场相互作用使转子转动。永磁同步电动机（permanent magnet synchronous motor，PMSW）具有效率高、转矩和功率密度大、功率因数高、可靠性高和便于维护等优点。

4. 开关磁阻电动机

开关磁阻电动机的定子和转子铁芯均由硅钢片叠压而成定，转子冲片均有一齿槽，构成双凸极结构，依定子和转子片上齿槽的多少，形成不同的极数。开关磁阻电动机的工作原理遵循"磁阻最小原理"——磁通总是沿磁阻最小的路径闭合。因此，由磁场扭曲而产生磁阻性质的电磁转矩。

各种驱动电机的基本性能比较如表 1-1 所示。

表 1-1　各种驱动电机的基本性能比较

种类	直流电动机	交流感应电动机	永磁电动机	开关磁阻电动机
转速	4 000~6 000	12 000~15 000	4 000~10 000	>15 000
功率密度	低	中	高	较高
功率因数/%	—	82~85	90~93	60~65
峰值效率/%	85~89	94~95	95~97	90
负载效率/%	80~87	90~92	85~97	78~86
恒功率区	—	1:5	1:2.25	1:3
过载系数	2	3~5	3	3~5
体积	大	中	小	小
质量	大	中	小	小
结构坚固性	差	好	一般	优
运行可靠性	一般	好	优	好
调速控制性能	最好	好	好	好
控制器成本	低	高	高	一般

1.2.3　电机学基本定律

安培环路定律、电磁感应定律和电磁力定律是进行电机原理分析的基本定律，可逆性原理是电机的普遍规律。

1. 安培环路定律

在磁场中，磁场强度矢量沿任一闭合路径的线积分，等于该闭合路径所包围的电路的代数和，即

$$\oint_L \boldsymbol{H} \mathrm{d}l = \sum i \tag{1-1}$$

式中　$\boldsymbol{H}$——环路内外所有电流产生的磁场，而只有环路内的电流对磁场的环流有影响；

$\sum i$——全电流（传导电流和位移电流）的代数和。

当电流的方向与闭合线上的磁场强度的方向满足右手螺旋定则时，电流取正值；否则，电流取负值。

2. 电磁感应定律

假设有一匝数为 N 的线圈位于磁场中，当与线圈交链的磁链 $\boldsymbol{\Psi} = N\boldsymbol{\Phi}$ 发生变化时，线圈中将产生感应电动势。感应电动势的数值与线圈所交链的磁场的变化率成正比。如果感应电动势的正方向与磁通的正方向符合右手螺旋关系，则感应电动势为

$$e = -\frac{d\Psi}{dt} = -N\frac{d\Phi}{dt} \quad (1-2)$$

式中　N——线圈的匝数；

　　　Φ——磁通量（Wb）；

　　　$d\Phi$——磁通量的变化量；

　　　$\frac{d\Phi}{dt}$——磁通量的变化率，负号表示线圈中感应电动势倾向于阻止线圈内磁链的变化。

3. 电磁力定律

位于磁场中的载流导体受到磁场力的作用，该力称为电磁力，如果磁场与载流导体相互垂直，则作用于载流导体的电磁力为

$$f = Bil \quad (1-3)$$

式中　f——导体在磁场中所受的电磁力（N）；

　　　B——磁场的磁感应强度（T）；

　　　i——导体内的电流（A）；

　　　l——磁场中的导体长度，单位为 m。

4. 电机的可逆性原理

电机的可逆性原理表明，发电机和电动机只是一种电机，具有两种不同运行方式（发电运行和电动运行），只是外界条件不同而已，一个是输入机械能，一个是输入电能。实际上，某些电机通常称为发电机（或电动机），这说明该类电机作为发电机（或电动机）运行时性能较好，而不是说其只能用作发电机（或电动机）。

1.2.4　电机的基本性能参数

国家标准《电动汽车术语》（GB/T 19596—2017，2018-05-01 实施）对电机的基本性能参数进行了规定，常用的性能参数及其定义如下。

额定功率（rated power）——在额定条件下的输出功率。

峰值功率（peak power）——在规定的持续时间内，电机允许的最大输出功率。

额定转速（rated speed）——额定功率下电机的最低转速。

额定转矩（rated torque）——电机在额定功率和额定转速下的输出转矩。

峰值转矩（peak torque）——电机在规定的持续时间内允许输出的最大转矩。

堵转转矩（locked-rotor torque）——转子在所在角位堵住时所产生的转矩最小测得值。

《电动汽车术语》（GB/T 19596—2017）由国家质量监督检验检疫总局、中国国家标准化管理委员会于 2017 年 10 月 14 发布，自 2018 年 5 月 1 日起施行，代替《电动汽车术语》（GB/T 19596—2004），删除了电机最高工作转速术语（见 2004 年版的 3.2.5）。

电动机铭牌的认识　　　　　电机的两种运行状态是辩证统一的

四、任务实施

任务名称：	介绍驱动电机				
姓名：		班级：		学号：	
任务描述	顾客在购买汽车时会非常关注车辆的相关参数和配置，尤其是动力参数。新能源汽车铭牌上详细地记载了许多重要的信息，包括电机型号、额定功率、峰值功率等。假如你是一家新能源汽车4S店的销售人员，顾客进店咨询某款新能源汽车的动力性能。请你向顾客解释这些参数的含义				
能力目标	（1）能够描述新能源汽车对驱动电机的性能要求； （2）能够说出常见驱动电机的分类				
实施准备	（1）新能源汽车实训室； （2）新能源汽车4辆：吉利帝豪EV450、比亚迪秦、比亚迪汉、迈腾GTE				
实施步骤	（1）分组：教师将学生分成4组，每组选出1名组长； （2）布置任务：要求每组学生选1名代表作为销售人员，将其中一辆新能源汽车的驱动电机向顾客（教师和其余学生）进行介绍。顾客可以针对此辆车的驱动电机向销售人员咨询其动力参数； （3）学生查阅资料，就某一辆新能源汽车的驱动电机制作一个主要参数表，并解释说明各参数的含义，在学习小组或班级里进行交流汇报； （4）小组交换车型，彼此咨询和介绍				
自我反思	在专业能力、关键能力等方面的收获或体会：				

五、任务考核

评价项目	评价内容	评价标准	分值	自我评价	平台评价	组内评价	组间评价	教师评价	汇总
素质测评	规则意识	遵守作息制度，不迟到、不早退、不旷课	10						
	分析解决问题能力	提升自我查阅资料、解决问题的能力	10						
	个人表达	口头表达能力，书面总结能力	10						
	团队合作	搜集信息、合作共事、知识共享、听取意见等方面	10						
专业测评	信息收集	准确记录顾客和车辆信息	10						
	知识掌握	驱动电机的性能要求	5						
		驱动电机的分类	10						
		驱动电机性能参数	10						
		驱动电机的基本定律	5						
	电机介绍	驱动电机介绍是否准确	10						
	方案制订	方案制订是否合理	10						
总评		总分	100						

六、思考练习

1. 填空题

（1）新能源汽车与传统燃油汽车最重要的区别在于新能源汽车全部以_____为动力装置。

（2）迄今为止，新能源汽车采用的驱动电机主要包括_____、_____、_____、_____和_____等。

2. 判断题

（1）电机在额定条件下的输出功率称为电机的额定功率。（　　）

（2）电机只能将电能转化为机械能作为发动机使用。（　　）

任务 3　识别电机驱动系统的组成结构及关键技术

一、学习目标

1. 知识目标

（1）掌握电机驱动系统的组成结构。

（2）掌握电机驱动系统的关键技术。

2. 能力目标

（1）能够从实车确定电机驱动系统的安装位置。

（2）能够识别电机各部分的结构。

3. 素质目标

（1）培养学生仔细观察的能力。

（2）培养学生查阅资料的能力。

二、任务引入

假如你是新能源汽车 4S 店的一名机电维修技师，你的主管让你向其他机电维修技师介绍新能源汽车驱动电机的结构。你能完成这项任务吗？

三、知识储备

1.3.1　电机驱动系统组成结构

电机驱动系统一般由电动机、功率变换器、各种传感器和控制器组成。

电动机控制系统应根据其性能要求及控制算法的复杂程度，选择比较合适的微处理器，较为简单的有单片机，复杂的可以选用数字处理器（digital signal processor，DSP），最新出现的电动机驱动专用芯片可以满足一些辅助系统电机控制需要。对于控制系统较为复杂的电机控制器而言，控制芯片一般选用 DSP 控制器。

控制电路主要包括控制芯片及其外围电路、AD 采样电路、IGBT 驱动和保护电路、位置检测电路等。

功率变换器主电路采用三相全桥逆变电路，其功率开关器件一般选用 IGBT。在大电流、高频开关状态下,从电解电容到功率模块的杂散电感对功率电路的能耗、尖峰电压影响较大。因此,采用层叠式母板使杂散电感尽可能小,以适应控制系统低电压、大电流工作的特点。

位置传感器安装在驱动电机内部,起到检测转子磁极位置,为逆变器提供正确换向信息的重要作用。位置传感器主要包括电磁式位置传感器(旋转变压器)、光电式位置传感器(光电编码器)、磁敏式位置传感器(霍尔位置传感器)。

1. 旋转变压器

旋转变压器简称旋变,是一种输出电压随转子转角变化的器件。当励磁绕组以一定频率的交流电压励磁时,输出绕组的电压幅值与转子转角成余弦函数关系,或保持一定比例关系,或在一定转角分为内与转角呈线性关系。

旋转变压器的检测　　　　　　电机旋转变压器

旋转变压器的组成结构及输出波形如图 1-6 所示。

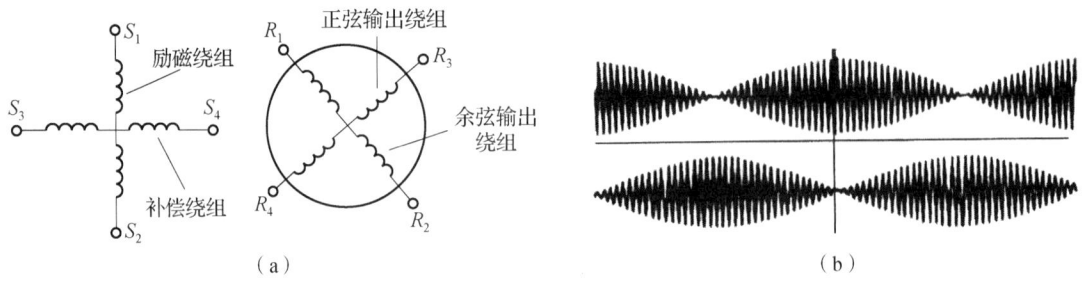

(a)　　　　　　　　　　(b)

(c)

图 1-6　旋转变压器的组成结构及输出波形

(a) 组成结构组成;(b) 输出波形;(c) 旋转变压器

2. 光电编码器

光电编码器是一种通过光电转换将输出轴的机械几何位移量转换成脉冲或数字量的传感器。这是目前应用最多的编码器。光电编码器由光栅盘和光电检测装置组成。

根据检测原理,编码器可以分为光学式、磁式、感应式和电容式。根据其刻度方法及信号输出形式,可以分为增量式、绝对式及混合式三种。

光电编码器的组成结构及输入输出波形如图1-7所示。

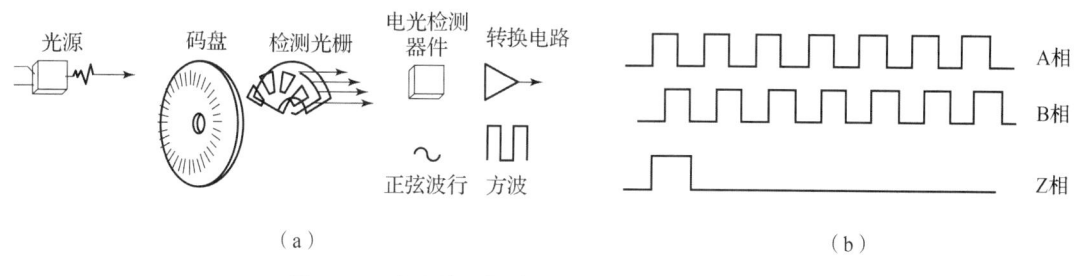

图1-7 光电编码器的结构组成及输入输出波形

(a) 光电编码器的结构组成;(b) 光电编码器的输入输出波形

3. 霍尔位置传感器

霍尔位置传感器是一种磁传感器,霍尔传感器以霍尔效应为工作基础,一般是由霍尔元件和它的附属电路组成的集成传感器。利用霍尔传感器可以检测磁场变化。永磁同步电动机的转子为永磁体,通过霍尔传感器可以检测转子磁场强度,确定转子位置。霍尔传感器在交流永磁电动机上的应用如图1-8所示。

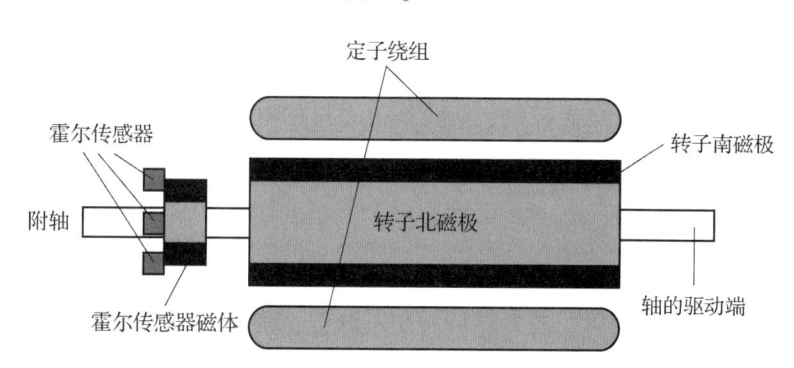

图1-8 霍尔传感器在交流永磁电动机上的应用

霍尔传感器输出波形为矩形脉冲,是一种数字信号,表现为具有开关特性的磁开关。霍尔传感器的组成结构输入输出波形如图1-9所示。

1.3.2 电机驱动系统关键技术

1. 弱磁控制技术

弱磁控制最初应用于直流电动机调速系统中,直流电动机在满磁及额定速度下可以输

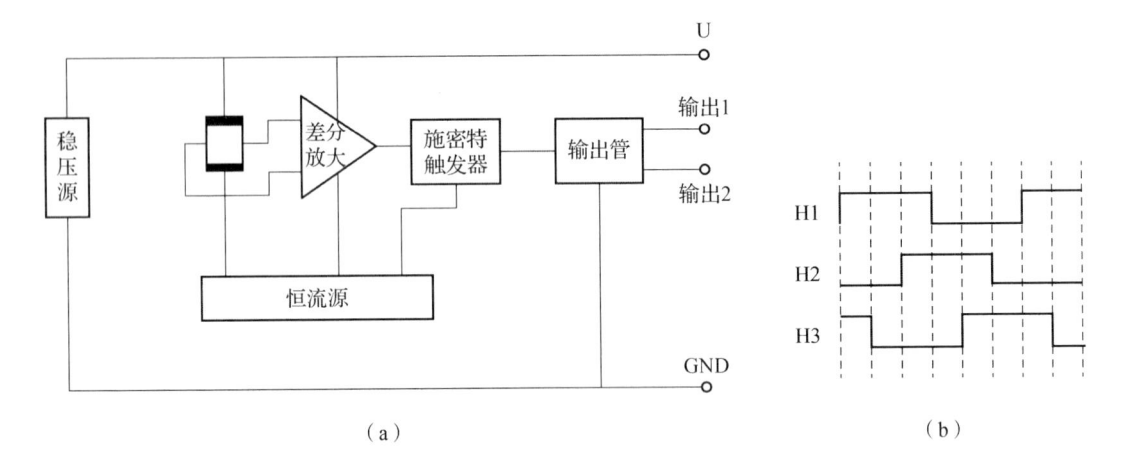

图 1-9 霍尔传感器的组成结构及输入输出波形

(a) 霍尔传感器的组成结构；(b) 霍尔传感器的输出波形

出最大转矩，此时若要输出更高的转速，则要减小励磁，但同时要以减小转矩为代价，一般直流调速器用到的多。

弱磁的概念也来自直流传动控制，在直流电动机转速计算公式中，速度与磁场的强度成反比。一般电动机的控制在其达到额定转速之前是按照恒转矩的方式进行控制的，电机速度与电枢电压成正比；在达到额定转速后则按照恒功率方式进行控制，电枢电压保持恒定，电机转速与磁场强度成反比。

对于交流电动机的矢量控制是根据直流电动机的模型进行控制的，因此，沿用了直流电动机的概念。对于交流电动机的调速控制，当电动机的转速达到额定转速时，相应的电压、电流等参数都达到额定值；当电动机需要超过额定转速运行时，不可能再通过升压等方式提高转速，则需要进行弱磁控制；当交流电动机的电压为额定电压，频率超过额定频率时，则就进入了弱磁控制调速区。

就具体的控制方式而言，在电流闭环条件下，当电动机采用弱磁控制时，输出功率不变，但转矩降低，这是因为电流受控制系统限制不再增加，磁通减小；在转矩闭环条件下，当电动机采用弱磁控制时，若要保持转矩不降低，则要相应地增加输出电流，以弥补磁通减小的损失。此时电机处于过载状态，输出功率相应的增大。

2. 能量回收技术

能量回收，也称再生制动或回馈制动，是新能源汽车在制动或减速运行工况下，把车轮的动能转换为电能，并反馈给动力蓄电池的一种制动方式。在此工况下，驱动电机运行在发电状态。

能量回收系统的实现原理　　能量回收系统的操作演示　　驱动电机系统驱动及发电模式

驱动模式下能量流观察　　制动模式下能量流观察

能量回收技术是新能源汽车所独有的，在减速或制动时将车辆行驶的部分动能以电能的形式储存起来以实现节能，采用能量回收后能节省10%~20%的能量，可以有效延长新能源汽车续驶里程。

驱动电机的减速或制动都是通过逐渐减小驱动电机运行频率来实现的。在频率减小的同时，电动机的同步转速会随之下降，而由于机械惯性的原因，电动机的转子转速并未降低，或转子转速的变化有一定的时间滞后，这时会出现实际转速大于给定转速，从而出现电动机反电动势高于其输入电压的情况。此时驱动电机变成发电机，不但不消耗电能，反而可以通过电机控制器向动力蓄电池反馈电能。这样既可以获得良好的制动效果，又可以将动能转换为电能。

但是在能量回收的过程中，车辆的动能不可能全部转换为电能输送给动力蓄电池，损失的能量包括空气阻力、车轮滚动阻力、系统损耗、驱动电机损耗等。制动回收的电能是不确定因素，不能作为可靠稳定的能量来源来计算车辆的动力性能，一般能量回收技术作为节约能源和延长续驶里程的辅助手段。

3. 无位置传感器控制技术

对于驱动电机控制系统，位置传感器本身存在以下缺点。

①增加了电动机的体积和成本。

②增加了转轴的惯量，影响系统的动态及静态性能。

③系统连线倍增，降低系统的抗干扰能力。

④在某些高温、振动或腐蚀性环境中，位置传感器会降低系统的可靠性。

目前主要的无传感器位置检测方法主要有反电动势过零检测法、反电动势三次谐波积分检测法、续流二极管检测法、反电动势积分法、磁链估计法、扩展卡尔曼滤波法、电感测量法、电流法、涡流效应检测法、智能控制检测法等。

(1) 反电动势过零检测法。

反电动势过零检测法是目前技术最成熟、实现最简单、应用最广泛的转子位置检测方法。这种方法应用于三相六拍、绕组星型接法、120°两两通电方式的直流无刷电动机。其原理为在直流无刷电动机稳态运行时，忽略电动机电枢反应的前提下，通过检测关断相的反电动势过零点，来获得永磁转子的关键位置信息，从而可以控制绕组电流的换相，实现电动机的运行。这种方法用三相低通滤波器和电压比较器所组成的电子电路取代传统的位置传感器，实现了转子位置信号的获得。目前应用最广泛的就是这种方法，尤其在家电领域。20 世纪 80 年代，日本首次在空调中实现了无刷直流电动机（brushless DC motor, BLDCM）压缩机的无传感器控制，取得了良好的效果。

这种方法的缺点是静止或低速时反电动势信号为零或很小，难以得到有效的转子位置信号，系统低速性能较差，需要采用开环控制的方式进行起动；此外，为消除脉冲宽度调制（pulse width modulation, PWM）引起的高频干扰，对反电动势信号进行深度滤波会造成与速度有关的相移，为保证正确的电流换向，需要对此进行补偿。反电动势过零检测法的前提是忽略电枢反应，这会与实际运行有一定的误差。

(2) 反电动势三次谐波积分检测法。

这种方法适用于 120°导通、绕组星型接法的无刷直流电动机的控制系统，由于梯形波的反电动势必然包含有三次谐波分量，对此分量进行积分，当积分值为零时，可获得相应的转子位置信息。其实现方法是在三相星型绕组上并联一个星型电阻网络，通过电阻网络中性点与直流侧中点之间的电压获得三次谐波，省去了电动机绕组与电阻网络两中点之间的连线。相较而言，采用反电动势过零检测法的调速范围为 1 000～6 000 r/min，而反电动势三次谐波积分检测法可以获得更宽的调速范围（100～6 000 r/min），这种方法同样需要采用开环控制的方式起动，但性能比反电动势过零检测法更优越。

与反电动势过零检测法相比，反电动势三次谐波积分检测法和电动机速度、负载情况无关，受逆变器引起的干扰影响小，对滤波器要求低，移相误差小，有更宽的调速范围，低速时三次谐波信号依然可以检测，所以起动和低速性能更好，在更宽的调速范围内该方法可以获得更大的单位电流和更高的电机效率。

(3) 续流二极管法。

续流二极管法是通过检测反并联于逆变器功率开关管的续流二极管中非导通二极管的导通截止情况，来判断转子的磁极位置。这种方法实际上是对反电动势过零点的检测，但能够改善无刷直流电动机的低速性能，获得更好的调速范围（45～2 300 r/min）。由于静止时无法检测转子位置，仍需采用开环控制的方式进行起动，但是较好的低速性能改善了低速运行特性。这种方法的缺点是检测电路使硬件电路更加复杂,并增加了控制难度。

(4) 反电动势积分法。

反电动势积分法是对非导通相绕组的反电动势积分,从而获得转子位置,当关断相的反电动势过零点时开始对其绝对值积分,当积分值达到设定的阈值时停止积分,此时获得的转子位置。对应于转子绕组的环流时刻,改变阈值即可实现高速时为提高转矩而采取的换流相角度超前控制。由于低速时反电动势信息很弱,因此,该方法同样需要采用开环控制的方式进行起动。逆变电路功率开关管的开关噪声会影响这种检测方式的低速特性。

(5) 磁链估计法。

磁链估计法是利用测量定子电压和电流而估算出磁链,然后根据磁链与转子位置的关系估算出转子的位置。该方法包含两个电流环结构,内环矫正磁链的估计值,外环调整位置的估算值。这种方法有较高的准确度,受被测量误差和电动机参数变化的影响较小,在从静止开始的宽调速范围内,该方法都能够准确地检测转子的位置,可以应用于永磁同步电动机和无刷直流电动机的无位置传感器控制。

(6) 扩展卡尔曼滤波法。

扩展卡尔曼滤波法(extended Kalman filter,EKF)常用于永磁同步电动机的无位置检测磁场定向控制中,但因其算法计算量大,而限制了其在实际中的应用。具有强大计算能力的数字处理器解决了这个问题,DSP 的快速计算能力实现了扩展卡尔曼滤波算法(共 500 条指令,13 μs 的执行时间),保证了实时获得转子位置、转速和转矩信息,使系统的可靠性和运行性能大幅度提高。

(7) 电感测量法。

在内置式(interior permanent magnet,IPM)无刷直流电动机中,电动机绕组电感和转子位置也有一定的对应关系,电感测量法就是通过检测内置式无刷直流电动机绕组电感的变化,来判断转子的位置。通过分析绕组星型接法的 IPM 无刷直流电动机,当两相绕组电感量相等的时刻对应于反电动势过零点时,磁势绕组中性点电位为直流侧中点电压,通过在空调压缩机的实验,调速范围为 500~7 500 r/min,尽管低速时反电动势很小,但中性点电位代表着转子的位置信息,所以这种方法有良好的低速性能,但是要对绕组电感进行实时测量,在具体的实现方式上难度较大。

(8) 电流法。

针对反电动势过零检测法存在随速度改变而变化的相位差问题,进而提出了通过检测电动机定子相电流波形,来判断转子位置的相电流检测电路,再与霍尔传感器进行对比,在 696~3 174 r/min 范围内该电路都能作为位置检测电路,很好地实现转子位置的检测功能。

(9) 涡流效应检测法。

在永磁转子表面粘贴部分非磁性导电材料,通过测量材料中的涡流影响引起的开路相电压变化,来判断转子位置,保证无刷直流电动机在起动和低速时的可靠运行。因为该方法对电动机的结构有所改变,增加了电动机的设计加工难度,因此,其在实际应用中并不多见。

(10) 智能控制检测法。

近年来,随着控制技术的不断发展,智能控制技术逐步从理论研究走向实践应用,利用模糊控制或神经网络控制策略建立亮点、电流和转子位置的相互关系,基于检测到的电压和电流信号来估算转子的位置,从而实现电动机无位置传感器控制的方法,这就是一种典型的智能控制检测法。

新能源汽车辅助系统的空调压缩机、高压散热风扇、高压水泵一般都采用无位置传感器控制方法。

拓展元素 1.3

四、任务实施

任务名称:识别电机驱动系统的组成结构及关键技术			
姓名:		班级:	学号:
任务描述	假如你是新能源汽车 4S 店的一名机电维修技师,你的主管让你向其他机电维修技师介绍新能源汽车驱动电机的结构。你能完成这项任务吗		
能力目标	(1) 能够从实车确定电机驱动系统的安装位置; (2) 能够识别驱动电机各部分的结构		
实施准备	(1) 新能源汽车实训室; (2) 新能源汽车驱动电机台架 4 台		
实施步骤	(1) 分组:教师将学生分成 4 组,每组选出 1 名组长; (2) 布置任务:要求每组学生选 1 名代表作为新能源汽车机电维修技师,将其中一辆新能源汽车的驱动电机结构向其余机电维修技师(教师和其余学生)进行介绍; (3) 学生查阅资料,就某一车辆的驱动电机结构的安装位置进行辨别,在学习小组或班级里进行交流汇报; (4) 小组交换车型,彼此咨询和介绍		

续表

任务名称：识别电机驱动系统的组成结构及关键技术		
姓名：	班级：	学号：
自我反思	在专业能力、关键能力等方面的收获或体会：	

五、任务考核

评价项目	评价内容	评价标准	分值	自我评价	平台评价	组内评价	组间评价	教师评价	汇总
素质测评	规则意识	遵守作息制度，不迟到、不早退、不旷课	10						
	分析解决问题能力	提升自我查阅资料、解决问题的能力	10						
	个人表达	口头表达能力，书面总结能力	10						
	团队合作	搜集信息、合作共事、知识共享、听取意见等方面	10						
专业测评	信息收集	准确记录顾客和车辆信息	10						
	知识掌握	电机关键技术描述	5						
		电机结构组成	10						
		电机旋转变压器的位置	10						
		电机温度传感器的位置	5						
	电机介绍	驱动电机结构介绍是否准确	10						
	方案制订	方案制订是否合理	10						
总评		总分	100						

六、思考练习

1. 填空题

（1）电机驱动系统一般由_____、_____、_____和_____组成。

（2）旋转变压器简称旋变，是一种输出_____随转子转角变化的器件。

（3）根据检测原理，编码器可以分为_____、_____、_____和_____。

2. 判断题

（1）霍尔位置传感器是一种磁传感器，霍尔传感器以霍尔效应为工作基础，一般是由霍尔元件和它的附属电路组成的集成传感器。（　　）

（2）磁链估计法利用测量定子电压和电流而估算出磁链，然后根据磁链与转子位置的关系估算出转子的位置。（　　）

任务4　介绍电机驱动系统的发展现状与未来趋势

一、学习目标

1. 知识目标

（1）掌握驱动电机的发展现状及未来趋势。

（2）掌握电机控制系统的发展现状及未来趋势。

2. 能力目标

（1）能够描述驱动电机的发展现状及未来趋势。

（2）能够描述电机控制系统的发展现状及未来趋势。

3. 素质目标

（1）培养学生辩证看问题的能力。

（2）培养学生的爱国精神。

二、任务引入

假如你是新能源汽车4S店的一名机电维修人员，你的主管让你向其他机电维修技师介绍新能源汽车驱动电机的发展现状与未来趋势，你能完成这项任务吗？

三、知识储备

1.4.1 驱动电机的发展现状及未来趋势

1. 驱动电机的发展现状与不足

现阶段,驱动电机及其控制系统呈现多样化的趋势,不同类型的电动机驱动系统在新能源汽车中都有应用,整体而言,直流驱动系统逐渐趋于淘汰,交流驱动是新能源汽车的主流驱动形式。各种交流驱动电机的综合指标只在伯仲之间,各有侧重。目前,以交流感应电动机、永磁同步电动机和无刷直流电动机应用居多,技术相对成熟。开关磁阻电动机正在不断地探索和开发中。永磁电动机(包括永磁同步电动机和无刷直流电动机两种)因高功率密度、高效率、结构多样化等优点使其发展前景更为广阔。各种不同的驱动电机要想在未来的新能源汽车驱动系统中占有一席之地,除了对电动机的结构进行优化设计外,还应使创新思维突破传统观点的束缚,对电动机本体进行改进,使其更适合新能源汽车驱动系统的要求。

随着电力电子技术、控制理论的发展,使交流电动机的调速性能大幅提升,特别是进入20世纪80年代,交流电动机及其控制系统已逐步取代直流驱动系统。目前,国外各大公司研制的驱动系统基本上都采用交流驱动系统。在20世纪80年代之后,美国的福特汽车公司和通用电气公司合作,研究交流驱动系统用在电动汽车上的可行性。德国、日本同时也在进行电动汽车交流驱动系统的研究,得到了一致的结论,认为交流驱动系统同直流驱动系统相比在性能上具有绝对的优势,交流驱动系统具有更广泛的应用前景。高质量的新能源汽车应采用交流驱动系统。目前,交流驱动系统主要采用交流感应电动机驱动系统或永磁同步电动机驱动系统,也有部分电动汽车采用开关磁阻电动机的交流驱动系统。

2. 驱动电机的未来趋势

交流感应电动机由于结构坚固,当设计成高速运行时可以获得较小的体积,并且可以通过优化控制策略获得较高的效率,所以新能源汽车越来越多地采用交流感应电动机驱动系统。国外对这种驱动系统的研究已经取得了一定的成果。我国在这方面的研究才刚刚起步,需要解决控制系统性能、效率、质量和体积等一系列问题,以实现系统性能可靠、体积小、质量轻、结构紧凑的目标,向高集成化和全数字化的方向发展。我国是稀土大国,稀土储量约占世界稀土储藏量的3/4,研究和开发稀土永磁材料及其驱动器件,不仅能促进我国高新技术的发展,获得巨大的经济效益和社会效益,而且能对深入开发稀土材料的性能,推动我国稀土事业的发展产生深远的影响。目前永磁电动机有较大范围的应用,控制技术也很成熟,现在和将来的很长一段时间内,永磁电动机将有更广泛的应用和发展。

而永磁电动机在各方面的性能也很优异，丰富的稀土藏量将对永磁电动机的发展和推广有很好的促进作用。

轮毂电动机的应用越来越广泛。轮毂电动机驱动系统的布置非常灵活，可以使用两个前轮驱动、两个后轮驱动或四轮驱动。轮毂电动机改变了内燃机传统的驱动方式，每个驱动轮都是由独立的电动机驱动的，这与传统内燃机汽车机械传动的驱动方式有本质的不同，更有利于实现机电一体化及应用先进的控制技术。与传统内燃机汽车和单电动机集中驱动方式相比，使用轮毂电动机驱动系统的汽车具有以下优势。

（1）动力控制由硬连接转变为软连接。通过电子线控技术，实现各驱动轮从零到最大速度的无级变速和各驱动轮之间的差速要求，从而简化了传统内燃机汽车所必需的机械式操纵换挡装置、离合器、变速器、传动轴和机械差速器等部件，使驱动系统和整车结构更加简单，提高了传动系统效率，释放了车载空间。

电动汽车单挡变速箱认知

（2）各驱动轮的驱动力可独立控制，使其动力学控制更加方便、灵活；能合理控制驱动力输出，从而提高在恶劣路况下的行驶性能。

（3）易实现各驱动轮的电气制动、机电复合制动和制动能量回馈。

（4）底盘结构大幅简化，使整车布置和车身设计的自由度增加。若能将底盘承载功能与车身功能分离，则可实现相同底盘不同车身造型的多样化和系列化，从而缩短新车型的开发周期，降低开发成本。

若在采用四轮驱动系统的车辆上导入线控四轮转向技术（four wheel steering，4WS），实现车辆转向行驶高性能化，可有效减小转向半径，甚至实现零转向半径，大幅增加转向的灵活性。

轮毂电动机因其布置方便、动力控制灵活、易于实现制动和能量回收、能够节省车身控制、车身设计自由度高、简化传动系统等优点，将是驱动系统发展的一个重要方向。其他形式的驱动系统有可能被它取代。轮毂电动机在新能源汽车上的应用如表 1-2 所示。国外最新推出的车型，如凯迪拉克 Provoq 概念车，国内的长安 E301 概念车，都采用了轮毂电动机，同时轮毂电动机也是这些车型的一大亮点。

表 1-2 轮毂电动机在新能源汽车上的应用

车型	年份	研发公司	动力类型	驱动类型
IZA	1991	日本 TEPCO	纯电动	轮毂电动机四轮驱动
ECO	1996	日本 NIES	纯电动	轮毂电动机四轮驱动
Luciole	1997	日本 NES	纯电动	轮毂电动机四轮驱动

续表

车型	年份	研发公司	动力类型	驱动类型
KAZ	2000	日本	纯电动	轮毂电动机四轮驱动
Eliica	2000	日本 Keio 大学	纯电动	轮毂电机四轮驱动
AUTOnomy	2002	通用	燃料电池	轮毂电动机四轮驱动
S-10 改装	2004	雪佛兰	混合动力	轮毂电动机四轮驱动
QUARK	2004	标志	燃料电池	轮毂电动机四轮驱动
Squel	2004	通用	燃料电池	轮毂电动机四轮驱动 中心电动机前轮驱动
Colt	2005	三菱	纯电动	轮毂电动机四轮驱动
Lancer Evolut MIEV	2005	三菱	纯电动	轮毂电动机四轮驱动
FCX concept	2005	本田	燃料电池	轮毂电动机后轮驱动 中心电动机前轮驱动
CT-MIEV	2006	三菱	混合动力	轮毂电动机四轮驱动

未来驱动电动机的发展趋势：采用新技术、新结构、新材料、新工艺，克服换向、绝缘、噪声和振动等方向的问题；利用新的设计和制造技术，提高电动机的设计和制造水平，从而提高电动机的换向性能；缩小尺寸，减小质量，提高极限容量，适应新能源汽车的动态性能、可靠运行，以及特殊工况下的特殊要求。总体而言，驱动电机将重点发展（包括目前已经研发并用于产品的）交流感应电动机、永磁轮毂电动机和开关磁阻电动机。尤其是永磁轮毂电动机，因其具有优越的性能所以将是驱动电机发展的一个重要方向。

1.4.2 电机控制系统的现状及未来趋势

1. 电机控制系统的现状与不足

基于转子磁场定向的矢量控制技术是近20年来实际应用最为普遍的高性能交流调速系统，在交流的驱动系统中的应用也是最成熟的，其动态性能好、调速范围宽，但控制性能受电动机参数幻化的影响是其主要缺点。由于定子磁通定向只涉及定子电阻，所以对电动机参数的依赖大幅减弱，尤其是不受转子参数变化的影响。直接转矩控制通过转矩偏差和定子磁通偏差来确定电压矢量，不需要像矢量控制那样进行复杂的坐标变换，控制系统及计算过程大幅简化。为实现转矩的快速响应，直接转矩控制系统不采用传统的 PI 调节器，而用两点式（bang-bang）控制，但由此会产生转矩脉动，限制系统的调速范围,这是其缺点之一。直接转矩控制的另一缺点是低速性能差,这是由于系统未能摆脱电动机参数(主要是定子电阻)所带来的影响。电动机高速运行时,电压很大,定子电阻的影响可以忽略不计;但低速运行时,定子电压小,定子电阻的影响就不可忽略,且定子电阻随温度的变化而发生变化。各种定子电阻观测器是比较有效的解决该问题的方法。另外,利用定子电压的三次谐波分量计算气隙磁通的直接转矩控制,完全摆脱了定子电阻的影响,从根本上解决了电动机参数影响的问题,具有较好的低速性能。因此,消除或减小转矩脉动,提高调速范围,加快动态响应,将是电机控制系统的发展方向,也是直接转矩控制与适量控制相竞争的关键点。目前国内外的研究方向是将现有的直接转矩控制方式与矢量控制相结合,取长补短,构成性能更加优越的控制系统。

采用常规的矢量控制方式的交流感应电动机,在低负荷区效率低、功率因数低、不能较好地匹配电动汽车的驱动装置。提高驱动效率、实现节能、延长一次充电行程,对新能源汽车而言是至关重要的。相应地,最大效率控制是一种具有发展前景的控制方式。新能源汽车驱动用交流感应电动机的最大效率控制技术的本质是在整个运行过程中,在每一个工作点上都使系统效率最大,这与传统控制方式不同。传统控制方式中被控变量不是效率的函数,致使效率只能在某一工作点或一个极小区域内效率最高。但是,因为弱磁调速时转矩响应慢、控制装置复杂、成本较高、实用性较低,所以最大效率控制技术还有待于发展和改进。

对于电动机的控制,目前采用经典控制方法。经典控制理论对于非线性、时变耦合系统有较好的控制效果。而驱动电机的复杂运行工况,以及高精度、高智能的要求使控制系统更加倾向使用智能控制算法,如一般的线性控制方式并不适用于开关磁阻电动机(switch resistance motor,SRM)控制系统,香港大学把模糊逻辑控制(fuzzy logic control,FLC)和滑膜控制(sliding mode control,SMC)相结合,提出了滑膜模糊控制(fuzzy sliding mode control,FSMC),这样综合了 FLC 和 SMC 的优点,实现了对 SRM 的控制。

2. 电机控制系统的未来展望

随着微电子技术的发展,DSP 电动机控制芯片日益成熟,通过软件实现电机控制系统的全数字化,不仅可以提高系统性能、简化结构、降低成本,而且控制灵活、易于升级。目前基于 CAN 总线的全数字控制系统已经成为新能源汽车电控系统硬件组成的主要模式。

电机控制技术包括执行机械技术、逆变与电动机驱动技术、运行信息及信号检测、电动机系统的集成。驱动控制系统是多门学科、理论和技术的有机融合和交叉，其他相关技术的发展和进步都将对驱动电机及其控制系统产生深远影响，从而引起设计理论、设计方法的优化和控制方式的革新，仅将电动机理论、电力电子技术、计算机技术和控制理论机械地组合在一起的研究方法已经无法满足高性能驱动系统的要求，因此，应根据具体的车辆运行要求和现有技术水平对驱动电机及其控制系统进行专业化设计。

变结构控制、模糊控制、神经网络、自适应控制、专家系统、遗传算法等非线性智能控制技术，都将个自或相互结合应用于电机控制系统中，这些技术或者不需要精确建模，或者善于处理非线性问题。智能控制技术的应用将使系统结构简单、反应迅速、鲁棒性好，大幅提高电机控制系统的综合性能。

新能源汽车驱动系统的主要参数包括转矩、转速、效率、外形尺寸、质量大小、可靠性及成本等。另外，传动系统的适配性、安装要求及额定电压等也影响驱动系统的设计或选择，如驱动电机与机械传动装置优化组合、电动机与发动机一体集成为混合动力发动机总成、电动机与逆变器一体集成为混合动力变速器总成、驱动电机与动力电池逆变器的优化组合等，都将成为驱动系统的发展趋势。

驱动电机控制系统无位置传感器，将使电动机结构更加紧凑、性能更加稳定，并且节约成本。未来的驱动电机及控制器将向无传感器方向发展。

整体而言，驱动电机控制系统将趋向小型化、轻量化、易于产业化、高容量、高效节能、响应迅速、调速性能好、可靠性高、成本低、免维护。驱动系统性能的改进与提升，对新能源汽车的推广有深远的影响和积极的促进作用。

拓展元素 1.4

四、任务实施

任务名称：介绍驱动电机系统的发展现状与未来趋势		
姓名：	班级：	学号：
任务描述	假如你是新能源汽车4S店的一名机电维修技师，你的主管让你向其他机电维修技师介绍新能源汽车驱动电机系统的发展现状与未来趋势。你能完成这项任务吗	
能力目标	（1）能够描述驱动电机的发展现状及未来趋势； （2）能够描述电机控制系统的发展现状及未来趋势	
实施准备	（1）新能源汽车实训室； （2）新能源汽车驱动电机台架4台； （3）汇报用纸、笔等	

续表

任务名称：介绍驱动电机系统的发展现状与未来趋势		
姓名：	班级：	学号：

实施步骤	（1）分组：教师将学生分成四组，每组选出一名组长； （2）布置任务：要求每组学生选一名代表作为新能源汽车机电维修技师，查阅资料，将新能源汽车驱动电机发展现状和未来趋势向其余机电维修技师（教师和其余学生）进行介绍； （3）学生查阅资料，就新能源汽车驱动电机发展现状和未来趋势展开讨论，在学习小组或班级里进行交流汇报
自我反思	在专业能力、关键能力等方面的收获或体会：

五、任务考核

评价项目	评价内容	评价标准	分值	自我评价	平台评价	组内评价	组间评价	教师评价	汇总
素质测评	规则意识	遵守作息制度，不迟到、不早退、不旷课	10						
	分析解决问题能力	提升自我查阅资料、解决问题的能力	10						
	个人表达	口头表达能力，书面总结能力	10						
	团队合作	搜集信息、合作共事、知识共享、听取意见等方面	10						

续表

评价项目	评价内容	评价标准	分值	自我评价	平台评价	组内评价	组间评价	教师评价	汇总
专业测评	信息收集	准确记录顾客和车辆信息	10						
	知识掌握	电机的发展现状	5						
		电机的未来趋势	10						
		电机控制系统的发展现状	10						
		电机控制系统的未来趋势	5						
	电机介绍	驱动电机发展现状介绍是否准确	10						
	方案制订	方案制订是否合理	10						
总评		总分	100						

六、思考练习

判断题

（1）交流驱动系统主要采用交流感应电动机驱动系统或是永磁同步电动机驱动系统，也有部分新能源汽车采用开关磁阻电动机的交流驱动系统。（　　）

（2）采用常规的适量控制方式的交流感应电动机，在低负荷区效率低、功率因数低、不能较好地匹配新能源汽车的驱动装置。（　　）

（3）比亚迪八合一动力总成包括驱动电机、减速器、电机控制器、DC/DC变换器、高压配电箱、整车控制器VCU、电池管理系统（battery management system，BMS）、车载充电机OBC。（　　）

项目 2　常用驱动电机认知

在新能源汽车中，一般情况下是驱动电机代替发动机，并在电机控制器的控制下，将电能转换为机械能来驱动汽车行驶。其中，在纯电动汽车、串联式混合动力汽车和燃料电池汽车中，驱动电机是唯一的驱动装置；在并联式混合动力汽车中，驱动电机作为耦合动力装置。目前新能源汽车主要应用的驱动电机有直流电动机、交流感应电动机、交流永磁电动机和开关磁阻电动机。

任务 1　直流电动机认知

一、学习目标

1. 知识目标

（1）掌握直流电动机的组成结构。

（2）掌握直流电动机的工作原理。

（3）掌握直流电动机的优缺点。

（4）掌握直流电动机的应用场合。

2. 能力目标

（1）能够描述直流电动机的工作原理。

（2）能够描述直流电动机的工程应用。

3. 素质目标

（1）培养学生辩证看问题的能力。

（2）培养学生的发散思维。

二、任务引入

直流电动机在新能源汽车中的应用较少，一般应用于巡逻车、电动观光车、电动叉车等一些低速电动车辆。假如你是新能源汽车 4S 店的一名机电维修人员，你的主管让你向其他机电维修技师介绍直流电动机的结构、工作原理、励磁方式，以及其在新能源汽车中的应用情况，你能完成这项任务吗？

三、知识储备

直流电动机是指通入直流电而产生机械运动的电动机，按励磁方式的不同，直流电动机分为励磁绕组式直流电动机和永磁式电动机，前者的励磁磁场是可控的，后者的励磁磁场是不可控的。由于控制方法简单、控制技术成熟，直流电动机曾广泛应用于早期新能源汽车驱动系统。

2.1.1 直流电动机的结构

直流电动机由静止的定子（励磁）和旋转的转子（电枢）两部分组成。定子和转子之间的间隙称为气隙。直流电动机的结构如图 2-1 所示。

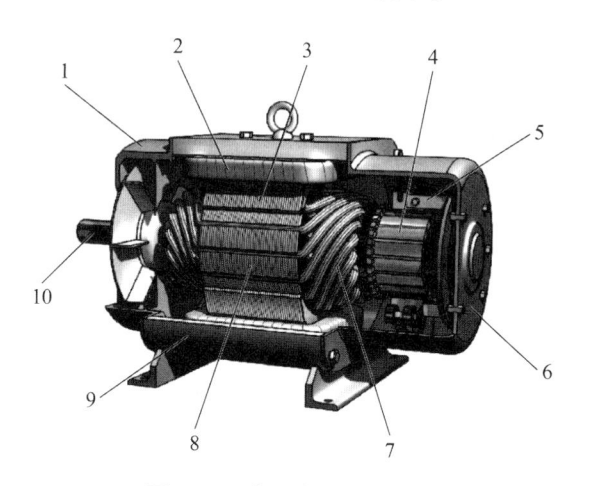

图 2-1 直流电动机的结构

1—前端盖；2—励磁绕组；3—主磁极；4—换向器；5—电刷装置；6—后端盖
7—转子绕组；8—转子铁芯；9—机座；10—主轴

无刷直流电动机

1. 定子

定子的主要作用是产生气隙磁场，由主磁极、换向极、机座和电刷装置组成。

（1）主磁极。

主磁极由主磁极铁芯和励磁绕组组成。励磁绕组套在主磁极铁芯上，并用绝缘材料使两者绝缘，磁极用螺钉固定在机座上。为了使主磁通在气隙中分布的更合理，主磁通铁芯下部（靠近电枢表面部分）比励磁绕组的部分要宽，这部分称为磁极的极掌。主磁极用来产生气隙磁场，并使电枢表面的气隙磁通密度按一定波形沿空间分布。

（2）换向极。

换向极的构造与主磁极相似，换向极装在两相邻的磁极之间，用螺钉固定在机座上，它的作用是改善电动机的换向功能。换向极与主磁极的位置关系如图2-2所示。

（3）机座。

机座一般用铸钢铸成或用厚钢板焊接而成。机座有两个作用：一个是用来固定主磁极、换向极和电动机端盖；另一个是作为磁场的通路。对于机座，要求具有良好的导磁性能和足够的机械强度和刚度。

（4）电刷装置。

电刷装置的作用是把直流电压、直流电流引入或引出。电刷装置的数目一般等于主磁极的数目。电刷装置模型如图2-3所示。

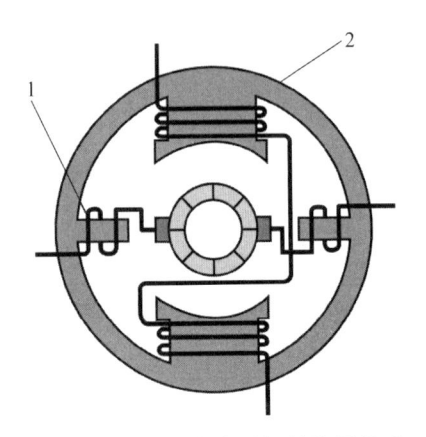

图2-2 换向极与主磁极的位置关系
1—换向极；2—主磁极

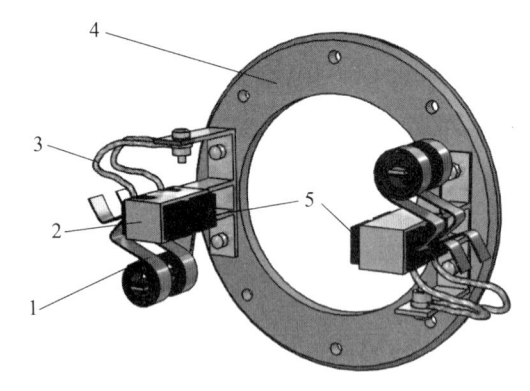

图2-3 电刷装置模型
1—压簧；2—电刷盒；3—刷辫；4—电刷座；5—电刷

2. 转子

转子由电枢铁芯、电枢绕组、换向器、转轴和风扇组成。

（1）电枢铁芯。

电枢铁芯有两个作用：安放电枢绕组和作为主磁通的通路，通常是用硅钢片冲片叠压而成，以减小电枢铁芯的磁滞和涡流损耗。电枢铁芯固定在电动机转轴上。

（2）电枢绕组。

电枢绕组由多个线圈连接而成，每个线圈由漆包线或绝缘的扁铜线绕成。每个线圈都预先做成相同的形状，再把绕组的两个边分别嵌入电枢铁芯的槽中。所有的电枢绕组都是双层结构的型式。

(3) 换向器。

换向器由很多换向片组合成圆筒状,片间用云母绝缘。换向器的作用是与电刷装置配合,将直流电动机输入的直流电变为电枢绕组中的交变电流,以保证转子沿着一个方向旋转。

2.1.2 直流电动机的工作原理

1. 直流电动机模型

最简单的直流电动机模型如图 2-4 所示。在一对静止的磁极 N 和 S 之间装设一个可以绕中心横轴转动的圆柱形铁芯,在铁芯上面装有矩形的线圈 abcd。这个转动的部分通常称为电枢。线圈的末端 a 和 d 分别接到称为换向片的两个半圆形铜环上。换向片之间彼此绝缘,它们和电枢装在同一根轴上,可随电枢一起转动。A 和 B 是两个固定不动的碳质电刷,它们和换向片之间滑动接触,来自直流电源的电流则通过电刷和换向片流到电枢的线圈。

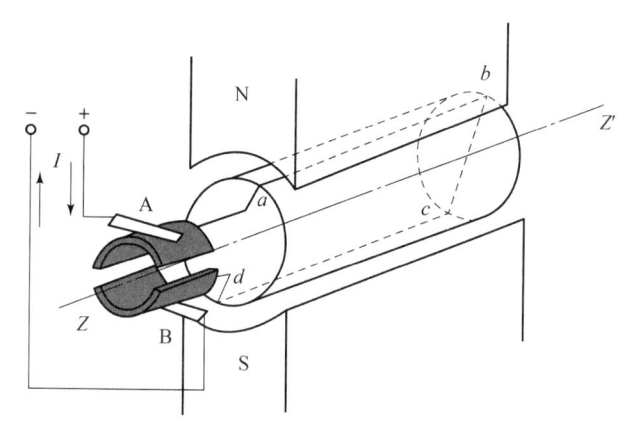

图 2-4 最简单的直流电动机模型

2. 工作原理分析

当电刷 A 和 B 分别连接直流电源的正负极时,电流从电刷 A 流入,从电刷 B 流出,通过线圈 abcd 形成回路;相应地,导线 ab 和 cd 在磁场的作用下会产生磁场力,其方向由左手定则来决定。当电枢在图 2-5 (a) 所示的位置时,线圈的电流方向是 a→b→c→d,ab 边的电流从 a 流向 b,用 ⊕ 表示,cd 边的电流从 c 流向 d,用 ⊙ 表示。根据左手定则可以判断,导线 ab 受力的方向是从右向左,导线 cd 受力的方向是从左向右,在电枢上则产生了顺时针方向的转矩,因此,电枢将沿着顺时针方向转动。

当电枢在如图 2-5 (b) 所示位置时,a 从 N 极下面进入 S 极,而 cd 边从 S 极下面进入 N 极时,与末端 a 连接的换向片 1 与电刷 B 接触,与 d 端连接的换向片 2 与电刷 A 接触,这时线圈的电流方向是 $d \to c \to b \to a$,保证了在同一位置上的导线电流的方向不变,因此,转矩的方向也不会改变,电枢将按照顺时针方向继续旋转。由此可以看出,换向片和电刷在直流电动机中起着改变电流方向的作用,使 N 极和 S 极下导体电流不变,产生单方向的电磁力与电磁转矩。

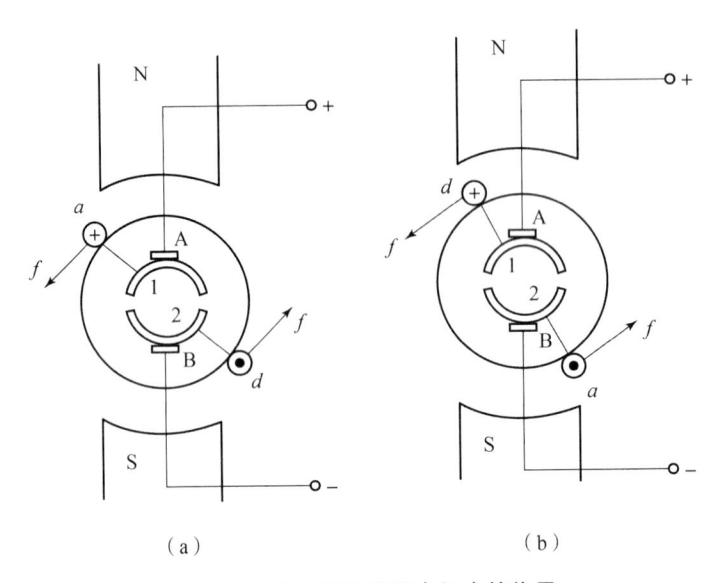

图 2-5 换向器在直流电机中的作用

当电流流过电枢线圈时,载流导体在励磁场的作用下产生的电磁力 f 的表达式为

$$f = Bil \quad (2-1)$$

式中 B——磁感应强度(T);

i——电流强度(A);

l——ab、cd 有效长度(m)。

整个线圈的电磁转矩为

$$T = DBil \quad (2-2)$$

式中 D——电枢直径(m)。

上述直流电动机模型只有 1 匝线圈,所受的电磁力很小,转矩脉动较大。如果通过电枢线圈的电流大小不变,磁极磁通密度在垂直于导体运动方向的空间按正弦规律分布,电枢为匀速转动,则由电流和磁场相互作用产生的电磁转矩随时间变化,除了平均转矩外,还包含着交变转矩。为了克服这些缺点,实际的电动机都是由很多匝线圈组成的,并且按照一定的连接方法分布在整个电枢表面上,通常称为电枢绕组。随着线圈数目的增加,换向片的数目也相应增多,由多个换向片组合起来的整体即换向器。电枢与换向器、电刷装置的组成结构如图 2-6 所示。

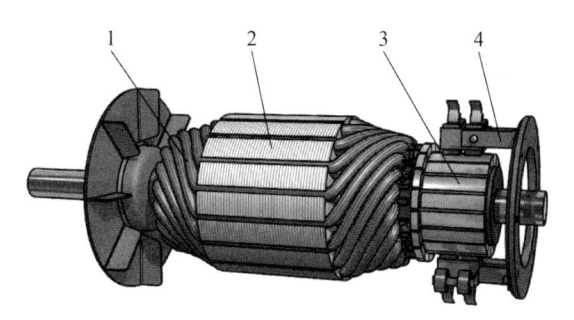

图 2-6 电枢与换向器、电刷装置的组成结构

1—转子绕组；2—转子铁芯；3—换向器；4—电刷装置

2.1.3 直流电动机的励磁方式

对直流电动机模型分析可知，直流电动机工作时，首先要建立一个磁场，即由定子结构中的主磁极产生，主磁体可以是永磁体或励磁绕组。由永磁体形成磁场的电动机称为永磁式直流电动机；由励磁绕组形成磁场的直流电动机，根据励磁绕组和电枢绕组的连接方式的不同，分为他励式直流电动机、并励式直流电动机、串励式直流电动机、复励式直流电动机。直流电动机的励磁方式如图 2-7 所示。

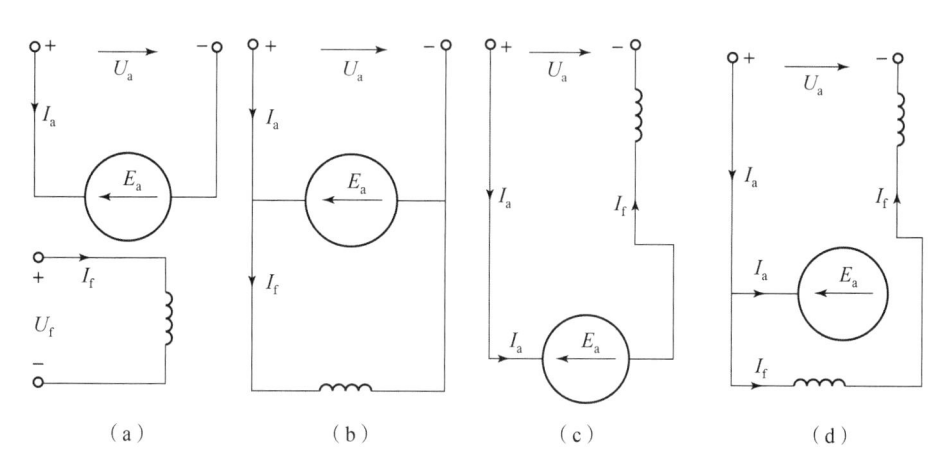

图 2-7 直流电动机的励磁方式

(a) 他励式；(b) 并励式；(c) 串励式；(d) 复励式

(1) 他励式直流电动机。

他励式直流电动机的励磁绕组与电枢绕组的电源没有连接关系，而由其他直流电源对励磁绕组供电，因此，励磁电流不受电枢端电压或电枢电流的影响，永磁式直流电动机也可以看作这一类。

他励式直流电动机在运行过程中励磁磁场稳定且容易控制，易于实现车辆的再生制动要求。当采用永磁励磁时，虽然电动机效率高、质量轻和体积小，但由于励磁磁场恒定不变,电动机的机械特性不理想,难以满足车辆起动和加速时大转矩的要求。

(2) 并励式直流电动机。

并励式直流电动机的励磁绕组与电枢绕组并联在同一电源上,其性能与他励式直流电动机的性能基本相同。并励绕组两端电压就是电枢绕组电压,但是励磁绕组用细导线绕成,其匝数很多,因此,具有较大的电阻,使流过的励磁电流较小。

(3) 串励式直流电动机。

励磁绕组和电枢绕组串联在同一电源上,通过的电流和电枢绕组的电流大小相等;电动机的磁场随着电枢电流的改变而发生显著变化。为了使励磁绕组中不引起较大的损耗,励磁绕组的电阻越小越好,所以串励式直流电动机通常用较粗的导线绕成,匝数较少。

串励式直流电动机在低速运行时,能给车辆提供足够大的转矩;在高速运行时,电动机电枢绕组中的反电动势增大,与其串联的励磁绕组中的励磁电流减小,电动机高速运行时的弱磁调速功能易于实现。因此,串励式直流电动机驱动系统能较好地满足新能源汽车的运行特性需求。但串励式直流电动机由低速到高速运行时弱磁调速特性不理想,随着行驶速度的提高,电动机输出转矩快速减小,不能满足车辆高速行驶时风阻大,而需要较大输出转矩的要求。

(4) 复励式直流电动机。

在整个励磁回路中,有两套励磁绕组,一套和电枢绕组并联,一套和电枢绕组串联。根据励磁绕组产生的磁动势的关系,又可分为积复励和差复励,积复励的串励绕组和并励绕组产生的磁动势方向一致,且相互叠加;反之,则为差复励。

2.1.4 直流电动机的特点及应用

1. 直流电动机的特点

(1) 调速性能好。直流电动机可以在重负荷条件下,实现平滑的无级调速,而且调速范围较宽。

(2) 起动转矩大。可以均匀且经济地实现转速调节,因此,凡在重负荷下起动或要求均匀调节转速的机械,都可以使用直流电动机。

(3) 控制简单。一般用斩波器控制,具有效率高、控制灵活、质量轻、体积小、响应速度快等优点。

(4) 易磨损。由于存在电刷装置、换向器等易损件,所以必须进行定期维护或更换。

2. 新能源汽车直流电动机的性能要求

(1) 抗振动性。

直流电动机具有较重的电枢,因此,在颠簸的路况行驶时,车辆振动会影响轴承所承受的机械应力,对于这个应力进行监控和采取相应的对策是很有必要的。同时由于振动很容易影响换向器和电刷装置的滑动接触。因此,必须采取提高电刷装置弹簧预紧力等的措施。

(2) 环境适应性。

直流电动机作为新能源汽车驱动电机时,与在室外使用时的环境大致相同,所以要求在设计时充分考虑密封的问题,防止灰尘和水汽侵入电动机,另外还要考虑电动机的散热性能。

(3) 低能耗性。

为了延长一次充电续驶里程,以及抑制电动机的温升,尽量保持低损耗和高效率成为直流电动机的重要特性。近年来,由于稀土系列永磁体的研究开发,直流电动机的效率已明显提高、能耗明显降低。

(4) 抗负载波动性。

车辆在不同路况下行驶,电动机的负荷会有较大的变动,因此,有必要对额定条件的设定加以重点考虑。在市区行驶时,由于交通信号及道路拥挤等,起动、加速和制动等工况较频繁,不可避免地经常在最大功率下运行,此时电刷装置与换向器之间的电火花和磨损非常剧烈。因此,必须注意换向极和补偿绕组的设计。在郊外行驶时,电动机的输出速度较高,转矩较低,一般要以高效率的额定条件运行。而直流电动机在高速情况下,对其换向器部分的机械应力和换向条件的要求会变得严格。因此,在大型车辆驱动系统中,大多设置变速器以达到提高起动转矩的目的。

(5) 小型化、轻量化。

为了获得更大的车载空间及减小整车质量,小型化和轻量化成为驱动电机的必然趋势。直流电动机的转子部分含有较大比例的铜,如电枢绕组和换向器铜片,所以与其他类型的电动机相比,直流电动机的小型化、轻量化更难以实现。目前可以通过采用高磁导率、低损耗的电磁钢板减少磁性负荷,虽然增加了成本,但可以实现轻量化。

(6) 免维护。

对于电刷装置,根据负荷情况和运行速度等使用条件的不同,更换时间和维修的次数也是不同的。相应的解决办法是采用不损伤换向器的电刷装置材质,并且将检查端口设计得较大,以延长电刷装置的使用寿命和便于维修、更换。

3. 直流电动机的应用

作为新能源汽车驱动电机的直流电动机主要是他励式直流电动机(包括永磁式直流电

动机)、串励式直流电动机和复励式直流电动机三种类型。小功率（<10 kW）的电动机多采用小型高效的永磁式直流电动机，一般应用在小型、低速的车辆上，如电动自行车、电动观光车、电动叉车、警用巡逻车等；中等功率（10~100 kW）的电动机多采用复励式直流电动机，可以应用于结构简单、转矩较大的电动火车上；大功率（>100 kW）电动机多采用串励式直流电动机，可以应用于低速、大转矩的大型专用电动车上，如电动矿石搬运车、电动玻璃搬运车等。

直流电动机的效率和转速相对较低，运行时需要电刷装置和机械换向装置，在换向过程中易出现电火花及电磁干扰，不宜在多尘潮湿、易燃易爆的环境中使用，而电磁干扰对高度电子化的新能源汽车来说是致命的。由于机械磨损，电刷装置和换向器需要定期维护更换，加上直流电动机造价高、质量和体积较大，这些缺点大幅降低了直流电动机的可靠性和适用范围，在一定程度上也限制了其在新能源汽车领域的发展及应用。随着电力电子技术及电机控制技术的发展，直流电动机与其他类型的电动机相比，已明显处于劣势。

直流电机和交流电机的竞争史

四、任务实施

任务名称：直流电动机认知			
姓名：	班级：		学号：
任务描述	假如你是新能源汽车 4S 店的一名机电维修技师，你的主管让你向其他机电维修技师介绍直流电动机的组成结构、工作原理、励磁方式，以及其在新能源汽车中的应用情况。你能完成这项任务吗		
能力目标	（1）能够描述直流电动机的工作原理； （2）能够描述直流电动机的应用情况		
实施准备	（1）新能源汽车实训室； （2）新能源汽车 4 辆：校园安全巡逻车		
实施步骤	（1）分组：教师将学生分成 4 组，每组选出 1 名组长； （2）布置任务：要求每组学生选 1 名代表作为机电维修技师，将其中一辆校园安全巡逻车的电动机向其余机电维修技师（教师和其余学生）进行介绍，其余机电维修技师可以针对此电动机咨询其组成结构、工作原理及特点； （3）学生查阅资料，记录电动机信息，组织语言进行介绍，小组合作完成任务； （4）组员交换角色，彼此咨询和介绍		

续表

任务名称：直流电动机认知		
姓名：	班级：	学号：
自我反思	在专业能力、关键能力等方面的收获或体会：	

五、任务考核

评价项目	评价内容	评价标准	分值	自我评价	平台评价	组内评价	组间评价	教师评价	汇总
素质测评	规则意识	遵守作息制度，不迟到、不早退、不旷课	10						
	分析解决问题能力	提升自我查阅资料、解决问题的能力	10						
	个人表达	口头表达能力，书面总结能力	10						
	团队合作	搜集信息、合作共事、知识共享、听取意见等方面	10						
专业测评	信息收集	准确记录顾客和车辆信息	10						
	知识掌握	直流电动机的组成结构	5						
		直流电动机的工作原理	10						
		直流电动机的优缺点	10						
		直流电动机的应用情况	5						
	电动机介绍	电动机介绍是否准确	10						
	方案制订	方案制订是否合理	10						
总评		总分	100						

六、思考练习

1. 填空题

（1）直流电动机是指通入直流电而产生机械运动的电动机，按励磁方式的不同，直流电动机分为_____和_____。

（2）定子的主要作用是产生_____，由主磁极、换向极、机座和电刷装置组成。

2. 零件识别题

请列出图 2-8 中序号所代表的直流电动机各组成部分。

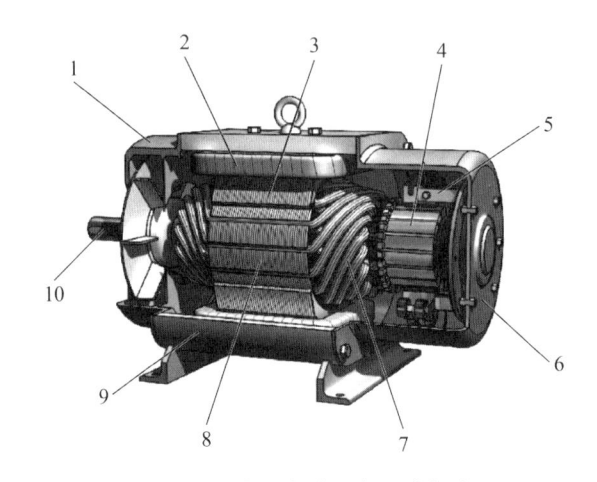

图 2-8 直流电动机各组成部分

1—_____；2—_____；3—_____；
4—_____；5—_____；6—_____；
7—_____；8—_____；9—_____；
10—_____

任务 2 交流感应电动机认知

一、学习目标

1. 知识目标

（1）掌握交流感应电动机的组成结构。

（2）掌握交流感应电动机的工作原理。

（3）掌握交流感应电动机的优缺点。

2. 能力目标

(1) 能够描述交流感应电动机的工作原理。

(2) 能够描述交流感应电动机的结构特点。

3. 素质目标

(1) 培养学生仔细观察的能力。

(2) 培养学生的对比分析思维。

二、任务引入

交流感应电动机在新能源汽车中的应用较广泛。假设你是新能源汽车 4S 店的一名机电维修技师，你的主管让你向其他机电维修技师介绍交流感应电动机的组成结构、工作原理、励磁方式，以及其在新能源汽车中的应用情况。你能完成这项任务吗？

三、知识储备

交流感应电动机又称交流异步电动机，是由气隙旋转磁场与转子绕组感应电流相互作用产生电磁转矩，从而实现电能转换为机械能的一种电动机。交流感应电动机是各类电动机中应用最广、需求量最大的一种。交流感应电动机的种类很多，通常按转子结构和定子绕组相数进行分类。按转子结构来分，交流感应电动机可分为笼型交流感应电动机和绕线型交流感应电动机；按定子绕组相数来分，交流感应电动机可分为单相交流感应电动机和三相交流感应电动机。在新能源汽车中，笼型交流感应电动机应用较为广泛，具有结构简单且坚固、制造成本低、维护方便等优点。

2.1.1 交流感应电动机的结构

和所有旋转的电动机的结构一样，交流感应电动机是由静止的定子和可以旋转的转子组成的。定子和转子之间为气隙，交流感应电动机的气隙一般为 0.5~2 mm，气隙的大小对交流感应电动机的性能有很大的影响。交流感应电动机的基本结构如图 2-9 所示。

1. 定子

交流感应电动机的定子主要由定子铁芯、定子绕组和机座三部分组成。

(1) 定子铁芯。

定子铁芯主要是作为电动机主磁路的一部分和放置定子绕组。为了降低定子铁芯的铁损耗，定子铁芯一般是由 0.35~0.5 mm 厚、表面涂有绝缘漆的硅钢片叠压而成的。交流

交流感应电动机

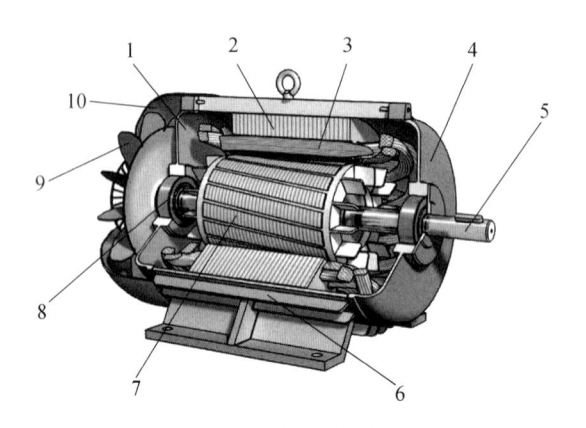

图 2-9　交流感应电动机的基本结构

1—内端盖；2—定子铁芯；3—定子绕组；4—前端盖；5—主轴；6—机座；
7—笼型绕组；8—轴承；9—风扇；10—风扇罩

感应电动机定子结构如图 2-10（a）所示，在铁芯的内圆冲有均匀分布的槽，用以嵌放定子绕组；定子铁芯槽型分为三种：开口槽、半开口槽、半闭口槽，其中开口槽用于大中型容量的高压交流感应电动机；半开口槽用于中型 500 V 以下的交流感应电动机；半闭口槽，用于小型低压交流感应电动机。

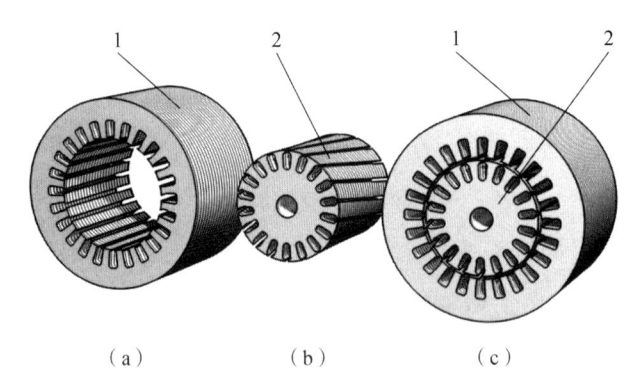

图 2-10　交流感应电动机定子结构

1—定子铁芯；2—转子铁芯

（2）定子绕组。

定子绕组是电动机的电路部分，通入三相交流电，其作用是吸收电功率和产生旋转磁场。定子绕组由三个在空间上互隔120°对称排列的、结构完全相同的绕组（每个绕组为一相）组成，根据需要连接成Y形或△形。

对于大中型容量的高压异步电动机定子绕组常采用Y形接法，只有三根引出线，如图 2-11（a）所示。对中小型容量的低压异步电动机，通常把定子三相绕组的六根出线头都引出来，根据需要可接成Y形或△形。△形接法如图2-11（b）所示。定子绕组用绝缘的铜（或铝）导线绕成，嵌在定子槽内。

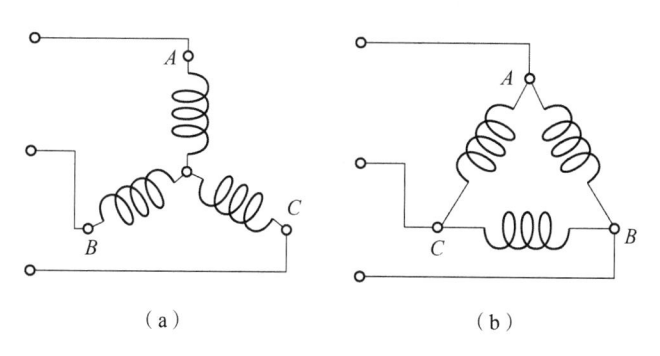

图2-11　定子绕组的接法

（a）Y形接法　　（b）△形接法

（3）机座。

机座主要用于固定定子铁芯和前后端盖，支撑转子并起到防护和散热等的作用，一般不作为工作磁路的组成部分。大多数机座采用铸铁铸造而成，大型交流感应电动机机座采用钢板焊接而成，微型交流感应电动机机座多采用铸铝或塑料制成。根据交流感应电动机的防护方式、冷却方式、安装方式的不同，机座的样式也不尽相同。

电机三相绕组的检测

2. 转子

交流感应电动机的转子包括转子铁芯和转子绕组。

（1）转子铁芯。

转子铁芯是电动机磁路的一部分，它由0.5 mm厚的硅钢片叠压而成。铁芯固定在转轴或转子支架上，整个转子的外表呈圆柱形。转子铁芯的结构如图2-10（b）所示，转子铁芯与定子铁芯的结构组合如图2-10（c）所示。

（2）转子绕组。

转子绕组分为笼型绕组和绕线型绕组两类。

①笼型绕组。笼型绕组是一个自己短路的绕组。在转子铁芯的每个槽里嵌放一根导体，在铁芯的两端用端环连接起来，形成一个短路的绕组。如果把转子铁芯拿掉，则可看出，剩下的绕组形状像个松鼠笼子，如图2-12所示，因此，又称鼠笼转子。导条的材料有铜或铝。

②绕线型绕组。绕线型绕组的槽内嵌放用绝缘导线组成的三相绕组，一般都连接成Y形。转子绕组的三条引线分别接到三个集电环上，用一套电刷装置引出，如图2-13所示。这可以将外接电阻串联到转子绕组回路，以改善电动机的起动性能或调节电动机的转速。

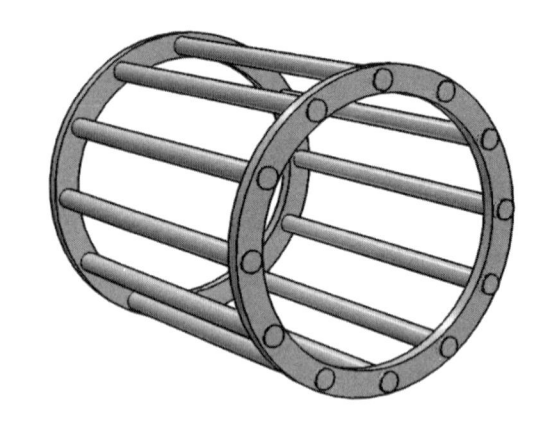

图 2-12 笼型绕组

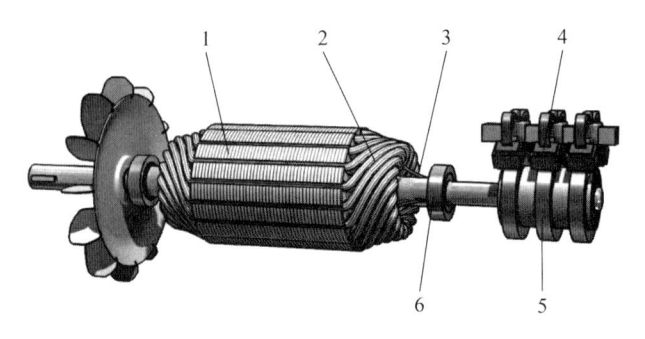

图 2-13 绕线型绕组的结构

1—转子铁芯；2—转子绕组；3—绕组端线；4—电刷装置；5—集电环；6—轴承

与笼型绕组相比，绕线型绕组结构复杂、价格较高，主要应用于起动电流小、起动转矩大或需平滑调速的场合。

2.2.2 交流感应电动机的工作原理

1. 气隙旋转磁场和感应电动势

交流感应电动机工作时，由定子、转子共同建立气隙基波磁场，并与转子绕组的感应电流相互作用产生电磁力，从而形成电磁转矩。电磁转矩克服负载转矩输出机械能，因此，交流感应电动机实现了电能到机械能的能量转换。交流感应电动机能够正常工作必须满足两个基本条件：一是电动机的定子、转子基波磁动势必须能合成，并在气隙内建立旋转磁场；二是转子转速必须小于气隙旋转磁场的转速，并且两者保持一定的差值，以保证转子与旋转磁场之间相对运行。气隙基波旋转磁场，也就是主磁场，其旋转速度与电源频率的关系为

$$n_1 = \frac{60f}{p} \tag{2-3}$$

式中 n_1——同步转速（r/min）；

f——定子电源频率（Hz）；

p——定子绕组的磁极对数。

特别指出，交流感应电动机的空载气隙磁场是由定子绕组的交流磁动势建立的。

给交流感应电动机通入对称的三相交流电时，将会产生一个旋转的气隙磁场，其中，通过气隙到达转子的基波磁场称为主磁场；只铰链定子绕组就形成闭合回路，未能到达转子的磁场称为定子漏磁场。该旋转磁场会同时切割定子绕组、转子绕组，这样在两个绕组内会产生相应的感应电动势。由此可见，在这种情况下，整个气隙磁场全部是由定子绕组内的三相对称电流产生的，因此，定子磁动势又称励磁磁动势，定子电流又称励磁电流。由于定子绕组的三相交流电是完全对称的，在此仅以 A 相为例来进行分析。当 A 相电流达到最大值时，它所对应的磁动势也达到最大；转子不转的感应电动机，相当于一台副边开路的三相变压器，其中定子绕组是原边绕组，转子绕组是副边绕组，只是在磁路中，交流感应电动机定子转子铁芯中多了一个气隙磁路。三相交流电波形与旋转磁场的对应关系如图 2-14 所示。

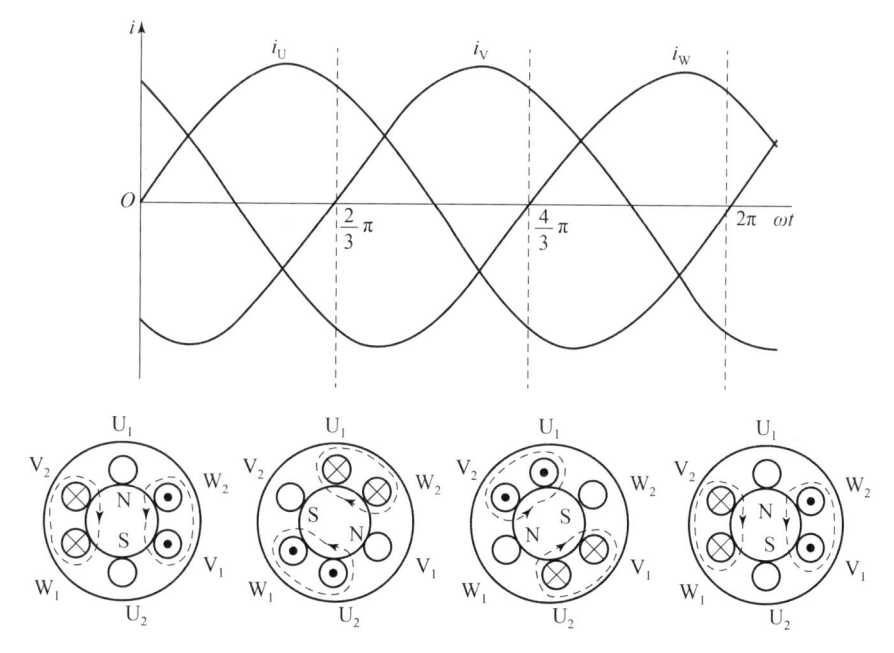

图 2-14 三相交流电波形与旋转磁场的对应关系

依据三相交流电的波形图判断旋转磁场旋转方向的时候，首先绘制一个圆环，内圆代表转子，外圆代表定子，在圆环中绘制沿着圆周均匀分布的三个小圆（互相间隔120°）。这三个小圆代表三个定子绕组的三个端口，分别标识为 U_1、V_1 和 W_1。然后绘制这三个小圆沿着直径方向的另外三个小圆，代表同一个绕组的另一个端口，如 U_1 直径方向对面的

小圆为 U_2，同理，V_1 直径方向对面的小圆为 V_2，W_1 直径方向对面的小圆为 W_2。U_1 和 U_2 为 U 相绕组的两个端口，V_1 和 V_2 为 V 相绕组的两个端口，W_1 和 W_2 为 W 相绕组的两个端口。

接下来需要定义电流方向，一般当电流为 + 时，定子绕组中电流的流动方向为 1 进 2 出；当电流为 - 时，定子绕组中电流的流动方向为 1 出 2 进。电流方向垂直于纸面指向外面用⊙表示，电流方向垂直于纸面指向里面用⊗表示。例如，从三相交流电的波形图可以看出，当 $\omega t=0°$ 时，U 相电流为 0，即 $i_U=0$，U_1 和 U_2 两个小圆空白表示无电流；V 相电流小于 0，即 $i_V<0$，定子绕组中电流的流动方向为 1 出 2 进，V_1 的电流方向为垂直于纸面指向外面，用⊙表示，V_2 的电流方向为垂直于纸面指向里面，用⊗表示；W 相电流大于 0，即 $i_W>0$，定子绕组中电流的流动方向为 1 进 2 出，W_1 的电流方向为垂直于纸面指向里面，用⊗表示，W_2 的电流方向为垂直于纸面指向外面，用⊙表示。

当三个线圈每一端口的电流方向确定后，可以根据安培定则（右手螺旋定则）来判断磁场方向。用右手握住通电直导线，大拇指指向电流方向，四指所指的方向就是磁场方向。垂直于纸面指向里面的电流会产生顺时针方向的磁场，如当 $\omega t=0°$ 时的 V_2 和 W_1；垂直于纸面指向外面的电流会产生逆时针方向的磁场，如当 $\omega t=0°$ 时的 V_1 和 W_2。当 $\omega t=0°$ 时，U_1 和 U_2 没有电流通过，因此，没有产生磁场。此时定子绕组合成磁场的方向就是由 U_1 所在的 N 极指向 U_2 所在的 S 极。

当 $\omega t=\dfrac{2\pi}{3}$ 时，$i_U>0$，$i_V=0$，$i_W<0$，U_1 和 W_2 的电流方向为垂直于纸面指向里面，用⊗表示；V_1 和 V_2 两个小圆空白表示无电流；U_2 和 W_1 的电流方向为垂直于纸面指向外面，用⊙表示；即 U_1 和 W_2 产生顺时针的磁场，U_2 和 W_1 产生逆时针的磁场，V_1 和 V_2 不产生磁场。此时定子绕组合成磁场的方向就是由 V_1 所在的 N 极指向 V_2 所在的 S 极。此时产生的磁场相比于 $\omega t=0$ 的磁场方向已经顺时针旋转了 120°。

当 $\omega t=\dfrac{4\pi}{3}$ 时，$i_V>0$，$i_W=0$，$i_U<0$，V_1 和 U_2 的电流方向为垂直于纸面指向里面，用⊗表示；W_1 和 W_2 两个小圆空白表示无电流；V_2 和 U_1 的电流方向为垂直于纸面指向外面，用⊙表示；即 V_1 和 U_2 产生顺时针的磁场，V_2 和 U_1 产生逆时针的磁场，W_1 和 W_2 不产生磁场。此时定子绕组合成磁场的方向就是由 W_1 所在的 N 极指向 W_2 所在的 S 极。此时产生的磁场相比于 $\omega t=\dfrac{2\pi}{3}$ 的磁场方向又顺时针旋转了 120°。

当 $\omega t=2\pi$ 时，$i_W>0$，$i_U=0$，$i_V<0$，W_1 和 V_2 的电流方向为垂直于纸面指向里面，用⊗表示；U_1 和 U_2 两个小圆空白表示无电流；W_2 和 V_1 的电流方向为垂直于纸面指向外

面,用⊙表示;即 W_1 和 V_2 产生顺时针的磁场,W_2 和 V_1 产生逆时针的磁场,U_1 和 U_2 不产生磁场。此时定子绕组合成磁场的方向就是由 U_1 所在的 N 极指向 U_2 所在的 S 极。此时产生的磁场相比于 $\omega t = \dfrac{4\pi}{3}$ 的磁场方向又顺时针旋转了 120°。

当三相交流电源不断地随时间做周期变化时,各相共同产生的合成磁场将随着电流的交变而在空间中不断旋转,即形成旋转磁场。旋转磁场的方向是由三相绕组中电流相序决定的,若想改变旋转磁场的方向,则只需要改变通入定子绕组的电流相序,即将三根电源线中的任意两根对调即可。这时,转子的旋转方向也跟着改变。

2. 交流感应电动机工作原理分析

交流感应电动机定子绕组接通三相交流电源后,电机内便形成圆形旋转磁动势,设圆形旋转磁通密度的方向为逆时针,如图 2-15 所示。若转子不转,则笼型绕组导条与旋转磁通密度有相对运动,导条中有感应电动势 E_e,方向由右手定则确定。由于转子导条彼此在端部短路,于是导条中有电流,不考虑电动势与电流的相位差时,电流方向同电动势方向。这样,导条在磁场中受力 f,用左手定则确定受力方向,由图 2-15 所示可知为逆时针旋转方向。

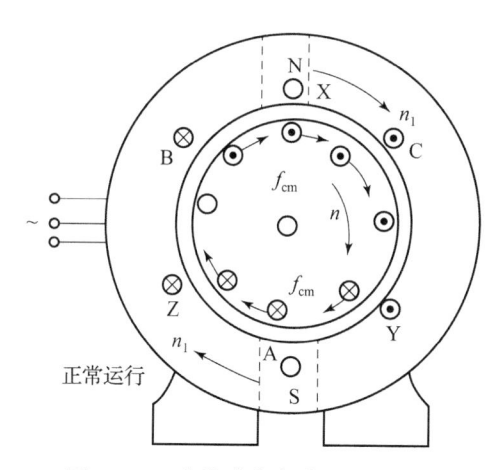

图 2-15 交流感应电动机工作原理

转子受力,产生转矩 T_{em},为电磁转矩,方向与旋转磁动势同方向,转子便在该方向上旋转起来。转子旋转后,转速为 n,只要 $n < n_1$(n_1 为旋转磁动势同步转速),转子导条与磁场仍有相对运动,产生与转子不转时相同方向的电动势、电流及受力,电磁转矩 T_{em} 仍为逆时针方向,转子继续旋转,稳定运行在 $T_{em} < T_L$ 情况下。

由交流感应电动机的工作原理可知,交流感应电动机稳定运行时,转子转速 n 不能等于旋转磁场的同步转速 n_1,其转差转速 $\Delta n = n_1 - n$,转差转速 Δn 与同步转速的比为交流感应电动机的转差率,用 s 表示,即:

$$s = \frac{\Delta n}{n_1} = \frac{n_1 - n}{n_1} \tag{2-4}$$

转差率是交流感应电动机运行的一个重要参数，正常运行时交流感应电动机转子转速接近于同步转速 n_1，转差率 s 一般为 0.01~0.05。

2.2.3 交流感应电动机的性能特点

（1）小型、轻量化。

（2）易实现转速超过 10 000 r/min 的高速旋转。

（3）高转速、低转矩时运行效率高。

（4）低速时有高转矩输出，以及具有较宽的速度调节范围。

（5）高可靠性。

（6）制造成本低。

交流感应电动机成本低且可靠性高，即使由于逆变器损坏而发生短路时也不会产生反电动势，不会出现急制动的可能性，因此，广泛应用于大型高速的电动汽车。三相笼型感应电动机的功率容量覆盖面很广，从零几瓦到几千瓦，可以采用强制风冷或液体冷却的方式，冷却自由度高，对环境适应性强，并且能够实现能量回收，与相同功率的直流电动机相比，效率较高，质量要减轻 $\frac{1}{2}$ 左右。

为了更好地满足以上要求，各大厂商均对交流感应电动机进行了研究开发。一般情况下，作为新能源汽车专用的电动机，由于安装条件是受限制的，而且要求小型轻量化，因此，电动机在 10 000 r/min 以上高速运转时，大多采用一级齿轮减速器实现减速。此外，由于振动等恶劣工作环境，低转速下需要高转矩，并且要求在较宽的速度范围内具有恒功率输出特性，所以新能源汽车用交流感应电动机与一般工业用电动机不同，因此，其在设计上也采用了各种新技术、新方法。

出于对工作环境的考虑，驱动电机大多采用全封闭式结构，为了框架、底座的轻量化，采用压铸铝的方式制造，也有采用将定子铁芯裸露在外表面的无框架结构，而且为了实现小型轻量化，冷却方式大多采用水冷式。高速运转时频率升高引起铁损耗的增大，因此，希望减少电动机的极数，一般采用 2 极或 4 极的情况较多，但是当采用 2 极时，线圈端部的接线变长，故采用 4 极的情况更多一些。此外，为了减少铁损耗，交流感应电动机普遍采用了具有良好导磁性的电磁钢板。

交流感应电动机由于成本低、坚固耐用、速度范围宽等特点适合用于新能源汽车，目前采用交流感应电动

交流感应电动机的工程应用优势

机驱动系统的车辆主要有美国通用公司的 EV-1 型、福特公司，以及为人熟知的特斯拉电动汽车等。

四、任务实施

任务名称：交流感应电动机认知		
姓名：	班级：	学号：
任务描述	假如你是新能源汽车 4S 店的一名机电维修技师，你的主管让你向其他机电维修技师介绍交流感应电动机的组成结构、工作原理、励磁方式，以及其在新能源汽车中的应用情况。你能完成这项任务吗	
能力目标	（1）能够描述交流感应电动机的工作原理； （2）能够描述交流感应电动机的组成结构特点	
实施准备	（1）新能源汽车实训室； （2）新能源汽车 4 辆：特斯拉 Model 3	
实施步骤	（1）分组：教师将学生分成 4 组，每组选出 1 名组长； （2）布置任务：要求每组学生选 1 名代表作为机电维修技师，将其中一辆特斯拉 Model 3 汽车的电动机向其他机电维修技师（教师和其他学生）进行介绍，其他机电维修技师可以针对此电动机咨询其结构、工作原理及特点； （3）学生查阅资料，记录电动机信息，组织语言进行介绍，小组合作完成任务； （4）组员交换角色，彼此咨询和介绍	
自我反思	在专业能力、关键能力等方面的收获或体会：	

五、任务考核

评价项目	评价内容	评价标准	分值	自我评价	平台评价	组内评价	组间评价	教师评价	汇总
素质测评	规则意识	遵守作息制度，不迟到、不早退、不旷课	10						
	分析解决问题能力	提升自我查阅资料、解决问题的能力	10						
	个人表达	口头表达能力，书面总结能力	10						
	团队合作	搜集信息、合作共事、知识共享、听取意见等方面	10						
专业测评	信息收集	准确记录顾客和车辆信息	10						
	知识掌握	交流感应电动机的结构组成	5						
		交流感应电动机的工作原理	10						
		交流感应电动机的优缺点	10						
		交流感应电动机的应用场合	5						
	电动机介绍	电动机介绍是否准确	10						
	方案制订	方案制订是否合理	10						
总评		总分	100						

六、思考练习

1. 填空题

（1）交流感应电动机又称_____，是由气隙旋转磁场与转子绕组感应电流相互作用产生电磁转矩，从而实现电能转换为机械能的一种电动机。

（2）交流感应电动机的定子主要由_____、_____和_____三部分组成。

(3) 转子铁芯是电动机磁路的一部分，它由 0.5 mm 厚的 _____ 叠压而成。

2. 零件识别题

请列出图 2-16 序号所代表的交流感应电动机各组成部分。

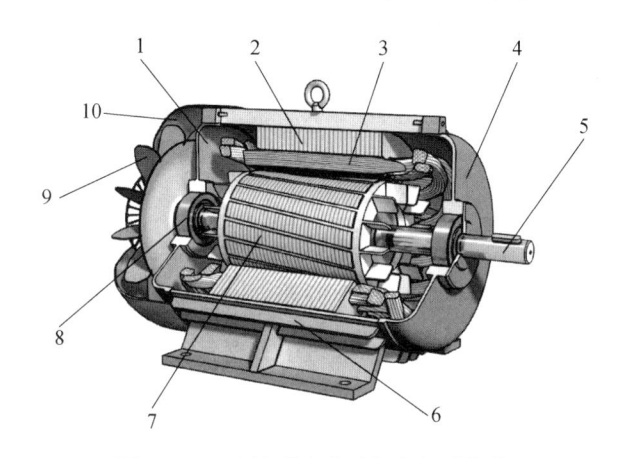

图 2-16 交流感应电动机各组成部分

1—_____；2—_____；3—_____；
4—_____；5—_____；6—_____；
7—_____；8—_____；9—_____；
10—_____

任务 3　交流永磁电动机认知

一、学习目标

1. 知识目标

(1) 掌握交流永磁电动机的分类和组成结构。

(2) 掌握永磁同步电动机的工作原理。

(3) 掌握永磁同步电动机的优缺点。

2. 能力目标

(1) 能够描述永磁同步电动机的工作原理。

(2) 能够描述永磁同步电动机的结构特点。

3. 素质目标

(1) 培养学生仔细观察的能力。

(2）通过永磁同步电动机优点和缺点比较，培养学生辩证思维能力。

二、任务引入

永磁同步电动机和交流感应电动机是目前新能源汽车的两大主流电动机。假如你是新能源汽车 4S 店的一名机电维修技师，你的主管让你向其他机电维修技师介绍永磁同步电动机的结构、工作原理、励磁方式，以及其在新能源汽车中的应用情况。你能完成这项任务吗？

三、知识储备

新能源汽车设计开发的关键主要有两个方面：一是研制高能量密度的电池；二是开发性能优良的驱动系统。在现有的各类驱动电机中，交流永磁电动机具有能量密度高、效率高、体积小、惯性低、响应速度快等优点，在新能源汽车领域有较好的应用前景，得到了国内外新能源汽车企业的高度重视，是最具有竞争力的驱动电机之一。

2.3.1 交流永磁电动机概述

1. 交流永磁电动机分类与特点

交流永磁电动机主要包括永磁同步电动机和无刷直流电动机两大类，两者最主要的区别在于输入电动机接线端的电压波形和在定子绕组中感应出的电动势波形不同。交流永磁电动机采用稀土永磁体励磁，与交流感应电动机相比不需要励磁电路，具有效率高、功率密度大等特点，在中小功率的驱动系统中有优势，目前在新能源汽车中得到了一定的应用。

无刷直流电动机的特点是定子三相绕组为集中转矩绕组，定子电流为方波电流，电动机的反电动势为梯形波，永磁体在气隙中产生的磁场在空间按照矩形分布，采用转子离散位置反馈信号来控制调速或换向。由于永磁无刷直流电动机存在永久磁场，不能采用其他电动机的控制方式控制磁通量来进行调速，而通常采用弱磁调速的技术，在不改变永久磁场强度的条件下，来减少永久磁场的磁通量，实现对无刷直流电动机高速运行时的转速和转矩的控制。无刷直流电动机外特性曲线类似于永磁式直流电动机，特性较硬，但是由于没有电刷装置和换向器，所以可以在高速下运行，因此，体积和质量可以减小，同时提高了可靠性，而且无刷直流电动机的控制相对简单。但是受绕组电感的影响，造成无刷直流电动机的电流不可能是理想的方波，在换向时会发生相电流的重叠，从而引起转矩产生波动。

永磁同步电动机的特点是永磁体在气隙中产生的磁场空间上按照正弦分布，定子三相绕组为正弦分布绕组，电动机的反电动势及电动机定子电流均为正弦波，采用转子连续位置反馈信号来控制调速或换向。永磁同步电动机通常采用矢量控制策略，其定子电流的直轴分量为零，其交轴电流在磁场的作用下产生电磁转矩，利用矢量控制算法可以实现宽范围的恒功率弱磁调速。永磁同步电动机的优点是效率高、体积小、质量轻、控制精度高、转矩脉动小等，但是其控制器较复杂，因此，造成成本偏高。

2. 交流永磁电动机的磁性转子

（1）磁性转子的结构。

将永磁磁极按 N 极和 S 极顺序排列组成交流永磁电动机的磁性转子。按照永磁体在转子上的安装方式，可以将转子分为表面永磁式转子和内置永磁式转子。

表面永磁式（surface permanent magnet，SPM）转子，如图 2-17 所示，永磁体黏附在转子铁芯的外表面，可以有效地利用永磁体的磁通量，有良好的控制性能和散热性能。

内置永磁式转子，如图 2-18 所示，永磁体嵌在转子铁芯内部，有较高的磁显性，可产生额外的磁阻转矩分量；同时可以承受转子高速旋转的离心力作用，并且可以有效地抑制高次谐波的作用，但散热效果较差。

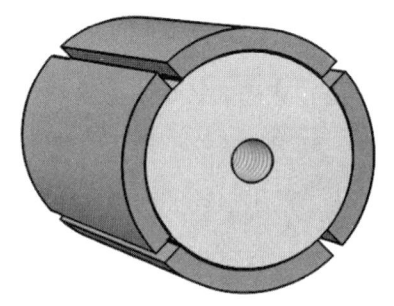

图 2-17 典型的 SPM 转子

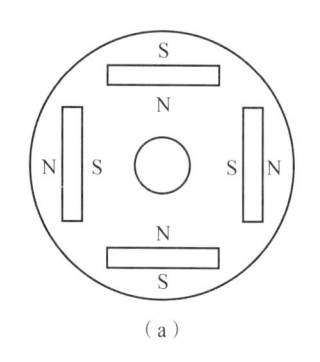

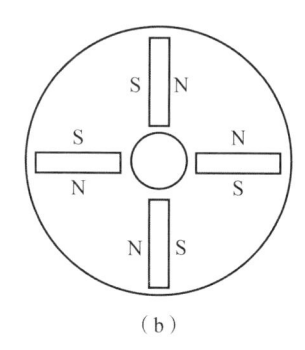

图 2-18 典型的 IPM 转子
(a) 径向式；(b) 切向式；(c) U 形混合式

还有一种转子既有永磁体又有励磁绕组，称为混合永磁式转子。永磁励磁分量和励磁磁通分量在气隙中叠加形成气隙磁通，气隙磁通可以通过调节励磁电流来控制。特别是在高速区，可以方便地进行弱磁调节。因此，采用这种转子的电动机在宽转速范围内有最佳效率和理想的驱动特性，非常适合应用为驱动电机。三种转子结构的性能比较如表 2-1 所示。

表 2-1 三种转子结构的性能比较

转子结构	表面永磁式转子	内置永磁式转子	混合永磁式转子
电动机类型	无刷直流电动机	永磁同步电动机；直流无刷电动机	永磁同步电动机
电流波形	方波	方波/半正弦波	正弦波
速度限制	1.2 倍额定转速	1.5 倍额定转速	2~3 倍额定转速
散热要求	较简单	较复杂	复杂
转子结构	较简单，但转速较低	较复杂，但能承受较高转速	较复杂，但能承受较高转速
特点	有较大的气隙；电枢反应较低	有较高的磁显性；可产生额外的磁阻转矩分量	与内置永磁式相同；有更好的调速性能和机械性能

（2）磁极的数量。

一般交流感应电动机的磁极数量增大以后，电动机在同样的转速下，工作频率随之增加，定子的铜损耗和铁损耗也相应增加，将导致功率系数急剧下降。而交流永磁电动机的磁极增至一定数量以后，不仅对电动机的性能没有明显影响，还可以有效地减小电动机的尺寸和质量。

交流永磁电动机的转矩，受转子的极数、转子的直径和有效长度、定子绕组线电流的密度、定子与转子之间气隙的大小和气隙磁通密度的影响。气隙磁通密度主要与永磁材料的性能有关，选用磁通密度高的磁性材料，可以提高气隙磁能密度，减轻电动机的质量；提高气隙磁通密度，改进磁炉结构，可以提高交流永磁电动机的转矩；另外，在气隙磁通密度相同的条件下，增加磁极的数量，可以减小电动机磁极的横截面积，从而减小转子的铁芯直径和电动机的尺寸。

（3）交流永磁电动机的磁极层数。

交流永磁电动机为了增加电动机的转矩，采用增大永磁体中心轴（d 轴）与两个永磁体的磁路对称轴（q 轴）的磁阻的差，来获得更大的磁阻转矩，因此，电动机采用多层的转子结构，有单层、双层、三层或更多层等。转子的层数增加，$L_d - L_q$ 也增大，一般多采用 2~3 层结构。

（4）磁性材料。

永磁体给电动机提供长久励磁，目前用于电动机的永磁体材料主要有三类。

①铝镍钴。铝镍钴材料的主要优点是其高剩余磁通密度和低温度系数。这种材料剩磁 B_r 的温度系数为 0.02%/℃，且其最高工作温度为 520 ℃。这些优点使很高的气隙密度和

高温度运行成为可能。但是铝镍钴材料的矫顽力很低，且其退磁曲线呈现高度的非线性。因此，铝镍钴材料不仅易于磁化，也很容易退磁，这限制了它在电动机中的应用。

②铁氧体。与铝镍钴材料相比，铁氧体材料具有较高的矫顽力，但同时剩磁较低。铁氧体材料的温度系数相对较高，B_r 的温度系数为 0.20%/℃，矫顽力 H_c 的温度系数为 0.27%/℃，最高工作温度为 400 ℃。铁氧体材料价格低廉，而且其退磁特性几乎是一条直线，是传统交流永磁电动机常用的永磁材料，但由于铁氧体材料的磁能极低，使电动机体积相当庞大。

③稀土永磁材料。以钐钴材料成分为基础的第一代稀土永磁材料发明于 20 世纪 60 年代，并自 20 世纪 70 年代初期进入商业化生产。目前，钐钴材料已经成为一种广泛的硬磁材料，它具有高剩磁、高矫顽力、高磁能积、线性推退磁特性和低温度系数等优点，其 B_r 的温度系数为 (0.03~0.45)%/℃，而矫顽力 H_c 的温度系数为 (0.14~0.40)%/℃，其工作温度为 230~300 ℃，但其昂贵的价格限制了它在电动机中的应用。

钕铁永磁材料自从 1983 年被发现以后，由于它具有较高的剩磁和矫顽力，以及相对低的价格，使它在交流永磁电动机中具有很好的应用前景。不足之处在于钕铁材料居里温度点低、温度特性差，且易于粉化腐蚀，必须通过调整其化学成分和采取表面处理工艺加以改进，才能达到实际应用的要求。典型永磁材料的主要性能参数如表 2-2 所示。

表 2-2 典型永磁材料的主要性能参数

永磁材料	钕铁硼	钐钴	铝镍钴	铁氧体
剩余磁感应强度 B_r/kg	12.5	8.7	12.8	3.8
矫顽力 H_c/kOe	10.5	8.0	0.6	3.0
最大磁能积 BH_{max}/MGOe	36.5	18.3	5.5	3.5
恢复磁导率 μ_r	1.8	1.0	4.0	1.0
居里温度/℃	310	720	800	310
温度系数/（%/℃）	-0.13	-0.04	-0.03	-0.19

永磁材料的特性通常与温度有关，一般永磁体随温度的升高而失去剩磁；如果永磁体的温度超过居里温度，则其剩磁为零。退磁特性曲线也随温度变化，在一定温度范围内，其变化是可逆的，且近似为线性。因此，在设计交流永磁电动机时，必须考虑电动机运行过程中温度的变化范围。

2.3.2 永磁同步电动机

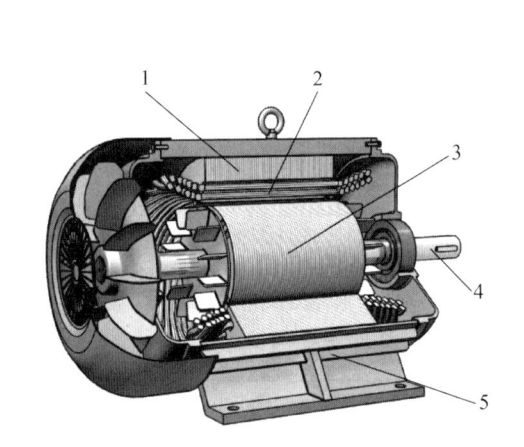

1. 永磁同步电动机的结构

永磁同步电动机主要由定子和转子两大部分组成,如图 2-19 所示。定子与普通交流感应电动机基本相同,由电枢铁芯和电枢绕组构成。电枢铁芯采用叠片结构以减小电动机运行时的铁损耗;电枢绕组可以采用集中绕组或分布短路绕组;对于极数较多的电动机,还可以采用分数槽绕组。

永磁同步电动机的转子主要由永磁体、转子铁芯和主轴构成。转子结构的选择,要兼顾低速恒转矩控制运行的高转矩输出和高速恒功率区的弱磁升速性能,尽量提高直轴电枢反应电感和凸极率,增大弱磁能力和磁阻转矩分量,提高电动机和逆变器容量的利用率。同时,还要避免转子中永磁体的不可逆退磁,确保转子有足够的机械强度,以保证电动机在最高转速下安全可靠地运行。图 2-20 所示为高压永磁同步电动机解剖展示台。

图 2-19 永磁同步电动机的结构 　　图 2-20 高压永磁同步电动机解剖展示台

1—定子铁芯;2—定子绕组;3—转子;4—主轴;5—机座

永磁同步电动机

与交流感应电动机相比,永磁同步电动机必须装有转子位置传感器,用来检测转子位置,并以此对电枢电流进行控制,达到对永磁同步电动机的控制目的。

2. 永磁同步电动机的工作原理分析

永磁同步电动机的工作原理与交流同步电动机相似,动力蓄电池电源经逆变器变换为电压可调的三相正弦波电压,输入给永磁同步电动机的三相对称绕组,产生三相对称电

流,在正弦波电流和永磁磁动势的作用下产生电磁转矩,带动转子随着旋转磁场以相同的旋转速度旋转。旋转速度为

$$n = n_1 = \frac{60 f_1}{p} \qquad (2-5)$$

式中 n_1——旋转磁场的同步转速(r/min);

f_1——三相正弦波电压的频率(Hz);

p——磁极对数。

永磁同步电动机负载运行时定子绕组电流会产生电枢磁动势,与永磁磁动势共同作用合成气隙磁场,因此,存在电枢反应。电枢磁场与永磁磁场以相同的速度旋转,彼此相互静止。电枢磁场不仅会使永磁磁场波形发生畸变,而且会产生去磁或增磁作用,直接影响永磁同步电动机的运行性能。

3. 永磁同步电动机的性能特点

永磁同步电动机不仅能够产生永磁转矩,而且在一定的条件下,由于永磁体的磁阻接近空气。因此,有较大的有效气隙,可以较大程度地降低电枢反应。

永磁同步电动机转子采用永磁体,转子上无绕组、无铜耗、磁通量小,在低负载时铁损很小,因此,永磁同步电动机具有以下优点。

①高效节能。永磁同步电动机不用励磁,没有励磁损耗,具有高效率(达97%)、高比功率(超过1 kW/kg)和输出转矩/转动惯量比高的特点。相比其他类型的电动机,具有更高的效率、更大的输出转矩,并且更加节能。

②高可靠性。永磁同步电动机的运行与供电电源频率同步,不受电源电压和负载变换的影响,在额定的负载范围内,保持以同步转速旋转,运行平稳、电流损耗小,在高速运行区具有良好的可靠性。

③调速性能好。永磁同步电动机具有调速范围宽、调速精度高、效率高、噪声低的优点。

④结构简单、使用寿命长、便于维护、体积小。

永磁同步电动机具有以下缺点。

①起动慢。由于转速与频率呈比例关系,因此,只有在频率上升时才能逐渐起动,而不能快速起动。另外,由于永磁同步电动机会出现失步现象,因此,较适用在重负载下运行。

②功率范围小。受永磁体材料和加工工艺等因素的限制,永磁同步电动机的功率范围较小,一般最大功率为几十千瓦。

③温度影响大。永磁体材料在受振动、高温或过载电流作用时,会使永磁体发生退磁

现象，降低电动机的性能，过载发热或高温超过居里温度 T_e，永磁体将失去磁性而损坏电动机。

④控制系统复杂。永磁同步电动机匹配复杂的控制系统，使其成本升高。

2.3.3 无刷直流电动机

1. 无刷直流电动机的结构

普通直流电动机采用磁场固定电枢旋转式结构。因为电枢是旋转的，电枢电流必须经过电刷装置和换向器组成的换向装置，以保持在固定位置上电流方向不变。无刷直流电动机的结构则与其相反，即永磁体安装在转子上，并随转子一起旋转，电枢绕组是固定的，结构上永磁与同步电动机更为相似。电枢绕组的电流换向可以借助电子换向装置来实现，不再需要机械式换向装置，即电刷装置和换向器。

电动机本体和永磁同步电动机相似，转子采用永磁体，目前多使用稀土永磁材料，但没有笼型绕组和其他起动装置。其定子绕组采用交流绕组形式，一般为多相（三相、四相和五相），转子由永磁体按一定极对数（$2p=2$，4，6，…）组成。设计中要求在定子绕组中得到顶宽为 120°的梯形波，因此，绕组形式往往采用整矩、集中或接近整矩、集中的形式，以便保留磁通密度场的谐波成分。普通直流电动机是依靠机械换向装置将直流电流变换为近似梯形波的交流电流供给电枢绕组，而无刷直流电动机依靠电子换向器将方波电流（由于绕组电感的作用，实际上是梯形波）按一定的相序输入定子的各相电枢绕组。当无刷直流电动机定子绕组的某相通电时，该相电流产生的磁场与转子永磁体所产生的磁场相互作用产生电磁转矩，驱动转子旋转。位置传感器将转子位置信号变换成电信号，来控制电子换向电路，从而使定子的各相绕组按一定的次序导通，使定子相电流随转子位置的变化按一定的次序换向。这样才能使定子磁场随转子的旋转不断变化，进而产生与转子转速同步的旋转磁场，并使定子磁场与转子磁场始终保持 90°的空间角，用最大转矩驱动转子旋转。由于定子绕组电流的导通次序与转子转角同步，电子换向电路起到了机械换向装置的作用，保证了电动机在运行过程中定子与转子保持基本垂直，以提高运行效率。所以无刷直流电动机就基本结构而言，可以认为是一台由电子开关换相电路、永磁同步电动机和位置传感器组成的自同步电动机驱动系统，它在运行过程中不会失步。无刷直流电动机的转子结构既有传统的内转子结构，又有近年来出现的盘式结构、外转子结构和线性结构等新型结构型式。

2. 无刷直流电动机的工作原理

无刷直流电动机驱动系统主要由无刷直流电动机、直流电源、逆变器、位置传感器和控制电路这几部分组成。系统通过外接给定信号和位置传感器检测信号，经过控制电路处理，产生逆变器触发信号，驱动功率器件产生相应的开关动作，使直流电压经逆变器变换为三相交流电压输送给定子电枢绕组，产生三相方波电流。转子永磁体磁场与电枢绕组电流相互作用产生电磁转矩，驱动电动机旋转。

两相导通丫形三相六状态无刷直流电动机的工作原理如图 2-21 所示。工作原理分析如下：图 2-22（a）所示为理想状态下的电枢绕组各相反电动势和电流，每个功率器件导通 120°，互差 60°；当功率器件 VT_3 和 VT_4 导通时，电动机的 V 和 –U（电流流进绕组方向为正，流出为负）相通电，定子电枢合成磁势为图 2-22（b）所示的 F_{a4}；若 VT_3 关断，VT_5 导通，则电枢绕组 W 和 –U 相通电，此时合成磁势为 F_{a5}，F_{a5} 比 F_{a4} 在顺时针方向上前进了 60°。因此，定子电枢绕组产生的磁势将随着功率器件有规则的导通和关断，并按 60°不断顺时针旋转。

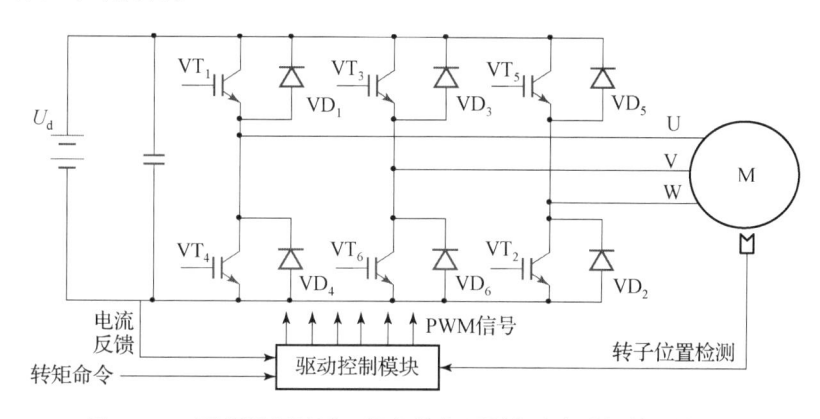

图 2-21 两相导通丫形三相六状态无刷直流电动机的工作原理

逆变器功率器件共有六种导通组合状态，即 VT_1VT_2、VT_2VT_3、VT_3VT_4、VT_4VT_5、VT_5VT_6、VT_6VT_1，每种组合状态只有与确定的转子位置或反电动势波形相对应，才能产生最大的平均电磁转矩。当两个磁势向量为垂直关系时，相互作用力最大，而定子电枢产生的磁势时以 60°旋转，因此，转子磁势与定子电枢磁势的夹角在 60°~120°范围内才能产生最大的平均电磁转矩。如图 2-22（c）所示，假设在 t_1 时刻，转子磁势 F_j 在绕组 UX 平面上，且转子为顺时针旋转；此时应使 VT_5 和 VT_4 导通，定子电枢的合成磁势为 F_{a5} 与 F_j 的夹角为 120°，转子在 F_{a5} 与 F_j 产生的电磁转矩的作用下顺时针旋转，到 t_3 时刻 F_{a5} 与 F_j 的夹角为 60°，此时应关断 VT_4 导通 VT_6，定子电枢合成磁势 F_{a6}，与 F_j 的夹角为 120°，两者产生的电磁转矩使转子继续按顺时针旋转。

3. 无刷直流电动机的运行特性

无刷直流电动机的运行可分为 4 种状态：正转电动、反转电动、正转制动和反转制动。逆变器功率器件的 6 种导通组合状态产生 6 个定子磁势，每两个相差 60°，定子磁势向量图如图 2-23 所示。

(a)

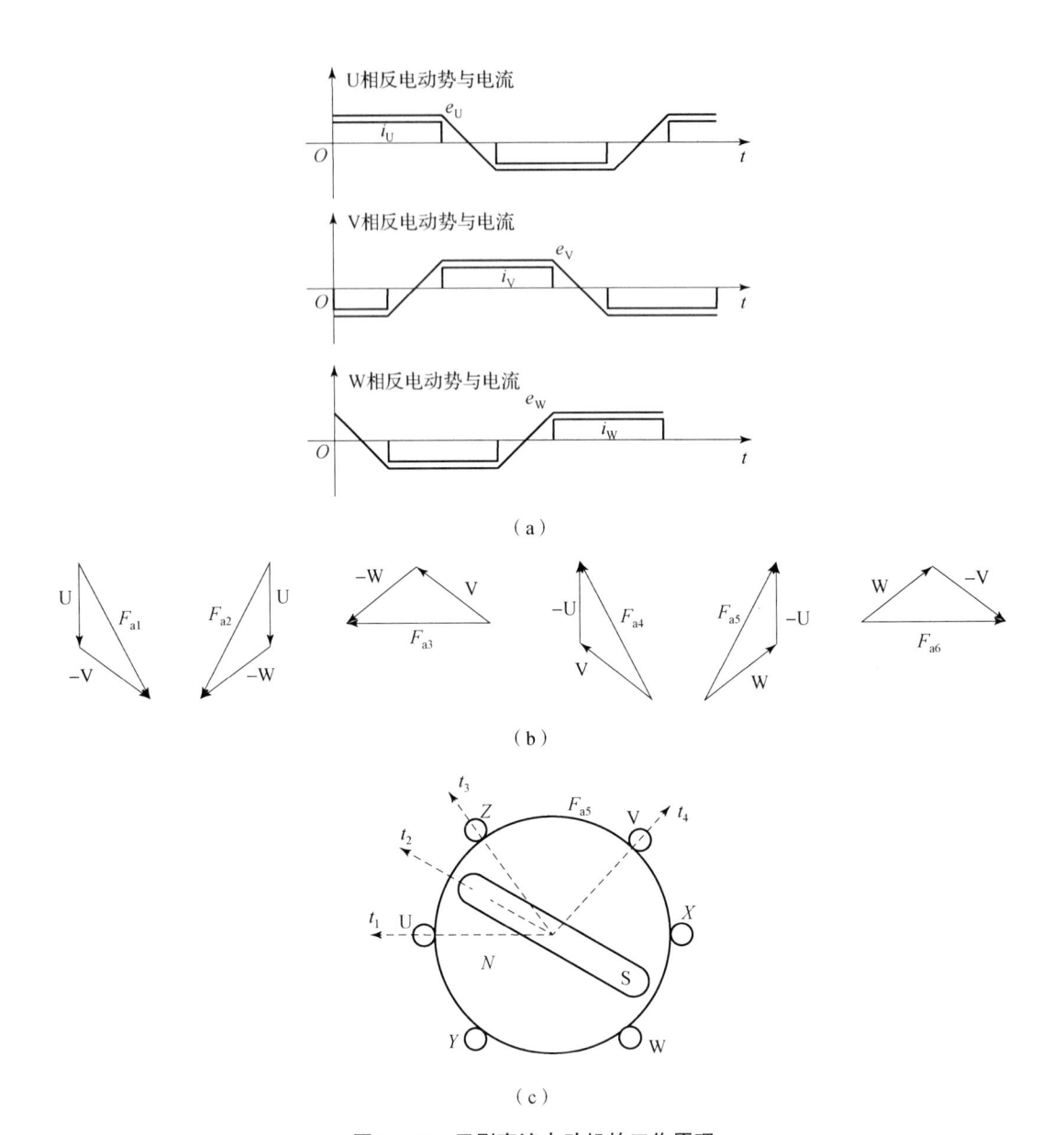

(b)

(c)

图 2-22 无刷直流电动机的工作原理

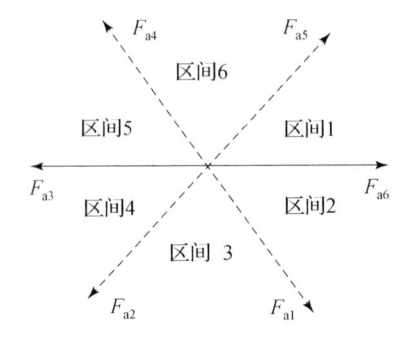

图 2-23 定子磁势向量图

当电动机正转（顺时针方向）电动时，以产生最大的正向平均电磁转矩为原则，定子电枢合成磁势 F_a 应顺时针超前转子 F_j 60°~120°，即当 F_j 处于区间 4 时，定子磁势应为 F_{a4}，导通 VT_3 和 VT_4；当 F_j 处于区间 5 时，定子磁势应为 F_{a5}，导通 VT_4 和 VT_5，具体对应关系如表 2-3 和表 2-4 所示。当电动机正转制动时，则以产生最大的负向平均转矩为原则，定子电枢合成磁势 F_a 应顺时针滞后转子 F_j 60°~120°，当 F_j 处于区间 2 时，定子磁势应为 F_{a5}，导通 VT_4 和 VT_5；当 F_j 处于区间 3 时，定子磁势应为 F_{a6}，导通 VT_5 和 VT_6，具体对应关系如表 2-3 和表 2-4 所示。

表 2-3 四象限运行 F_a 与 F_j 的对应关系

运行状态	区间 1	区间 2	区间 3	区间 4	区间 5	区间 6
正转电动	F_{a1}	F_{a2}	F_{a3}	F_{a4}	F_{a5}	F_{a6}
正转制动	F_{a4}	F_{a5}	F_{a6}	F_{a1}	F_{a2}	F_{a3}
反转电动	F_{a4}	F_{a5}	F_{a6}	F_{a1}	F_{a2}	F_{a3}
反转制动	F_{a1}	F_{a2}	F_{a3}	F_{a4}	F_{a5}	F_{a6}

表 2-4 定子合成磁势与功率器件的导通的对应关系

定子合成磁势	F_{a1}	F_{a2}	F_{a3}	F_{a4}	F_{a5}	F_{a6}
导通的功率器件	VT_1 和 VT_2	VT_2 和 VT_3	VT_3 和 VT_4	VT_4 和 VT_5	VT_5 和 VT_6	VT_6 和 VT_1

同理，当电动机反转电动时，电枢合成磁势 F_a 逆时针超前转子 F_j 60°~120°；当电动机反转制动时，定子电枢合成磁势 F_a 逆时针滞后转子 F_j 60°~120°。

由以上分析可知，当无刷直流电动机正转时，功率器件的导通顺序为 VT_6—VT_1—VT_2—VT_3—VT_4—VT_5—VT_6；当无刷直流电动机反转时，功率器件的导通顺序为 VT_1—VT_6—VT_5—VT_4—VT_3—VT_2—VT_1；当无刷直流电动机正转制动时，功率器件的导通顺序为 VT_1—VT_6—VT_5—VT_4—VT_3—VT_2—VT_1；当无刷直流电动机反转制动时，功率器件的导通顺序为 VT_6—VT_1—VT_2—VT_3—VT_4—VT_5—VT_6。

无刷直流电动机的机械特性较硬，具有和普通直流电动机同样的控制性能，可以通过调节供电电压实现无级调速，调节电枢电流达到控制转矩的目的。

4. 无刷直流电动机的特点

（1）优点。

无刷直流电动机转子采用永磁体，不需要励磁。其优点为功率因数高、功率密度大、效率高、低速转矩大，在低速时可以达到理论转矩输出，起动转矩可以达到额定转矩的两倍；高速性能好，转速不受电压与负载变化的影响，转速范围可以由几十转到十万转，转速控制精度高；在电磁性能、磁场衰退等方面的性能都优于其他种类的电动机；无换向器和电刷装置、结构简单、牢固，尺寸小，质量轻，基本免维护。

（2）缺点。

无刷直流电动机的控制系统比较复杂，励磁不能控制，机械特性较硬，不具有绕组式直流电动机的机械特性。如果逆变器输出波形不理想，则会出现较大的转矩脉动，影响电动机的低速性能，电流损耗大，噪声较大。永磁体材料在受到高温时，会发生退磁现象；由于永磁体的作用，转子在高速旋转时电动机会产生与转速成正比的反电动势，并通过逆变器反接二极管施加在高压母线上，会造成一定的安全隐患。

永磁同步电动机优缺点

四、任务实施

任务名称：永磁同步电动机认知		
姓名：	班级：	学号：
任务描述	永磁同步电动机和交流感应电动机是目前新能源汽车的两大主流电动机。假如你是新能源汽车4S店的一名机电维修技师，你的主管让你向其他机电维修技师介绍交流永磁电动机的结构、工作原理、励磁方式，以及其在新能源汽车中的应用情况。你能完成这项任务吗	
能力目标	（1）能够描述永磁同步电动机的工作原理； （2）能够描述永磁同步电动机的组成结构特点	
实施准备	（1）新能源汽车实训室； （2）新能源汽车4辆：吉利帝豪EV300、吉利帝豪EV450、比亚迪E5、比亚迪汉	
实施步骤	（1）分组：教师将学生分成4组，每组选出1名组长； （2）布置任务：要求每组学生选1名代表作为机电维修技师，将其中一辆汽车的电动机向其他机电维修技师（教师和其他学生）进行介绍，其他机电维修技师可以针对此电动机咨询其结构、工作原理及特点； （3）学生查阅资料，记录电动机信息，组织语言进行介绍，小组合作完成任务； （4）组员交换角色，彼此咨询和介绍	

续表

任务名称：交流永磁电动机认知		
姓名：	班级：	学号：
自我反思	在专业能力、关键能力等方面的收获或体会：	

五、任务考核

评价项目	评价内容	评价标准	分值	自我评价	平台评价	组内评价	组间评价	教师评价	汇总
素质测评	规则意识	遵守作息制度，不迟到、不早退、不旷课	10						
	分析解决问题能力	提升自我查阅资料、解决问题的能力	10						
	个人表达	口头表达能力，书面总结能力	10						
	团队合作	搜集信息、合作共事、知识共享、听取意见等方面	10						
专业测评	信息收集	准确记录顾客和车辆信息	10						
	知识掌握	永磁同步电动机的组成结构	5						
		永磁同步电动机的工作原理	10						
		永磁同步电动机的优缺点	10						
		永磁同步电动机的应用场合	5						
	电动机介绍	电动机介绍是否准确	10						
	方案制订	方案制订是否合理	10						
总评		总分	100						

六、思考练习

1. 填空题

（1）交流永磁电动机主要包括_____和_____两大类。

（2）普通直流电动机采用磁场_____电枢_____式结构。

（3）无刷直流电动机的运行可分为4种状态：_____、_____、_____和_____。

2. 零件识别题

请列出图2-24序号所代表的永磁同步电动机各组成部分。

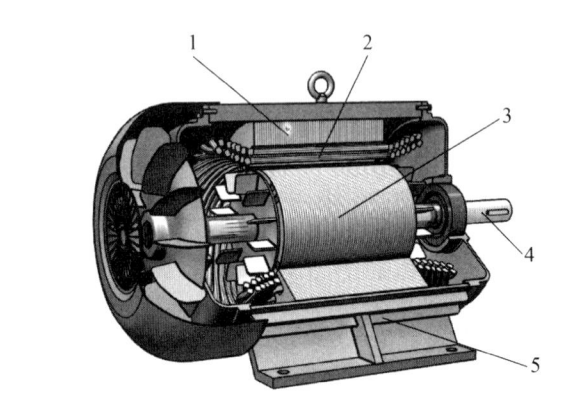

图2-24 永磁同步电动机各组成部分

1—_____；2—_____；3—_____；
4—_____；5—_____

任务4　开关磁阻电动机认知

一、学习目标

1. 知识目标

（1）掌握开关磁阻电动机的概念。

（2）了解开关磁阻电动机的发展历史。

（3）掌握开关磁阻电动机的优点和缺点。

2. 能力目标

（1）能够描述开关磁阻电动机的工作原理。

（2）能够描述开关磁阻电动机的结构特点。

3. 素质目标

（1）培养学生仔细观察的能力。

（2）通过开关磁阻电动机优点和缺点比较，培养学生辩证思维能力。

（3）培养学生积极主动与小组成员交流沟通的能力。

二、任务引入

假设你是新能源汽车4S店的一名机电维修人员，某车主装载开关磁阻电动机的纯电动汽车出现故障，根据故障现象，维修技术主管判定电动机内部可能存在损坏，告知你需要检查电动机内部结构，你知道开关磁阻电动机内部哪些部件需要进行检测吗？

三、知识储备

开关磁阻电动机是一种定子有绕组、转子无绕组，且定子、转子均采用凸极结构的电动机。由于这种电动机在工作时需要用开关不断切换绕组供电，并且是利用磁阻最小原理工作，因此，称为开关磁阻电动机。

对开关磁阻电动机的研究最早可以追溯到19世纪40年代，英国研究者将其应用于机车牵引系统。然而，直到20世纪60年代，由于电力电子技术、计算机技术和自动控制理论的发展，开关磁阻电动机的设计开发才得以全面开展，开关磁阻电动机的优点才被广泛地了解。

开关磁阻电动机是20世纪80年代初随着电力电子技术、计算机技术和自动控制理论的迅速发展而发展起来的一种新型调速驱动电机，具有结构简单、运行可靠、成本低、效率高等突出优点，目前已成为直流电动机、交流感应电动机、交流永磁电动机调速系统的强有力的竞争者。

2.4.1 开关磁阻电动机的结构分析

开关磁阻电动机的定子与转子都是由硅钢片叠压而成的，均采用凸极结构；定子和转子的凸极有很多组合方式，开关磁阻电动机的定子凸极数量为偶数，转子凸极数量也为偶数，一般转子比定子少两个，共同组成不同极数的开关磁阻电动机。最常见的三相6/4开关磁阻电动机的定子上有6个凸极，转子上有4个凸极；四相8/6开关磁阻电动机的定子上有8个凸极，转子上有6个凸极。三相6/4开关磁阻电动机的定子和转子结构如图2-25所示。开关磁阻电动机结构组合形式如表2-5所示。

开关磁阻电动机

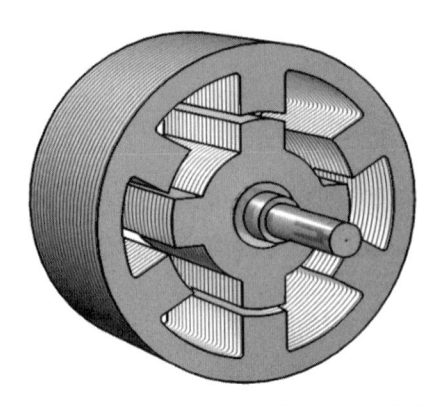

图 2-25 三相 6/4 开关磁阻电动机的定子和转子结构

表 2-5 定子转子凸极组合方案

相数	3	4	5	6	7	8	9
定子极数 N_s	6	8	10	12	14	16	18
转子极数 N_r	4	6	8	10	12	14	16
步进角	30°	15°	9°	6°	4.28°	3.21°	2.5°

开关磁阻电动机的定子和转子为双凸极结构,只在电动机的定子上安装有集中励磁绕组,在相互对称的两个定子凸极上的绕组为串联形式,构成一相。定子励磁绕组的端部较短,没有相间跨接线,磁通量集中于磁极区,通过定子绕组电流励磁。在电动机的转子上没有滑环、绕组或永磁体等,转子的旋转依靠定子绕组所产生的电磁力。各相磁路的磁阻随转子的位置变化而变化。

2.4.2 开关磁阻电动机的工作原理

开关磁阻电动机是基于磁阻最小原理运行的新型电动机。三相 6/4 开关磁阻电动机的截面结构如图 2-26 所示,每相对的两定子凸极上为相互串联的一相绕组(A 相绕组、B 相绕组、C 相绕组),转子沿圆周均匀分布 4 个凸极,凸极上没有绕组线圈,定子与转子凸极之间有很小的气隙。

如图 2-27（a）所示,转子凸极 2—4 与 C 相凸极对齐,转子 1—3 凸极与 A 相凸极之间相差一个角度 θ（$\theta = 30°$）。此时若 A 相绕组通电,B 相、C 相不通电,则在 A 相定子中建立了一个

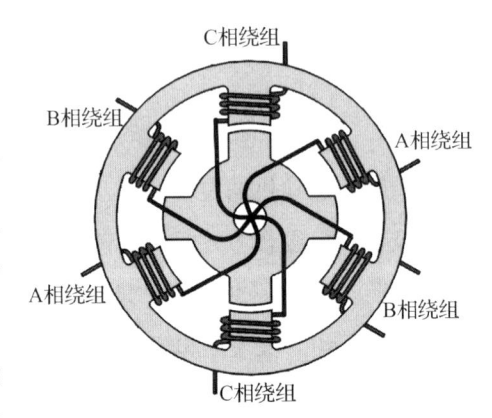

图 2-26 三相 6/4 开关磁阻电动机的截面结构

以 A—A 为轴线的对称磁场，磁通经定子轭、定子凸极、转子凸极和转子轭闭合，A—A 对称磁场产生的弯曲磁力线沿顺时针方向的切向磁拉力，作用于转子上产生转矩，将转子凸极 1—3 向定子 A 相轴线方向拖动，使转子顺时针方向旋转。转子凸极轴线 1—3 逐渐向定子凸极的 A—A 靠拢，如图 2-27（b）、图 2-27（c）所示，当转子转过角度 θ，转子凸极 1—3 与定子凸极 A—A 对齐时，磁场的切向磁拉力消失，转子将不再旋转。

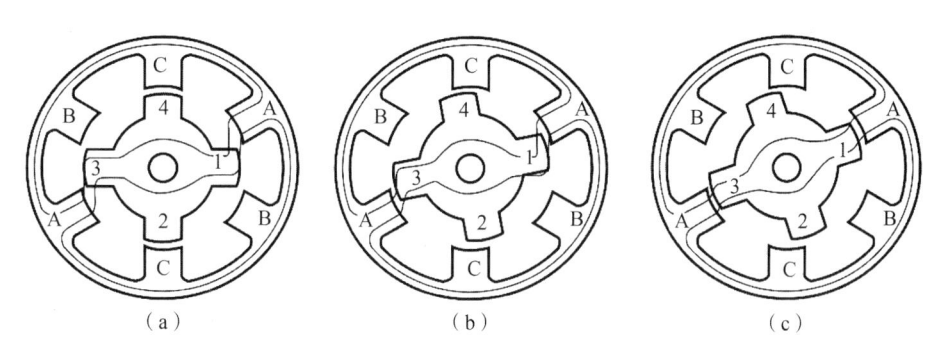

图 2-27 开关磁阻电动机工作原理分析（0°~20°）

(a) 0°；(b) 10°；(c) 20°

当转子转过角度 θ，转子凸极 1—3 与定子凸极 A—A 对齐时，如图 2-28（a）所示，转子凸极 2—4 与 B 相凸极之间相差角度 θ。当 B 相绕组通电，A 相、C 相不通电时，在 B 相定子中建立了一个以 B—B 为轴线的对称磁场，磁通经定子轭、定子凸极、转子凸极和转子轭闭合，B—B 对称磁场产生的弯曲磁力线沿顺时针方向的切向磁拉力，作用于转子上产生转矩，将转子凸极 2—4 向定子 B 相轴线方向拖动，使转子继续沿顺时针方向旋转。转子凸极轴线 2—4 逐渐向定子凸极的 B—B 靠拢，如图 2-28（b）、图 2-28（c）所示，当转子转过角度 θ，转子凸极 2—4 与定子凸极 B—B 对齐时，磁场的切向磁拉力消失，转子将不再旋转。

图 2-28 开关磁阻电动机工作原理分析（30°~50°）

(a) 30°；(b) 40°；(c) 50°

同理，可以根据如图 2-29 所示对 C 相进行分析，若按顺序导通和关断 A—A、B—B、C—C 绕组电流的开关，则电动机转子将按顺时针方向持续旋转；若反序导通和关断

C—C、B—B、A—A绕组电流的开关,则电动机转子将逆时针方向旋转。因此,改变定子凸极磁极绕组电流的通电顺序,就可以改变开关磁阻电动机的旋转方向;若改变电流的大小,则可以改变电动机的转矩和转子转速;若控制转子凸极在离定子凸极时的通电方向,则可以产生与转子旋转方向相反的制动转矩。

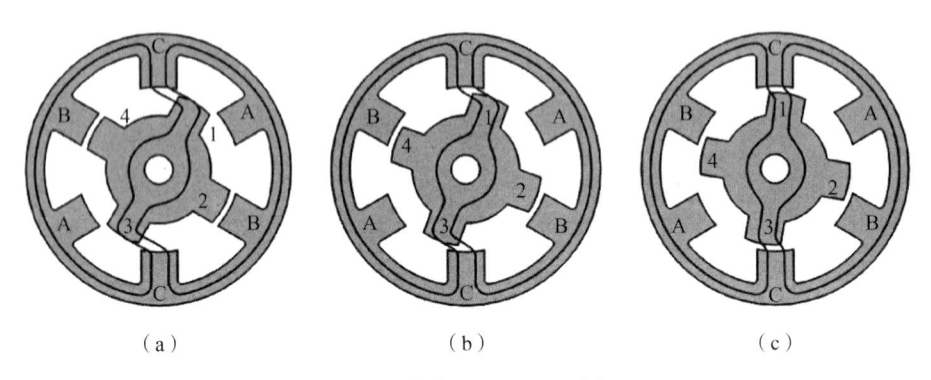

图 2 – 29 开关磁阻电动机工作原理分析（60°~80°）

(a) 60°；(b) 70°；(c) 80°

开关磁阻电动机各相绕组的电流通断是通过功率变换器实现的,功率变换器是连接电源与电动机绕组的开关部件。功率变换器的线路有多种形式,并且与开关磁阻电动机的相数、绕组形式（单绕组或双绕组等）有密切关系。

A、B、C 各相绕组通断电看似很简单,实际情况则复杂得多。绕组断电后产生的自感电流不会立即消失,要提前关断电源进行续流;为加大转矩,相邻绕组电流导通的时间会有重叠;控制电动机的转速、转矩,也要调整功率器件的开关时间。各相绕组的导通与关断时间与定子、转子之间的相对位置有直接关系。因此,开关磁阻电动机安装有转子位置传感器,为准确开关各相绕组电流提供信号,各相绕组的通断电必须根据转子的位置信号与控制参数来决定,这些都需要控制器对功率变换器进行控制。控制器则由微处理器（单片机或 DSP）及外围接口电路组成。

2.4.3 开关磁阻电动机的性能特点

与当前广泛应用的交流感应电动机相比,开关磁阻电动机驱动系统在设计成本、运行效率、调速性能、可靠性和散热性能等方面具有一定的优势。综合分析比较,开关磁阻电动机驱动系统主要有以下几方面特点。

(1) 开关磁阻电动机结构简单、紧凑牢固,适于在高速、高温环境下运行。开关磁阻电动机为凸极结构,转子上没有绕组或永磁体,转动惯量小,易于加减速,特别适用于高速旋转的工作环境。定子绕组为集中绕组,制造简单,且端部短而紧凑,易于冷却。因此,该电动机可适用于工作条件恶劣（高温）,甚至强振动的环境,并且维护简单,具有良好的环境适应能力。

（2）功率转换器结构简单、容错能力强。由于转矩和励磁绕组电流方向无关，因此，可以减少功率转换器的开关器件个数，系统可以短相工作，容错能力强。系统中的每个功率开关器件均直接与绕组串联，避免了直通短路的危险。因此，功率电路的保护电路可以简化，提高了系统的可靠性。

（3）可控参数多，调速性能好。开关磁阻电动机驱动系统参数主要有开通角、关断角、相电流幅值和相绕组电压，可控参数多、控制较为灵活，可以采用多种控制方式使电动机运行于最佳状态，而且可以在不增加辅助开关器件的情况下，实现电动机四象限运行。

（4）起动转矩大，调速范围宽。开关磁阻电动机起动转矩较大，并且可以在较宽速度范围内实现恒功率运行，适用于频繁启停及正反方向的交替运行。

（5）效率高，功耗小。开关磁阻电动机转子不存在绕组，降低了电动机的铜损耗，并且能在很宽的功率和转速范围内都保持高效率。

开关磁阻电动机有广泛的应用领域，目前已成功应用于电动汽车驱动系统、家用电器、工业应用及航空航天等领域，其中电动汽车驱动系统是开关磁阻电动机较为成功的应用领域之一。

2.4.4 开关磁阻电动机的设计原则

尽管开关磁阻电动机结构简单，但这并不意味着开关磁阻电动机的分析和设计也简单。由于每相端部磁饱和及极、槽的边缘效应，传统的磁路法不适合用于设计开关磁阻电动机。一般情况下，电磁有限元分析法可用来确定电动机参数和电磁性能。开关磁阻电动机典型的磁场分布如图 2-27~图 2-29 所示。开关磁阻电动机的优化会考虑极弧长度、极高，以及磁通密度的限制，设计电动机尽量达到总损耗最小。除此之外，将开关磁阻电动机应用于汽车驱动系统，还需要遵循一些基本设计准则。

1. 相数和极数

为实现良好的电动机性能，相数和极数的选择很重要。为了满足新能源汽车驱动电动机正反转起动和运行，开关磁阻电动机至少为三相 6/4 极。三相 6/4 极开关磁阻电动机的价格最低、效率最高，但是它的转矩脉动大，导致汽车的爬坡性能降低。四相 8/6 极开关磁阻电动机尽管转矩脉动小，能够满足汽车的爬坡性能，但成本较高、效率较低。三相 12/8 开关磁阻电动机是三相 6/4 极开关磁阻电动机和四相 8/6 极开关磁阻电动机的折中方案。所以，相数和极数的选择应既满足新能源汽车的性能要求，又要兼顾成本。需要注意的是，相数和极数越多，所需的功率开关就越多，开关频率也越高，从而带来成本和开关损耗的增加。定子和转子的极数 p_s 和 p_r 分别表示为

$$p_s = 2km \tag{2-6}$$

$$p_r = 2k(m \pm 1) \tag{2-7}$$

式中 m——相数，为正整数；

k——系数，为正整数。

当转子转速为 n 时，每相的切换频率 f_{ph} 可表示为

$$f_{ph} = p_r \frac{n}{60} \tag{2-8}$$

为减小开关频率，并减少电动机齿部和轭部的铁损，转子极数一般小于定子极数。

2. 极弧

当转子处于定子、转子错开的位置时，为了使与最小电感 L_{min} 的磁导率最小，并增加重叠转矩，开关磁阻电动机的极弧遵循：

$$\min(\beta_s, \beta_r) > \frac{2\pi}{mp_r} \tag{2-9}$$

式中 β_s——定子的极弧

β_r——转子的极弧。

极弧组合的最优选取，不仅考虑最大的电感变化率，还要考虑转矩波动、起动转矩和磁饱和特性。

3. 定子直径和铁芯长度

在设计电动机机座时，有两个重要的参数需要优化，即定子内径 D_{si} 和铁芯长度 L_c。它们对电动机材料的体积和质量都有重要影响。可以按式（2-10）、式（2-11）初步选择：

$$D_{si} = (0.5 \sim 0.65) D_{so} \tag{2-10}$$

$$L_c = (0.5 \sim 1.0) D_{so} \tag{2-11}$$

式中 D_{so}——定子外径。

4. 气隙长度和转子外径

开关磁阻电动机选择较小的气隙会带来较大的电感变化率，从而使电动机获得高转矩密度、高效率；但气隙越小，定子内表面和转子表面的加工就越困难，电动机成本就会越高。根据设计经验，开关磁阻电动机的气隙长度应小于或等于同直径交流感应电动机的气隙长度。当气隙选择好后，根据式（2-12）确定转子外径：

$$D_{ro} = D_{si} - 2g_o \tag{2-12}$$

式中 g_o——气隙长度。

5. 转子极高

当定子极与转子极错开时，相绕组的电感最小，磁场的边缘效应最为显著。为减小边

缘效应对最小电感的影响，转子的极高可以按式（2-13）、式（2-14）确定：

$$h_r \geq 1.1\left(\frac{\theta_{cy}-\beta_r}{2}\right)\left(\frac{D_{ro}}{2}\right) \quad (2-13)$$

$$h_r \leq 0.5(D_{si}-D_{ri})-g_o-\left(\frac{D_{si}}{2}-g_o\right)\sin\left(\frac{\beta_r}{2}\right) \quad (2-14)$$

式中 D_{ri}——转子内径。

6. 定子极高

为确保定子绕组有足够的空间，定子极高 h_s 一般大于转子极高 h_r，即 $h_s \geq h_r$，另外，定子极高还受限于：

$$h_s \leq 0.5(D_{so}-D_{si})-\left(\frac{D_{si}}{2}\right)\sin\left(\frac{\beta_s}{2}\right) \quad (2-15)$$

开关磁阻电动机的设计还需要考虑定子每相绕组的匝数、单位磁路的磁通密度每相绕组的饱和磁通量，定子极、转子极错开时每极极阻、转速、转矩、效率、热效应、单位质量的转矩、用铜量，以及铁芯的质量等因素。

我国开关磁阻电动机的研发

四、任务实施

任务名称：开关磁阻电动机认知			
姓名：	班级：		学号：
任务描述	假设你是新能源汽车4S店的一名机电维修技师，某顾客装载开关磁阻电动机的纯电动汽车出现故障，根据故障现象，维修技术主管判定电动机内部可能存在损坏，告知你需要检查电动机内部结构。你知道开关磁阻电动机内部哪些部件需要进行检测吗		
能力目标	（1）能够描述开关磁阻电动机的工作原理； （2）能够描述开关磁阻电动机的结构特点		
实施准备	（1）新能源汽车实训室； （2）开关磁阻电动机台架4台		
实施步骤	（1）分组：教师将学生分成4组，每组选出1名组长； （2）布置任务：要求每组学生选1名代表作为机电维修技师，将其中一辆汽车的电动机向其他机电维修技师（教师和其他学生）进行介绍，其他机电维修技师可以针对此电动机咨询其结构、工作原理及特点； （3）学生查阅资料，记录电动机信息，组织语言进行介绍，小组合作完成任务； （4）组员交换角色，彼此咨询和介绍		

续表

任务名称：开关磁阻电动机认知		
姓名：	班级：	学号：
自我反思	在专业能力、关键能力等方面的收获或体会：	

五、任务考核

评价项目	评价内容	评价标准	分值	自我评价	平台评价	组内评价	组间评价	教师评价	汇总
素质测评	规则意识	遵守作息制度，不迟到、不早退、不旷课	10						
	分析解决问题能力	提升自我查阅资料、解决问题的能力	10						
	个人表达	口头表达能力，书面总结能力	10						
	团队合作	搜集信息、合作共事、知识共享、听取意见等方面	10						
专业测评	信息收集	准确记录顾客和车辆信息	10						
	知识掌握	开关磁阻电动机的组成结构	5						
		开关磁阻电动机的工作原理	10						
		开关磁阻电动机的优缺点	10						
		开关磁阻电动机的应用场合	5						
	电动机介绍	电动机介绍是否准确	10						
	方案制订	方案制订是否合理	10						
总评		总分	100						

六、思考练习

1. 填空题

(1) 开关磁阻电动机是基于_____运行的新型电动机。

(2) 为了满足新能源汽车驱动电机正反转起动和运行,开关磁阻电动机至少为_____ _____极。

(3) 根据设计经验,开关磁阻电动机的气隙长度应_____或_____同直径交流感应电动机的气隙长度。

2. 判断题

(1) 开关磁阻电动机在工作时需要用开关不断切换绕组供电。(　　)

(2) 开关磁阻电动机的定子凸极数量和转子凸极数量可以相等。(　　)

(3) 开关磁阻电动机结构简单、紧凑牢固,适于在高速、高温环境下运行。(　　)

任务5　驱动电机的选择

一、学习目标

1. 知识目标

(1) 掌握电动机类型的选择依据。

(2) 掌握电动机额定电压的选择方法。

(3) 掌握电动机额定转速的选择方法。

2. 能力目标

(1) 能够计算电动机额定功率。

(2) 能够计算电动机额定转矩。

3. 素质目标

(1) 增强学生养成标准意识。

(2) 通过电动机额定功率和额定转速的计算,培养学生严谨细致的工作态度。

(3) 培养学生积极主动与小组成员交流沟通的能力。

二、任务引入

假设你是一名新能源汽车设计师助理,设计师要求你为新开发的一款纯电动汽车选择合适的驱动电机,你知道怎样为新能源汽车选择驱动电机吗?

三、知识储备

2.5.1 电动机类型的选择

选择新能源汽车驱动电机的关键是电动机的机械特性。直流电动机、交流感应电动机、交流永磁电动机和开关磁阻电动机的机械特性可以用转矩—转速特性(T—n)曲线和功率—转速特性(P—n)曲线来表示,并可作为选择电动机的参考依据。

在选择新能源汽车的驱动电机时,可以向电动机生产厂家提出所需要的各项性能参数,作为电动机设计的依据。实际上,大多数情况下是新能源汽车制造商根据电动机生产厂家提供的技术性能参数选择现成的电动机。可供新能源汽车选用的电动机种类繁多,功率范围面很广。新能源汽车对于驱动电机的调速范围、可靠性、能够在恶劣环境下工作的能力等方面有比较高的要求。

目前新能源汽车很大一部分是采用交流感应电动机作为驱动电机。交流感应电动机效率高(90%以上)、功率密度较大(近1 kW/kg)、功率因数变化大、转子为笼型结构、适合于高速运转。另外,交流感应电动机的可靠性高、便于维修、价格便宜。随着电力电子器件和功率变换器的快速发展,交流感应电动机控制器采用了矢量控制的变频器或逆变器,使交流感应电动机具有更好的可控性和较宽的调速范围。目前已经能够在市场上买到不同生产厂家的、不同规格的,效率高、技术性能可靠的交流感应电动机变频器或逆变器,可以直接为新能源汽车采用。新型交流感应电动机的直接转矩控制系统,具有控制简单、动态响应快、调速范围宽等特点。交流感应电动机的价格比较便宜,但控制系统复杂、价格也较高。

目前,交流永磁电动机的应用也越来越广泛,交流永磁电动机具有效率高(达到97%)、功率密度较大(超过1 kW/kg)的特点。交流永磁电动机的转子没有励磁绕组,可以高速运转、可靠性好、体积小、质量轻、便于维修,采用矢量控制的变频调速系统,使交流永磁电动机具有宽广的调速范围。交流永磁电动机的控制系统要比交流感应电动机的控制系统简单和便宜。但交流永磁电动机的永磁材料强度较差,大功率的交流永磁电动机所需要的永磁材料要特别加固,因此,交流永磁电动机的功率一般较小。有些交流永磁电动机在高温作用下,会发生磁性衰退现象,需要采取水冷的方式来控制温度在150 ℃以上,目前永磁材料的价格较高,因此,交流永磁电动机及其控制系统的成本较高。

开关磁阻电动机是一种新型电动机,在电动机的转子上,没有滑环、绕组等转子导体和永磁体等装置。它的结构比其他任何一种电动机都要简单,效率可以达到85%~93%,转速可以达到15 000 r/min。其转矩—转速特性好,在较宽的调速范围内,转矩、转速可以灵活控制,并有高的起动转矩和低的起动功率的机械特性;转子上没有励磁绕组和永磁体,结构简单坚固、可靠性好、质量轻、便于维修、成本较低。开关磁阻电动机的控制系统包括微处理器、位置检测器和电流传感器等电子器件,控制系统较为复杂,调节性能和控制精度要求高。工作时其转矩脉动大,噪声也较大,体积比同功率的交流感应电动机要大一些。目前,正在开发水冷式开关磁阻电动机及其控制器和永磁开关磁阻电动机,其性能将进一步提高。

随着现代制造技术、电力电子技术、控制理论、计算机和电子元器件的发展,电动机的控制系统正不断向自动化、集成化和小型化的方向发展。这将促进各种电动机及其驱动系统不断地改进和完善,为驱动系统提供更加宽广的选择空间。

其他类型的特种电动机也可以作为新能源汽车的驱动电机,包括同步磁阻电动机、永磁阶跃电动机、横向磁通量电动机等特种电动机。但这些特种电动机需要特殊的驱动系统,且难与现有的传统电动机驱动系统和传动系统相协调工作,其生产技术和制造工艺也很复杂。不过,随着技术的进步和发展,性能更好、效率更高、体积更小、质量更轻的新型电动机和驱动系统必然会研制和开发出来。

尽管电动机的最大转矩是额定转矩的几倍,但在输出转矩增加的同时,转子电流也大幅增加,需要动力蓄电池在很短的时间内大电流放电,特别是在"堵转"起动时,若时间过长,则会使电动机烧毁。为了保护电动机,保护动力蓄电池,并且符合车辆行驶速度和驱动力的要求,在驱动系统中,一般要安装减速器或变速器。新能源汽车常用驱动电机的性能比较如表2-6所示。

表2-6 新能源汽车常用驱动电机的性能比较

项目	直流电动机	交流感应电动机	交流永磁电动机	开关磁阻电动机
过载能力	中	好	较好	好
效率	中	较高	高	中
寿命	中	好	好	好
转速范围	较宽	较宽	宽	很宽
功率范围	宽	宽	小	很宽
可靠性	中	好	较好	好
转矩/电流比	中	中	高	高

续表

项目	直流电动机	交流感应电动机	交流永磁电动机	开关磁阻电动机
结构坚固性	差	较好	中	好
外形尺寸	大	中	小	小
电动机质量	重	中	轻	轻
电动机成本	高	中	中	低
驱动系统成本	低	高	高	中
转矩/惯量比	中	中	较高	高

2.5.2 额定电压的选择

在相同的输出功率的条件下，动力蓄电池的电压高时，电流较低；反之，动力蓄电池电压低时，电流会较高。高电压、低电流电池系统的导线、接头、开关等电气元件可以细小一些，连接更加方便，但要求有更加完备的保护措施，而且管理系统复杂；低电压、高电流电池系统的导线、接头、开关等电气元件比较大，连接要求也较高，不过管理系统相对简单。

电动机电压的选择主要依据车辆总体参数的要求来设计，车辆的自重、电池等相关参数确定后，才能确定电动机的电压、转速等参数。当车辆自重确定后，电池的个数就确定了，电动机的电压等级也随之确定了。但总体要求是尽可能提高电压等级，这样就可以使电动机在满驱动要求的情况下，使电动机的功率小一些，电动机的电流也小一点，这样电池的容量选择、安装空间、安装方式等就更容易处理了。

2.5.3 额定转速的选择

根据电动汽车的速度、动力性能的要求，需要选择不同转速的驱动电机。

1. 低速电动机

低速电动机的转速为 3 000～6 000 r/min，扩大恒功率区的低速电动机额定转矩高、转子电流大、电动机的尺寸和质量较大，且相应的转换器、控制器的尺寸也较大，各种电器的损耗较大，但减速器的速比较小。一般低速电动机的转动惯量大、反应慢，不太适用于新能源汽车。

2. 中速电动机

中速电动机的转速为 6 000～10 000 r/min，它的各种参数介于低速电动机和高速电动机之间。通常电动汽车多采用中速电动机作为驱动电机。

3. 高速电动机

高速电动机的转速为 10 000 ~ 15 000 r/min，扩大的恒功率区宽，尺寸和质量较小，相应的转换器和控制器的尺寸也较小，各种电器内在的损耗较小。而其减速器的速比要大幅度增加，通常需要采用行星齿轮传动机构。高速电动机的使用，主要受电磁材料的性能、高速轴承的承载能力的限制。一般高速电动机的转动惯量小、起动快、停止也快，新电源汽车常采用高速电动机作为驱动电机。

新能源汽车通常以常规车速确定电动机的额定转速：

$$n_N = \frac{i_g i_0 u_N}{0.377 r} \tag{2-16}$$

式中 n_N——电动机额定转速（r/min）；

i_g——传动比；

i_0——主减速比；

u_N——常规车速（km/h）；

r——滚动车轮半径（m）。

2.5.4 额定功率和额定转矩的计算

1. 额定功率

电动机的额定功率由最高车速确定：

$$P_N = \frac{1}{3600\eta_T}\left(mgf + \frac{C_d A U_{max}^2}{21.15}\right)U_{max} \tag{2-17}$$

式中 P_N——电动机额定功率（kW）；

η_T——传动效率；

m——最大车质量；

f——滚动摩擦因数；

C_d——风阻系数；

A——车辆迎风面积（m²）；

U_{max}——最高车速（km/h）。

2. 额定转矩

电动机额定转矩由额定转矩/转速确定：

$$T_N = \frac{9.554 P_N}{n_N} \tag{2-18}$$

式中 T_N——额定转矩（N·m）。

近年来，新能源汽车驱动电机的选用主要以交流感应电动机、永磁同步电动机和开关磁阻电动机为主，与传统的直流电动机驱动系统相比，以上电动机驱动系统具有较明显的优势，其突出优点是体积小、质量轻、调速范围大、可靠性高。目前，美国的汽车公司大多采用高速、高效的交流感应电动机；日本的汽车公司基本上都采用永磁同步电动机；我国的新能源轿车多采用永磁同步电动机，新能源大巴车一般都采用交流感应电动机。

新能源汽车驱动电机的选择

四、任务实施

任务名称：驱动电机的选择			
姓名：	班级：		学号：
任务描述	假如你是一名新能源汽车设计师助理，设计师要求你为新开发的一款纯电动汽车选择合适的驱动电机。你知道怎样为新能源汽车选择驱动电机吗		
能力目标	（1）能够计算电动机额定功率； （2）能够计算电动机额定转矩		
实施准备	（1）新能源汽车实训室； （2）新能源汽车驱动电机国家标准文件		
实施步骤	（1）分组：教师将学生分成A、B两组，每组选出1名组长； （2）布置任务：A组作为驱动电机需求方，B组作为驱动电机供应方，A组列出电动机需求，B组提供电动机参数，并为A组提供合适的电动机，A组综合考虑动力、成本等因素从B组的可选方案中选出最终方案； （3）A、B两组推选组长分别介绍方案制定和选择过程； （4）组员和教师进行咨询和评价		
自我反思	在专业能力、关键能力等方面的收获或体会：		

五、任务考核

评价项目	评价内容	评价标准	分值	自我评价	平台评价	组内评价	组间评价	教师评价	汇总
素质测评	规则意识	遵守作息制度，不迟到、不早退、不旷课	10						
	分析解决问题能力	提升自我查阅资料、解决问题的能力	10						
	个人表达	口头表达能力，书面总结能力	10						
	团队合作	搜集信息、合作共事、知识共享、听取意见等方面	10						
专业测评	信息收集	准确记录电动机参数	10						
	知识掌握	电动机类型选择依据	5						
		电动机电压选择原则	10						
		电动机额定功率计算	10						
		电动机额定转矩计算	5						
	电动机选择	电动机选择是否合理	10						
	方案制订	方案制订是否合理	10						
总评		总分	100						

六、思考练习

请大家查阅资料，列出 2023 年销量前十名的新能源汽车采用的驱动电机的类型和额定功率、额定转速等参数。

项目3　功率变换器分析

功率变换技术是新能源汽车的调速和转向等动力控制系统的关键技术，其基本作用是通过合理、有效地控制电源系统电压、电流的输出和驱动电机电压、电流的输入，完成对驱动电机的转矩、转速和旋转方向的控制。此外，新能源汽车的充电及低压设备的供电也是通过相应的功率变换技术完成的。

任务1　功率半导体器件认知

一、学习目标

1. 知识目标

（1）掌握功率半导体器件的种类。

（2）掌握二极管的基本特性及主要参数。

（3）掌握功率场效应晶体管的结构、工作原理和主要参数。

（4）掌握绝缘栅双极晶体管的结构、工作原理和主要参数。

2. 能力目标

（1）能够结合电路图分析功率二极管的导通与截止状态及电流走向。

（2）能够结合电路图分析绝缘栅双极晶体管的导通与截止状态及电流走向。

3. 素质目标

（1）培养学生逻辑思维能力。

（2）通过各种功率变换器工作状态的转变，培养学生用发展的眼光看问题。

（3）了解功率半导体器件的生产厂商供应情况及国内外市场对比，培养学生爱国精神和竞争意识。

二、任务引入

新能源汽车交流感应电动机或者永磁同步电动机正常工作都需要使用三相交流电，但是汽车动力电池提供的却是高压直流电，高压直流电是怎样变成三相交流电的呢？电压和电流的转换离不开功率半导体器件，这些功率半导体器件的功用有哪些呢？结构是什么样的？需要检查哪些工作参数？这些都是汽车维修服务技师必须要掌握的问题。

三、知识储备

功率半导体器件种类繁多，分类方法也多种多样。通常按照开关控制性能分为不控型器件、半控型器件和全控型器件。不控型器件为无控制端口的二端器件，不具备可控开关功能，如功率二极管；半控型器件为有控制端口的三端器件，但其控制端在器件导通后失去控制功能，即无关断能力，所以关断必须借助外部条件，晶闸管及其大部分派生器件均属于这一类器件；全控型器件也为有控制端的三端器件，但其控制端具有控制器件导通和关断的双重功能，又称自关断器件，门极可关断晶闸管（GTO）、电力晶体管（GTR）、绝缘栅双极晶体管（IGBT）均属于这一类器件。

功率器件正朝着大容量、高可靠性、减小装置体积、节约电能和智能化方向发展。除了早期使用的功率二极管、晶闸管外，目前常用的功率器件主要有、双极结型晶体管（BJT）、功率 MOS 场效应晶体管（功率 MOSFET）、IGBT、MOS 控制晶闸管（MCT）等。从在新能源汽车上的应用来看，MOSFET、IGBT 具有较好的应用前景。

3.1.1 功率二极管

功率二极管在 20 世纪 50 年代初期起获得应用，虽然是不可控器件，但其结构和原理简单、工作可靠，直到现在仍大量用于各种电气设备中。特别是快恢复二极管和肖特基二极管，在中高频整流和逆变电路中具有不可替代的作用。

功率二极管除电压、电流等参数与电子电路中的二极管有较大差别外，其基本结构和工作原理都是相同的，同样是以半导体 PN 结为基础。二极管实际上是由一个面积较大的 PN 结和两端引线及封装组成的。功率二极管的外形、结构和电路符号如图 3-1 所示。从外形上看，功率二极管主要有螺栓型和平板型两种封装，现在都已采用模块化封装，如图 3-2 所示。

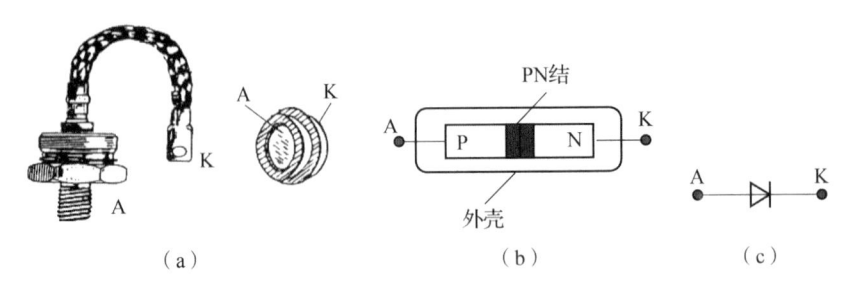

图 3-1 功率二极管

(a) 外形；(b) 结构；(c) 电路符号

图 3-2 功率二极管模块

1. 功率二极管的基本特性及主要参数

(1) 静态特性。

功率二极管的静态特性（伏安特性）如图 3-3 所示。当功率二极管承受的正向电压达到一定值（阈值电压 U_{TO}），正向电流 I_A 才开始明显增加，处于稳定导通状态。与正向电流 I_A 对应的功率二极管两端的电压 U_A 即为其正向导通压降。当功率二极管承受反向电压 U_B 时，只有少数载流子引起的微小漏电流，其数值基本不随电压而变化。当反向电压超过一定数值后，功率二极管的反向电流迅速增大，引起雪崩击穿。

(2) 动态特性。

因为结电容的存在，功率二极管在零偏置（外加电压为零）、正向偏置和反向偏置三种状态之间转换的时候，会经历一个过渡过程。在这些过渡过程中，PN 结的一些区域需要一定的时间来调整其带电状态，因此，其电压-电流特性不能用前述的伏安特性来描述，而是随时间变化的，这就是功率二极管的动态特性，并且大多专指反映通态和断态之间转换过程的开关特性。这种动态特性的概念虽然由功率二极管引

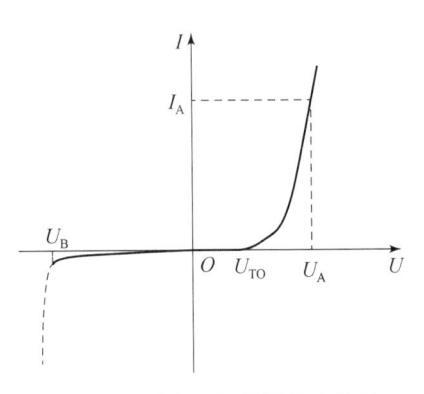

图 3-3 功率二极管的伏安特性

出，但可以推广应用在其他电力器件。

功率二极管由正向偏置转换为反向偏置时的动态过程（关断过程），如图3-4所示。当原处于正向导通状态的功率二极管外加电压从正向变为反向时，该功率二极管并不能立即关断，而是经过一个短暂的时间才能获得反向阻断能力，进入截止状态。在关断之前有较大的反向电流出现，并伴随有明显的反向电压过冲，这是因为在正向导通时，PN结两侧储存的大量少子需要被清除才能达到反向偏置稳态。

由图3-4可以看到，在 t_F 时刻外加电压由正向变为反向，正向电流在反向电压的作用下开始下降，下降速度由反向电压的大小和电路中的电感决定，而管压降由于电导调制效应基本变化不大，直至正向电流为零的时刻 t_0，此时功率二极管由于在 PN 结两侧（特别是多掺杂 N 区）储存有大量少子而没有恢复反向阻断能力。当空间电荷区附近储存的少子即将被抽尽时，管压降变为负极性，于是开始抽取离空间电荷区较远的、浓度较低的少子。因此，在管压降极性改变后不久的 t_1 时刻反向电流从最大值 I_{RP} 开始下降，空间电荷区迅速变宽，功率二极管开始重新恢复对反向电压的阻断能力。在 t_1 时刻以后由于反向电流下降，在外电路电感的作用下会在功率二极管两端产生比外加反向电压大得多的反向电压过冲 U_{RP}。在电流变化率接近于零的 t_2 时刻，功率二极管两端承受的反向电压才降至外电压大小，功率二极管完全恢复对反向电压的阻断能力。时间 $t_d = t_1 - t_0$ 称为延迟时间，$t_f = t_2 - t_1$ 称为电流下降时间，而 $t_{rr} = t_d + t_f$ 称为功率二极管的反向恢复时间。其电流下降时间与延迟时间的比值 t_f/t_d 称为恢复系数，用 S_r 表示。若 S_r 较大，则称恢复特性较软，即反向电流下降时间相对越长。因此，在相同的外电路条件下造成的反向电压过冲较小。

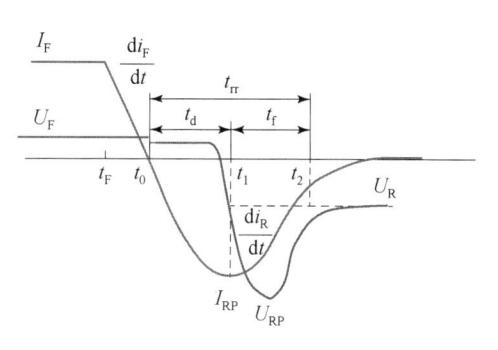

图3-4 功率二极管的关断过程

功率二极管由零偏置转换为正向偏置的动态过程（导通过程）波形如图3-5所示。在这一过程中，功率二极管的正向压降也会出现一个过冲 U_{FP}，经过一段时间才趋于接近稳态压降的某个值（2V）。这一动态过程时间称为正向恢复时间 t_{fr}。出现打压过程的原因如下。

①电导调制效应起作用所需的大量少子需要一定时间来存储，在达到稳态导通之前的管压降较大。

②正向电流的上升会因器件自身的电感而产生较

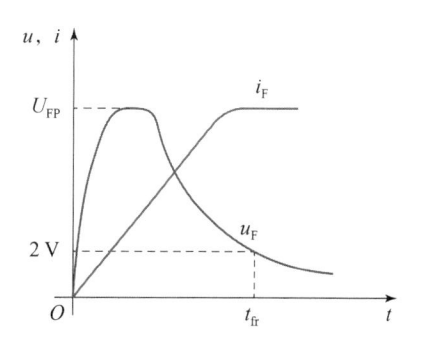

图3-5 功率二极管的导通过程

大的压降。电流上升速率较大，U_{FP} 越高。当功率二极管由反向偏置转换为正向偏置时，势垒电容电荷的调整也需要较多时间来完成。

2. 功率二极管的主要参数

（1）正向平均电流 $I_{F(AV)}$。

正向平均电流是二极管电流定额中最为重要的参数，它是在指定的管壳温度（简称壳温，用 T_C 表示）和散热条件下，其允许流过的最大工频正弦半波电流的平均值。快恢复二极管通常采用占空比为一定数值（通常为0.5）的方波电流的平均值标注二极管的额定电流。二极管的结温（或壳温）是限制其工作电流最大值的主要因素之一。因此，在实际使用时应按有效值相等的原则来选取电流定额，并同时考虑器件的散热条件。当用在频率较高的场合时，开关损耗造成的发热往往不能忽略，因此，即使不考虑安全裕量，功率二极管通常也必须降额使用。

（2）反向重复峰值电压 U_{RRM}。

反向重复峰值电压是对二极管能重复施加的反向最高峰值电压，通常是其雪崩击穿电压的2/3。使用时，往往按照电路中功率二极管可能承受的反向最高峰值电压的2倍来选定此项参数。

（3）正向压降 U_F。

正向压降是指在指定温度下，流过某一指定的稳态正向电流时对应的正向压降。正向压降越低表明其导通损耗越小。通常耐压低的二极管正向压降较低，普通整流二极管压降低于快恢复二极管。二极管的正向压降具有负温度系数，它随着温度的上升而略有下降。

（3）最高工作结温 T_{JM}。

结温是指管芯 PN 结的平均温度，用 T_J 表示。最高工作结温是指在 PN 结不损坏的前提下二极管能承受的最高平均温度，通常在 125~175 ℃。

（4）浪涌电流 I_{SFM}。

浪涌电流使其功率二极管所能承受最大的、连续的一个或几个周期的过电流。

在一定的工艺和材料水平下，二极管的反向恢复特性与正向通态压降存在折中关系，反向恢复特性好的器件通常正向压降较高，许多厂家一般都有多个产品系列供用户选择，以适应不同场合的应用要求。

3.1.2 功率场效应晶体管

功率 MOS 场效应晶体管又称功率 MOSFET，是近年来发展最快的全控型电力电子器件之一。它与小功率场效应管一样，有结型和绝缘栅型两种，通常功率场效应管是指绝缘栅型中的 MOS 型，而把结型电力场效应管称为静电感应晶体管（SIT）。功率 MOSFET 在导通时只有一种极性的载流子（多数载流子）参与导电，是单极性晶体管；按导电沟道可分为 P 沟道和 N 沟道。在功率 MOSFET 中，应用最多的是绝缘栅 N 沟道增强型功率 MOSFET。

1. 结构与和工作原理

功率 MOSFET 有三个电极：栅极 G、漏极 D、源极 S。MOSFET 用栅极电压控制漏极电流，驱动电流在 100 mA 量级，直流电流增益可达 108~109。栅极几乎不消耗功率，它的输入阻抗是纯电容性的。

N 沟道增强型功率 MOSFET 的内部结构如图 3-6（a）所示，功率 MOSFET 的电路符号如图 3-6（b）所示。

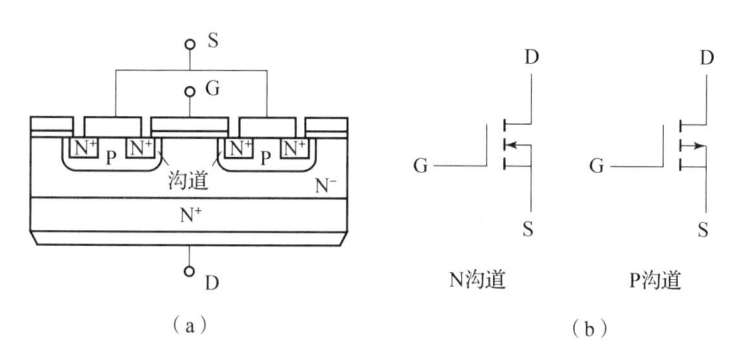

图 3-6 功率 MOSFET

（a）N 沟道增强型内部结构；（b）电路符号

对于 N 沟道增强型垂直扩散功率 MOSFET，当漏极接电源正极，源极接电源负极，栅源间电压为零时，由于 P 体区与 N⁻ 漂移区形成的 PN 结为反向偏置，故漏源之间不导电。如果施加正电压 U_{GS} 于栅源之间，由于栅极是绝缘的，没有栅极电流流过。但栅极的正电压会将 P 区中的少子——电子吸引到栅极下面的 P 区表面。当 U_{GS} 大于开启电压 U_T 时，栅极下 P 区表面的电子浓度将超过空穴浓度，从而使 P 型反型成 N 型，形成反型层。该反型层形成 N 沟道使 PN 结消失，漏极和源极之间形成导电通路。栅源电压 U_{GS} 越高，反型层越厚，导电沟道越宽，则漏极电流越大。漏极电流 I_D 不仅受栅源电压 U_{GS} 的控制，而且与漏极电压 U_{DS} 也密切相关。以栅源电压 U_{GS} 为参变量反映漏极电流 I_D 与漏极电压 U_{DS} 间关系的曲线族称为功率 MOSFET 的输出特性，漏极电流 I_D 和栅源电压 U_{GS} 的关系反映了输入控制电压与输出电流的关系，称为功率 MOSFET 的转移特性，如图 3-7（a）所示。

功率 MOSFET 输出特性如图 3-7（b）所示，由图 3-7（b）可以看到输出特性分为三个工作区：截止区、饱和区和非饱和区。

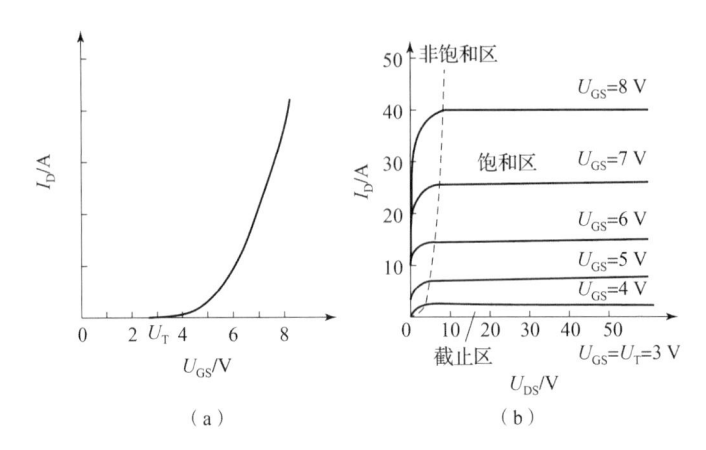

图 3-7 功率 MOSFET 的转移特性及输出特性

(a) 转移特性；(b) 输出特性

(1) 截止区，$U_{GS} < U_T$，$I_D = 0$。

(2) 饱和区，或称为有源区，$U_{GS} > U_T$。在该区中，当 U_{GS} 不变时，I_D 几乎不随 U_{DS} 的增加而加大，近似于一个常数，故称为饱和区。当用于开关工作时，MOSFET 在此区内运行。

(3) 非饱和区，或称为可调电阻区，这时漏源电压 U_{DS} 与漏极电流 I_D 之比近似为常数，而几乎与 U_{GS} 无关。当 MOSFET 作为线性放大时，应工作在此区。

功率 MOSFET 的开关过程如图 3-8 所示。在开通过程中，由于输入电容的影响，栅源电压 U_{GS} 呈指数规律上升，当 U_{GS} 上升到开启电压 U_T 时，MOSFET 开始导通，漏极电流 I_D 随着 U_{GS} 的上升而增加。当 U_{GS} 达到使 MOSFET 进入非饱和区的栅源电压 U_{GSP} 后，MOSFET 进入非饱和区，此时虽然 U_{GS} 继续升高，但 I_D 已不再变化。从 U_{GS} 开始上升至 MOSFET 开始导通间的时间称为开通延迟时间 $t_{d(on)}$，U_{GS} 从 U_T 上升到 U_{GSP} 的时间段称为上升时间 t_r。MOSFET 的开通时间定义为开通延迟时间与上升时间之和。

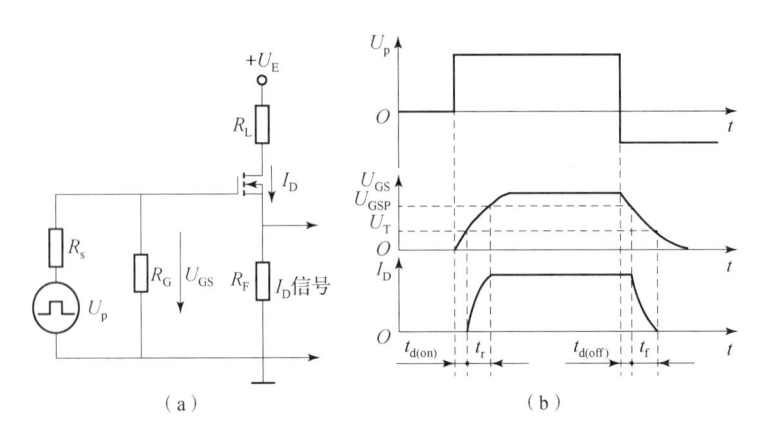

图 3-8 功率 MOSFET 的开关过程

(a) 测试电路；(b) 开关过程波形

关断时，同样由于输入电容的影响，U_{GS} 呈指数规律下降，当 U_{GS} 呈低于 U_{GSP} 时，漏极电流 I_D 开始下降，直至 U_{GS} 低于开启电压 U_T，I_D 下降到零。从 U_{GS} 开始下降至 MOSFET 开始关断的时间称为关断延迟时间 $t_{d(off)}$。U_{GS} 从 U_{GSP} 下降到 $U_{GS} < U_T$ 时沟道消失，I_D 从通态电流降到零为止的时间段称为下降时间 t_f。MOSFET 的关断时间 t_{off} 定义为关断延迟时间和下降时间之和。

MOSFET 只靠多子导电，不存在少子储存效应，因此关断过程非常迅速，开关时间在 10～100 ns，工作频率可达 100 kHz 以上，是常用电力电子器件中最高的。

由于功率 MOSFET 结构所致，源漏间形成一个寄生的反并联二极管，使漏极电压 U_{DS} 为负时呈现导通状态，也称本体二极管，它与 MOSFET 构成一个不可分割的整体，这样虽然在许多应用中简化了电路，减少了元件数量，但由于本体二极管的反向恢复时间较长，在高频应用时必须注意其影响。

2. 主要参数

（1）漏源击穿电压 U_{DSS}。

U_{DSS} 通常为结温在 25～150 ℃时漏源极的击穿电压。该参数限制了 MOSFET 的最高工作电压，常用的 MOSFET 的 U_{DSS} 通常在 1 000 V 以下，尤其以 500 V 及以下器件的各项性能最佳。需要注意的是常用的 MOSFET 的漏源击穿电压具有正温度系数，因此，在温度低于测试条件时，U_{DSS} 会低于产品手册数据。

（2）漏极连续电流额定值 I_D 和漏极脉冲电流峰值 I_{DM}。

这是标称功率 MOSFET 电流定额的参数，一般情况下，I_{DM} 是 I_D 的 2～4 倍。工作温度对器件的漏极电流影响很大，产品的生产厂商通常也会给出不同壳温，允许的漏极连续电流变化情况。在实际器件参数计算时，必须考虑其损耗及散热情况得出壳温，由此核算器件的电流定额。通常在壳温为 80～90 ℃时，器件可用的连续工作电流只有在 $T_C = 25$ ℃时额定值 I_D 的 60%～70%。

（3）漏源通态电阻 $R_{DS(on)}$。

该参数是在栅源间施加一定的电压（10～15 V）时，漏源间的导通电阻。漏源通态电阻 $R_{DS(on)}$ 直接影响器件的通态压降及损耗，通常额定电压低、电流大的器件 $R_{DS(on)}$ 较小。此外，$R_{DS(on)}$ 还与驱动电压及结温有关。增大驱动电压可以减小 $R_{DS(on)}$。$R_{DS(on)}$ 具有正的温度系数，随着结温的升高而增加，这一特性使 MOSFET 并联运行较为容易。

（4）栅源电压 U_{GS}。

由于栅源之间的 SiO_2 绝缘层很薄，当 $|U_{GS}| > 20$ V 将导致绝缘层击穿。因此，在焊接、驱动等方面必须注意。

(5) 跨导 G_{fs}。

在规定的工作点下，MOSFET 转移特性曲线的斜率称为该器件的跨导。即

$$G_{fs} = \frac{dI_D}{dU_{GS}} \tag{3-1}$$

(6) 极间电容。

MOSFET 的三个电极之间分别存在极间电容 C_{GS}、C_{GD} 和 C_{DS}。一般生产厂商提供的是漏源极短路时的输入电容 C_{iss}、共源极输出电容 C_{oss} 和反向转移电容 C_{rss}。它们之间的关系是

$$C_{iss} = C_{GS} + C_{GD} \tag{3-2}$$

$$C_{rss} = C_{GD} \tag{3-3}$$

$$C_{oss} = C_{GD} + C_{DS} \tag{3-4}$$

尽管功率 MOSFET 用栅源间电压驱动，阻抗很高，但由于存在输入电容 C_{iss}，开关过程中驱动电路要对输入电容充放电。这样，用作高频开关时，驱动电路必须具有很低的内阻抗及一定的驱动电流能力。

3.1.3 绝缘栅双极型晶体管

功率 MOSFET 具有驱动方便、开关速度快等优点，但导通后呈电阻性质，在电流较大时的压降较高，而且器件的容量较小，仅适用于小功率装置。大功率晶体管 GTR 的饱和压降低、容量大，但其为电流驱动，驱动功率较大，开关速度低。在 20 世纪 80 年代出现的绝缘栅双极型晶体管是将 MOSFET 与 GTR 复合形成，除具有 MOSFET 的电压型驱动、驱动功率小的特点，同时具有 GTR 饱和压降低和可耐高电压和大电流等一系列应用上的优点，开关频率虽低于 MOSFET，但高于 GTR。目前 IGBT 已基本取代了 GTR，成为当前在工业领域应用最广泛的功率半导体器件。

1. 结构与工作原理

IGBT 的内部结构、等效电路及电路符号如图 3-9 所示。当器件承受正向电压，而栅极驱动电压小于阈值电压时，IGBT 的 N⁻层与 P⁻层间的 PN 结 J2 反偏，IGBT 处于关断状态。当驱动电压升高至阈值电压时，由于其电场的作用，在栅极下 P⁻区中就会出现一条导电沟道，从而使 IGBT 开始导通。此时 J3 处于正偏状态，因此，有大量空穴从 P⁺区注入 N⁻区，使 N⁻区中的载流子浓度大大增加，产生电导调制效应，降低了 IGBT 的正向压降。当撤去栅极电压后，栅极下的导电沟道消失，从而停止了从 N⁺区经导电沟道向 N⁻区的电子注入，IGBT 开始进入关断过程。但由于 IGBT 在正向导通时 N⁻区（基区）含有大量载流子，因此，它并不能立刻关断，直到 N⁻区中的剩余载流子消失，IGBT 才进入阻断状态，这样 IGBT 的关断延迟时间 $t_{d(off)}$ 比 MOSFET 要长一些。

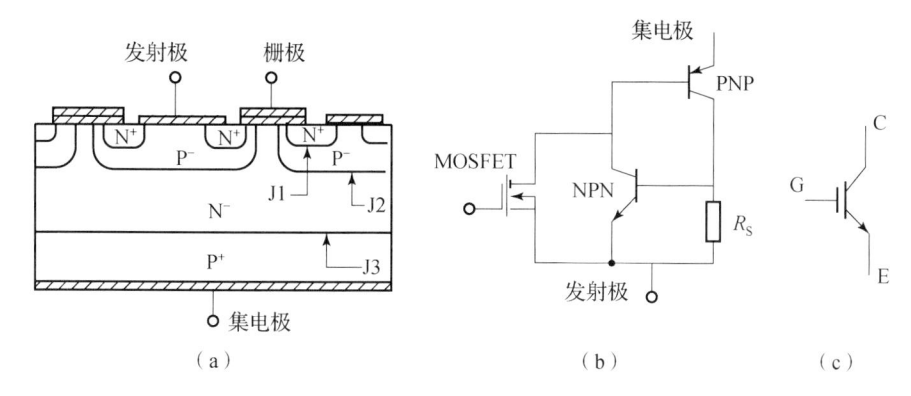

图 3-9　IGBT 的内部结构、等效电路及电路符号

(a) 内部结构；(b) 等效电路；(c) 电路符号

与 MOSFET 类似，IGBT 集电极电流与栅射电压间的关系称为转移特性，集电极电流与栅射电压、集射电压之间的关系为输出特性，如图 3-10 所示。从图 3-10 中可以看出，当栅射电压高于开启电压 $U_{GE(th)}$ 时，IGBT 开始导通。$U_{GE(th)}$ 的值一般为 2~6 V。

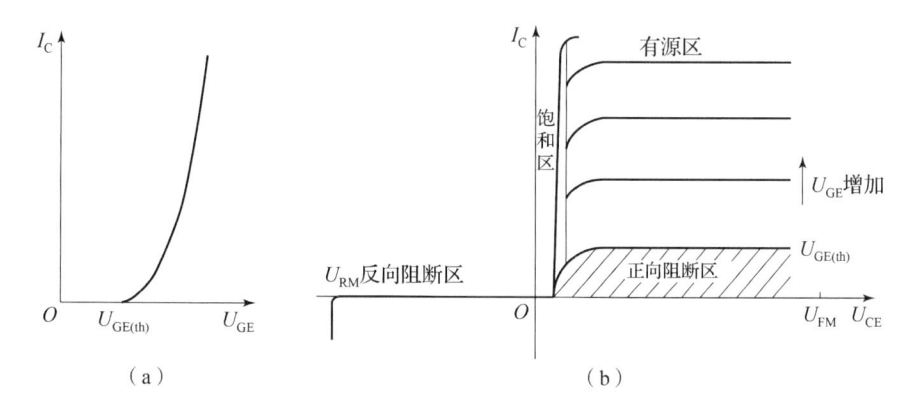

图 3-10　IGBT 的转移特性和输出特性

(a) 转移特性；(b) 输出特性

IGBT 的开关过程如图 3-11 所示。在开通过程中，IGBT 等效的 MOSFET 起主要作用，因此，该过程与 MOSFET 十分相似。从驱动电压 U_{GE} 上升至其幅值的 10% 至集电极电流 I_C 上升到稳态值的 10% 的时间称为开通延迟时间 $t_{d(on)}$，I_C 从 10% 稳态值上升至 90% 稳态值的时间称为上升时间 t_r。IGBT 的开通时间定义为开通延迟时间与上升时间之和。在 IGBT 开通过程中，集射极电压 U_{GE} 的下降过程分为陡降阶段 t_{fv1} 和缓降阶段 t_{fv2}。前者是由于 MOSFET 迅速导通形成的，第二阶段中由于 MOSFET 的栅漏电容增加，而且 IGBT 中的 PNP 晶体管由放大状态转入饱和导通状态也需要一个过程，因此，电压下降较缓慢。

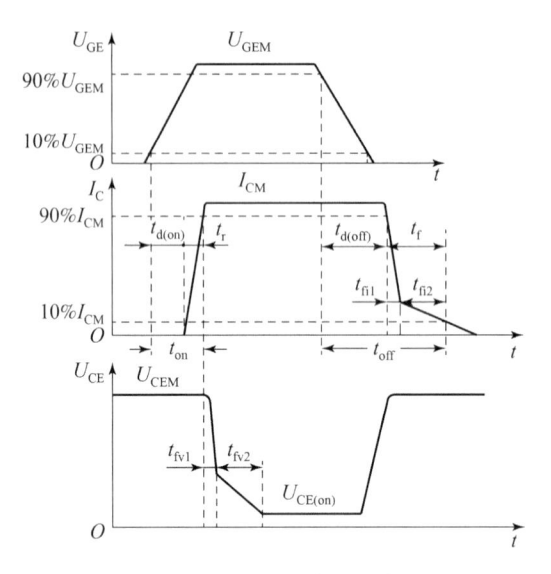

图 3-11 IGBT 的开关过程

IGBT 关断过程中,从驱动电压 U_{GE} 下降至其幅值的 90% 到集电极电流 I_C 下降为稳态值的 90% 的时间称为关断延迟时间 $t_{d(off)}$,集电极电流 I_C 从稳态值的 90% 下降至 10% 的时间称为下降时间 t_f,两者之和为关断时间 t_{off}。同样,集电极电流 i_C 的下降过程也分为陡降阶段 t_{fi1} 和缓降阶段 t_{fi2},前者也是由于 MOSFET 快速关断所形成的,后者则是由于 N 区中的少子复合缓慢造成的,此阶段的电流又称拖尾电流。较长时间的拖尾电流会产生较大的关断损耗。

2. 主要参数

(1) 最大集射极间电压 U_{CES}。

该参数决定了器件的最高工作电压,这是由内部 PNP 晶体管所能承受的击穿电压确定的。

(2) 最大集电极电流。

最大集电极电流包括在一定的壳温下额定直流电流 I_C 和 1 ms 脉宽最大电流 I_{CP}。不同厂商产品的标称电流通常为壳温 25 ℃ 或 80 ℃ 条件下的额定直流电流 I_C。该参数与 IGBT 的壳温密切相关,而且由于器件实际工作时的壳温一般都较高,所以选用时必须加以重视。

(3) 最大集电极功耗 P_{CM}。

在一定的壳温下 IGBT 允许的最大功耗,该功耗将随壳温升高而下降。

(4) 集射饱和压降 $U_{CE(sat)}$。

栅射间施加一定电压,在一定的结温及集电极电流条件下,集射间饱和通态压降。此压降在集电极电流较小时为负温度系数,在电流较大时为正温度系数,这一特性使 IGBT 并联运行也较为容易。

(5) 栅射电压 U_{GES}。

与 MOSFET 相似,当 $|U_{GE}|>20$ V 将导致绝缘层击穿。因此,在焊接、驱动等方面必须注意。

功率半导体厂商分布情况

四、任务实施

任务名称:功率半导体器件认知			
姓名:	班级:		学号:
任务描述	汽车动力蓄电池提供的高压直流电是怎样变成驱动电机使用的三相交流电的呢?电压和电流的转换离不开功率半导体器件,这些功率半导体器件的功用有哪些呢?结构是什么样的?需要检查哪些工作参数		
能力目标	(1) 能够结合电路图分析功率二极管的导通与截止状态及电流走向; (2) 能够结合电路图分析绝缘栅双极晶体管的导通与截止状态及电流走向		
实施准备	(1) 新能源汽车实训室; (2) 功率二极管、功率场效应晶体管、IGBT 等功率半导体器件若干、连接导线、灯泡等		
实施步骤	(1) 分组:教师将学生分成两组,每组选出 1 名组长; (2) 布置任务:教师给出电机逆变器电路,让学生分析电路图中元器件名称、进行电路分析。一组学生利用功率半导体器件搭建电机逆变器模拟电路;另外一组学生自由发挥,利用功率半导体器件搭建电路控制灯泡的明暗变化; (3) 学生查阅资料,搭建电路,组织语言进行介绍,小组合作完成任务; (4) 组员交换角色,彼此咨询和介绍		
自我反思	在专业能力、关键能力等方面的收获或体会:		

五、任务考核

评价项目	评价内容	评价标准	分值	自我评价	平台评价	组内评价	组间评价	教师评价	汇总
素质测评	规则意识	遵守作息制度，不迟到、不早退、不旷课	10						
	分析解决问题能力	提升自我查阅资料，解决问题的能力	10						
	个人表达	口头表达能力，书面总结能力	10						
	团队合作	搜集信息、合作共事、知识共享、听取意见等方面	10						
专业测评	信息收集	准确记录顾客和车辆信息	10						
	知识掌握	功率半导体器件的分类	5						
		二极管的基本特性及主要参数	10						
		功率场效应晶体管的结构、工作原理和主要参数	10						
		绝缘栅双极型晶体管的结构、工作原理和主要参数	5						
	功率半导体介绍	功率半导体介绍是否准确	10						
	方案制订	方案制订是否合理	10						
总评		总分	100						

六、思考练习

1. 填空题

（1）功率半导体器件按照开关控制性能分为_____、_____和_____。

（2）功率 MOSFET 在导通时只有一种极性的载流子（多数载流子）参与导电，是

_____极性晶体管；按导电沟道可分为 P 沟道和 N 沟道。

（3）当前在工业领域应用最广泛的功率半导体器件为_____。

2. 电气元件识别

请列出下列符号代表的电气元件。

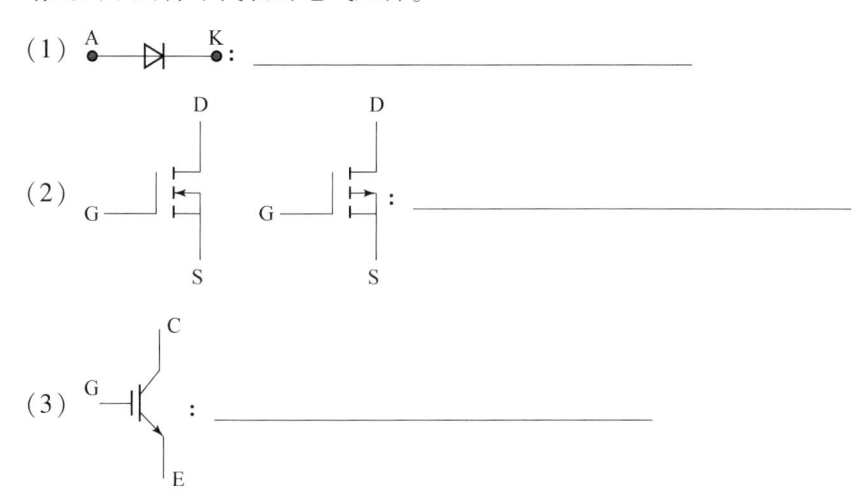

（1）A ─▷|─ K：_____

（2）[MOSFET符号×2]：_____

（3）[IGBT符号]：_____

任务2　DC/DC 变换器认知

一、学习目标

1. 知识目标

（1）掌握 DC/DC 变换器的工作原理与控制方式。

（2）掌握降压斩波电路的拓扑结构图。

（3）掌握升压斩波电路的拓扑结构图。

（4）掌握升降压斩波电路的原理。

（5）掌握 DC/DC 变换器的应用。

2. 能力目标

（1）能描述 DC/DC 变换器的功用和工作原理。

（2）能找到 DC/DC 变换器在实车的位置。

（3）能列举 DC/DC 变换器在新能源汽车中的升压和降压应用途径。

3. 素质目标

（1）培养学生逻辑思维能力。

(2) 通过 DC/DC 变换器的工作状态的转变，培养学生用发展的眼光看问题的能力。

二、任务引入

假如你是一名汽车维修助理，一辆纯电动汽车的 DC/DC 变换器发生故障，你的主管让你更换 DC/DC 变换器。你能完成这个项目吗？

三、知识储备

DC/DC 变换器又称直流斩波器，是一种将电压恒定的直流电变换为电压可调的直流电的电力电子变流装置。用 DC/DC 变换器实现直流变换的基本思想是通过对功率开关器件的导通、关断控制把恒定的直流电压或电流斩切成一系列的脉冲电压或电流，在一定滤波的条件下，在负载上可以获得平均值小于或大于电源的电压或电流。

3.2.1 工作原理与控制方式

最基本的直流斩波电路如图 3-12（a）所示。在图 3-12（a）中，S 是可控开关，R 为纯电阻负载。当 S 闭合时，输出电压 $u_o = E$；当 S 关断时，输出电压 $u_o = 0$，输出波形如图 3-12（b）所示。假设开关 S 通断的周期 T_S 不变，导通时间为 t_{on}，关断时间为 t_{off}，则输出电压的平均值 U_o 可表示为

$$U_o = \frac{1}{T_S}\int_0^{t_{on}} u_o dt = \frac{1}{T_S}\int_0^{t_{on}} E dt = \frac{t_{on}}{T_S}E = DE \tag{3-5}$$

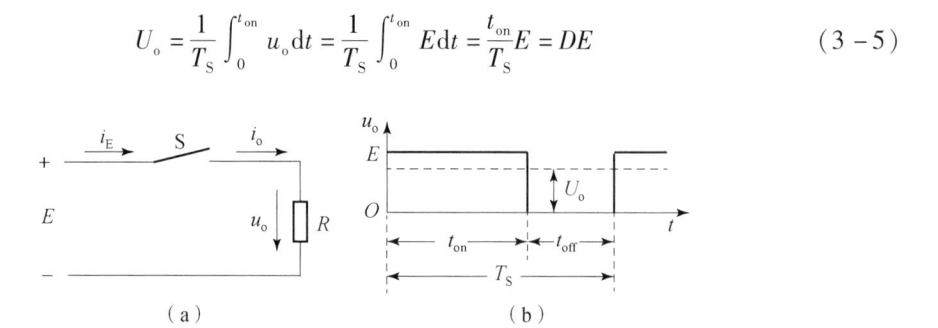

图 3-12 直流斩波电路及输出电压波形

由式（3-5）可知，在周期 T_S 不变的情况下，改变 t_{on} 就可以改变 U_o 的大小。将 S 的导通时间与开关周期之比定义为占空比（duty ratio），用 D 表示，则

$$D = \frac{t_{on}}{T_S} \tag{3-6}$$

由于占空比 D 小于等于 1，所以输出电压 u_o 小于或等于输入电压 E。因此，改变 D 值就可以改变输出电压平均值的大小。而占空比的改变可以通过改变 t_{on} 或 T_S 来实现。通常直流斩波电路的控制方式主要有三种。

（1）脉冲频率调制控制方式，即维持 t_{on} 不变，改变 T_S。在这种控制方式中，由于输

出电压波形的周期或频率是变化的,因此,输出谐波的频率也是变化的,这使滤波器的设计比较困难,输出波形谐波干扰严重,一般很少采用。

(2) 脉冲宽度调制控制方式,即维持 T_S 不变,改变 t_{on}。在这种控制方式中,输出电压波形的周期或频率是不变的,因此,输出谐波的频率也是不变的,这使滤波器的设计变得较为容易,并得到普遍应用。

(3) 调频调宽混合控制方式,这种控制方式不但要改变 t_{on},也要改变 T_S,其特点是可以大幅提高输出的范围,但由于频率是变化的,也存在着设计滤波器较难的问题。

3.2.2 降压斩波电路

降压斩波电路又称 buck 斩波电路,该电路的特点是输出电压比输入电压低,而输出电流则比输入电流高。也就是通过该电路的变换可以将直流电源电压转换为低于其值的输出直流电压,并实现电能的转换。

降压斩波电路的拓扑结构如图 3-13 (a) 所示。图 3-13 (a) 中 S 是开关器件,可根据应用需要选取不同的电力电子器件,如 IGBT、MOSFET、GTR 等。L、C 为滤波电感和电容,组成低通滤波器,R 为负载,VD 为续流二极管。当 S 断开时,VD 为 i_L 提供续流通路。E 为输入直流电压,U_o 为输出电压平均值。当选用 IGBT 作为开关器件时,降压斩波电路如图 3-15 (b) 所示。

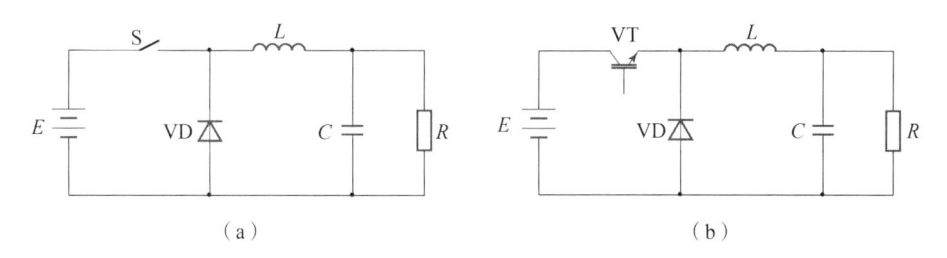

图 3-13 降压斩波电路

降压斩波电路输出电压平均值为

$$U_o = \frac{1}{T}\int_0^{t_{on}} u_o \mathrm{d}t = \frac{t_{on}}{T}E = \alpha E \qquad (3-7)$$

3.2.3 升压斩波电路

升压斩波电路又称 boost 斩波电路,用于将直流电源电压变换为高于其值的直流输出电压,实现能量从低压侧电源向高压侧负载的传递。采用 IGBT 作为开关器件的电路如图 3-14 所示。

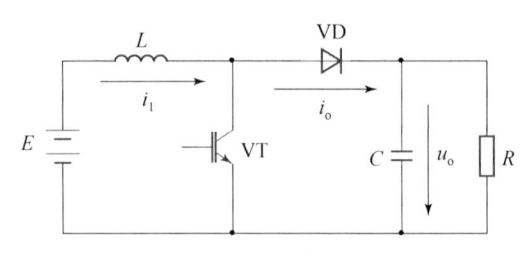

图 3-14 升压斩波电路

分析升压斩波电路的工作原理时,应假设电路中的电感 L 很大,电容 C 也很大。当 VT 导通时,电源 E 向电感 L 充电,充电电流基本恒定为 i_1,同时电容 C 上的电压向负载 R 供电,因 C 值很大,因此,能基本保持输出电压为恒定值,记为 u_o。VT 的导通时间为 t_{on},此阶段电感上积蓄的能量为 Ei_1t_{on}。当 VT 处于关断时间 t_{off},电感 L 释放的能量为 $(u_o-E)i_1t_{off}$。当电路工作于稳态时,一个周期 T 内电感 L 积蓄的能量与释放的能量相等,即

$$Ei_1t_{on} = (u_o - E)i_1t_{off} \tag{3-8}$$

则

$$u_o = \frac{t_{on}+t_{off}}{t_{off}}E = \frac{T}{t_{off}}E \tag{3-9}$$

式中,$T/t_{off} \geq 1$,输出电压高于电源电压,因此,该电路称为升压斩波电路或升压变换器。

在式 (3-9) 中,$\frac{T}{t_{off}}$ 为升压比,调节其大小,就可以改变输出电压 u_o 的大小。将导通占空比记为 α,其倒数记为 β,即 $\beta = \frac{t_{off}}{T}$,则 β 与导通占空比 α 的关系为

$$\alpha + \beta = 1 \tag{3-10}$$

因此,式 (3-9) 可表示为

$$u_o = \frac{1}{\beta}E = \frac{1}{1-\alpha}E \tag{3-11}$$

升压斩波电路之所以能使输出电压高于电源电压,关键有两个原因:一是电感 L 储能之后具有使电压泵升的作用;二是电容 C 可将输出电压保持住。在上面的分析中,VT 处于导通时,因电容 C 的作用使输出电压 u_o 保持不变,但实际上 C 的值不可能为无穷大,在此阶段电容 C 向负载放电,u_o 会有所下降,实际输出电压会略低于理论计算结果,不过在电容 C 的值足够大时,产生的误差很小,基本可以忽略。

如果忽略电路中的损耗,则电源提供的能量全部由负载消耗,即

$$Ei_1 = u_oi_o \tag{3-12}$$

该式表明,和降压斩波电路一样,升压斩波电路也可以看成直流变压器。

根据电路结构,并结合式(3-11)可以得到输出电流的平均值 i_o 为

$$i_o = \frac{u_o}{R} = \frac{1}{\beta}\frac{E}{R} \tag{3-13}$$

由式(3-12)即可得出电源电流 i_1 为

$$i_1 = \frac{u_o}{E}I_o = \frac{1}{\beta^2}\frac{E}{R} \tag{3-14}$$

3.2.4 升降压斩波电路

升降压斩波电路又称 buck-boost 斩波电路,它是一种既可以升压,又可以降压的变换电路。用 IGBT 作为开关器件的电路如图 3-15 所示。电路中的电感 L 很大,电容 C 也很大,使电感电流 i_L 和电容电压即输出电压基本保持恒定。

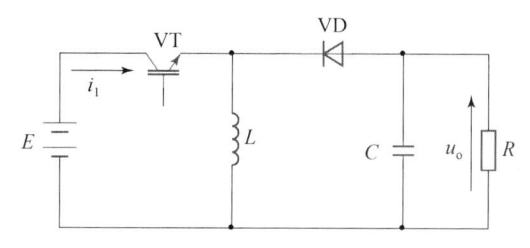

图 3-15 升降压型斩波电路

升降压斩波电路的工作原理:当 VT 导通时,电源经 VT 向电感 L 供电使其储存能量,此时电流为 i_1;同时电容 C 维持输出电压基本恒定并向负载 R 供电。当 VT 关断时,电感 L 中储存的能量向负载释放,放电电流为 i_2。通过电路图分析可知,负载电压极性为下正上负,与电源电压极性相反,与前述的降压斩波电路和升压斩波电路的输出电压极性相反。因此,该电路称为反极性斩波电路。

稳态时,一个周期 T 内电感 L 两端电压 u_L 对时间的积分为零,即

$$\int_0^T u_L = 0 \tag{3-15}$$

当 VT 处于导通时间时,$u_L = E$;当 VT 处于关断时间时,$u_L = -u_o$。则

$$Et_{on} = u_o t_{off} \tag{3-16}$$

所以输出电压为

$$u_o = \frac{t_{on}}{t_{off}}E = \frac{t_{on}}{1-t_{on}}E = \frac{\alpha}{1-\alpha}E \tag{3-17}$$

若改变导通占空比 α,则输出电压既可以比电源电压高,也可以比电源电压低。当 $0 < \alpha < 1/2$ 时为降压,当 $1/2 < \alpha < 1$ 时为升压,因此,将该电路称为升降压斩波电路或升降压变换器。

当电流脉动足够小，电源电流 i_1 和负载电流 i_2 的平均值 I_1 和 I_2 的关系为

$$\frac{I_1}{I_2} = \frac{t_{on}}{t_{off}} \quad (3-18)$$

由式（3-18）可得

$$I_2 = \frac{t_{off}}{t_{on}} I_1 = \frac{1-\alpha}{\alpha} I_1 \quad (3-19)$$

如果 VT、VD 为没有损耗的理想开关器件时，则

$$EI_1 = U_o I_2 \quad (3-20)$$

其输入功率和输出功率相等，亦可将该电路看作直流变压器。

3.2.5 DC/DC 变换器的应用

在直流驱动电动机的功率小于 5 kW 的纯电动汽车（观光车、巡逻车、清扫车等）动力蓄电池直接通过 DC/DC 变换器，为小型电动车辆的直流电动机提供直流电流。

在纯电动汽车、"电-电"耦合电力汽车（自行发电电动汽车、燃料电池汽车）中，在能量混合型电力系统中用升压型 DC/DC 变换器，在功率混合型电力系统中，采用双向升降压型 DC/DC 变换器，或全桥型 DC/DC 变换器。车辆在滑行或下坡制动时，驱动电机发电运行产生的电能也通过双向升降压型 DC/DC 变换器向储能电源充电。

电动汽车上的动力蓄电池向附属设备及低压蓄电池充电时，采用隔离式降压型 DC/DC 变换器。

DC/DC 工作原理

四、任务实施

任务名称：DC/DC 变换器认知			
姓名：	班级：		学号：
任务描述	假如你是一名汽车维修助理，一辆纯电动汽车的 DC/DC 模块发生故障，你的主管让你更换 DC/DC 模块。你能完成这个项目吗		
能力目标	（1）能描述 DC/DC 变换器的功用和工作原理； （2）能找到 DC/DC 变换器在实车的位置； （3）能列举 DC/DC 变换器在新能源汽车的升压和降压应用途径		
实施准备	（1）新能源汽车实训室； （2）新能源汽车 4 辆：1 辆吉利帝豪 EV450、1 辆比亚迪秦、1 辆比亚迪汉和 1 辆大众 ID6		

续表

任务名称：DC/DC 变换器认知		
姓名：	班级：	学号：
实施步骤	（1）分组：教师将学生分成 4 组，每组选出 1 名组长； （2）布置任务：教师让每一组学生分别选一辆新能源汽车，找到 DC/DC 变换器的安装位置，分析其连接线束的连接部件、电流的走向及作用并进行描述； （3）学生查阅资料，组织语言进行介绍，小组合作完成任务； （4）组员交换角色，彼此咨询和介绍。	
自我反思	在专业能力、关键能力等方面的收获或体会：	

五、任务考核

评价项目	评价内容	评价标准	分值	自我评价	平台评价	组内评价	组间评价	教师评价	汇总
素质测评	规则意识	遵守作息制度，不迟到、不早退、不旷课	10						
	分析解决问题能力	提升自我查阅资料、解决问题的能力	10						
	个人表达	口头表达能力，书面总结能力	10						
	团队合作	搜集信息、合作共事、知识共享、听取意见等方面	10						

续表

评价项目	评价内容	评价标准	分值	自我评价	平台评价	组内评价	组间评价	教师评价	汇总
专业测评	信息收集	准确记录顾客和车辆信息	10						
	知识掌握	DC/DC 变换器的工作原理与控制方式	5						
		降压斩波电路的拓扑结构图	10						
		升压斩波电路的拓扑结构图	10						
		DC/DC 变换器的应用	5						
	DC/DC 变换器介绍	DC/DC 变换器介绍是否准确	10						
	方案制订	方案制订是否合理	10						
总评		总分	100						

六、思考练习

1. 填空题

（1）DC/DC 变换器又称直流斩波器，是一种将电压恒定的直流电变换为_____可调的直流电的电力电子变流装置。

（2）直流斩波电路的控制方式主要有三种：_____、_____和_____。

2. 简答题

请列举 DC/DC 变换器在新能源汽车中的升压和降压应用途径。

任务3　AC/DC 变换器认知

一、学习目标

1. 知识目标

（1）掌握不可控整流电路的分类及原理。

（2）掌握 PWM 整流电路分类及工作原理。

2. 能力目标

（1）能描述 AC/DC 变换器的功用和工作原理。

（2）能找到 AC/DC 变换器在实车的位置。

（3）能列举 AC/DC 变换器在新能源汽车中的应用途径。

3. 素质目标

（1）培养学生逻辑思维能力。

（2）通过 AC/DC 变换器的工作状态的转变，培养学生用发展的眼光看问题。

二、任务引入

假设你是一名汽车维修助理，一辆纯电动汽车的 AC/DC 模块发生故障，你的主管让你更换 AC/DC 模块，你能完成这个项目吗？

三、知识储备

AC/DC 变换器，又称整流器，是将交流电变换成直流电的电路。大多数整流电路由变压器、整流主电路、滤波器等组成。20 世纪 70 年代以后，整流主电路多用硅整流二极管或晶闸管组成。滤波器接在主电路与负载之间，用于滤除脉动直流电压中的交流成分。变压器设置与否视具体情况而定，变压器的作用是实现交流输入电压与直流输出电压间的匹配，以及交流电网与整流电路之间的电隔离。

3.3.1　不可控整流电路

1. 单相不可控整流电路

（1）单相半波不可控整流电路。

单相半波不可控整流电路实际应用较少，但其电路简单、结构清晰，易于理解，便于深入理解整流原理。单相半波整流电路只用一个整流器件（功率二极管、晶闸管或 IGBT 等）。单相半波不控整流电路如图 3-16 所示，整流器件为功率二极管。

当电源电压 U_s 为正半周期时，二极管 VD 因承受正向电压而导通，若忽略二极管导通压降，则电源电压全部施加在负载上；当 U_s 为负半周时，二极管 VD 承受反向电压而关断，磁势负载电压为零。在电阻负载下，负载电流波形与电压相同，如图 3-17 所示。

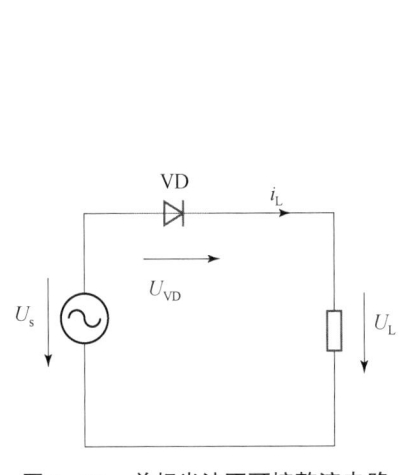

图 3-16 单相半波不可控整流电路

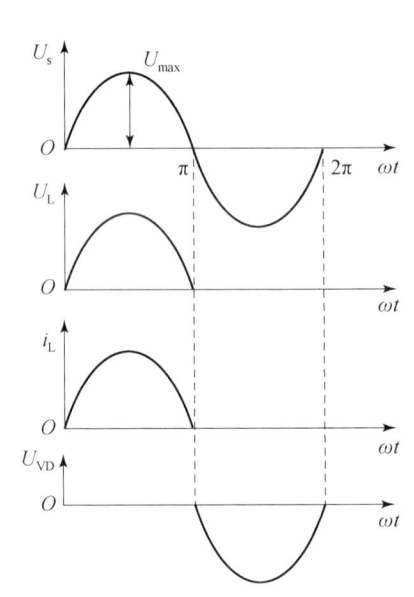

图 3-17 电压电流波形

输出平均直流电压为

$$U_o = \frac{1}{2\pi}\int_0^\pi U_{max}\sin \omega t d\omega t = \frac{U_{max}}{\pi} = \frac{\sqrt{2}U_s}{\pi} = 0.45U_s \quad (3-21)$$

式中　U_{max}——电源电压 U_s 的幅值（V），二极管承受的最大反向电压。

（2）单相桥式不可控整流电路。

单相桥式不可控整流电路如图 3-18 所示。二极管 VD_1、VD_4 串联构成一个桥臂，二极管 VD_2、VD_3 串联构成另一个桥臂。将 VD_1、VD_3 的阴极连在一起，构成共阴极连接，将 VD_2、VD_4 的阳极连在一起，构成共阳极。交流电源 U_s 与整流桥之间有变压器 T，二次侧电压为 U_1，感性负载可等效为电感 L 与电阻 R 的串联，跨接在共阳极与共阴极之间。

当 U_1 为正半周时，VD_1、VD_2 导通，$U_L = U_1$；当 U_1 为负半周时，VD_3、VD_4 导通，$U_L = -U_1$。负载得到的是电源电压的全部波形，只是将电源的负半周反转 180°加在负载上。

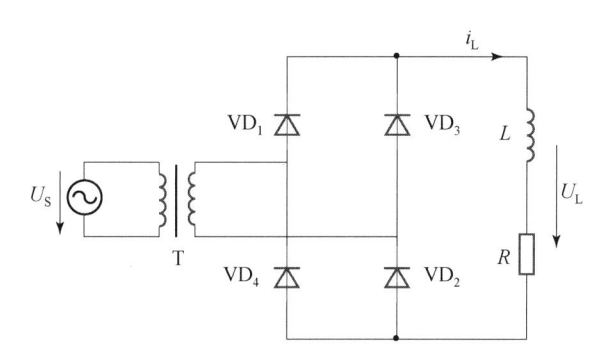

图 3-18 单相桥式不可控整流电路

$$U_o = \frac{1}{\pi}\int_0^\pi U_{max}\sin\omega t\,d\omega t = \frac{2U_{max}}{\pi} = 0.9U_1 \qquad (3-22)$$

由于是感性负载，电压过零时，负载电流不为零。当负载电感 L 足够大时，负载电流 i_L 近似为一平流直流，而变压器二次侧电流近似为交变的方波电流。在正半周时，VD_1、VD_2 导通，所以 $i_{VD1} = i_{VD2} = i_L$；VD_3、VD_4 不导通，所以 $i_{VD3} = i_{VD4} = 0$。在负半周时，VD_3、VD_4 导通，所以 $i_{VD3} = i_{VD4} = i_L$；VD_3、VD_4 不导通，所以 $i_{VD1} = i_{VD2} = 0$。

二极管承受反压的情况：U_1 正半周时，VD_1、VD_2 导通，所以 $U_{VD1} = U_{VD2} = 0$，而 $U_{VD3} = U_{VD4} = -U_1$；而 U_1 负半周时，VD_3、VD_4 导通，所以 $U_{VD3} = U_{VD4} = 0$，而 $U_{VD1} = U_{VD2} = U_1$。可见每个功率二极管承受的最大反向电压为电源电压 U_1 的幅值电压 U_{max}。

2. 三相桥式不可控整流电路

广泛应用的三相桥式不可控整流电路是从三相半波电流电路扩展而来的。三相桥式整流电路是由两组三相半波整流电路串联而成的，一组接成共阴极，另一组接成共阳极，这种整流电路不再需要变压器中点进行直接连接。

三相桥式不可控整流电路如图 3-19 所示。VD_1、VD_3、VD_5 共阴极三相半波整流，VD_2、VD_4、VD_6 共阴极三相半波整流。

三相桥式不可控整流电路工作时，共阴极的三个二极管中，阳极交流电压最高的那个二极管优先导通，而另外两个二极管因承受反压处于关断状态；同理，共阳极的三个二极管中，阴极交流电压最低的那个二极管优先导通，而另外两个二极管因承受反压处于关断状态，即在电路工作过程中，共阴极组和共阳极组中各有一个二极管处于导通状态，其工作波形如图 3-20 所示。

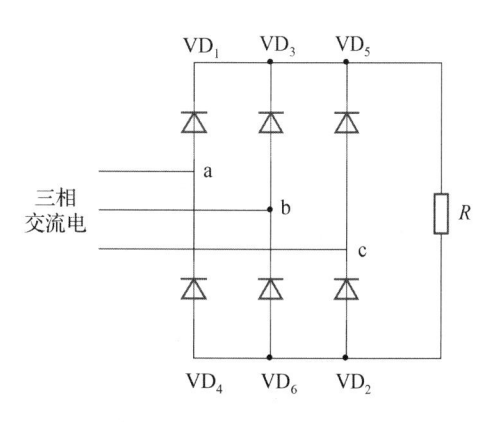

图 3-19 三相桥式不可控整流电路

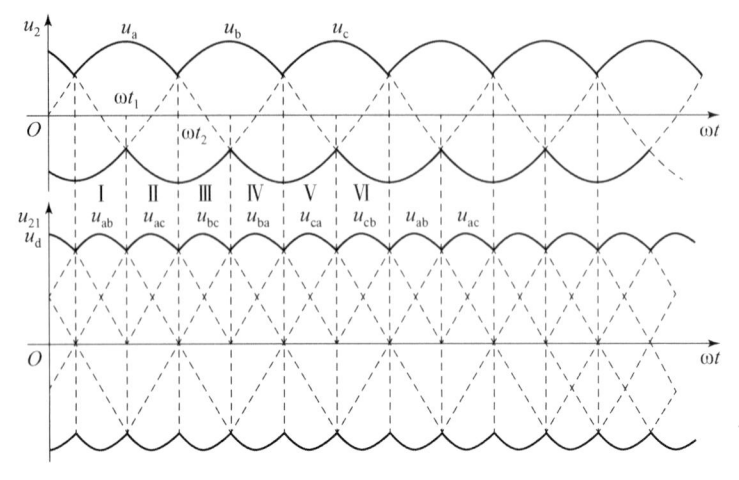

图 3－20　负载电压波形

在图示波形 Ⅰ 段中，a 相电压最高，而 b 相负值电压最低，因此，VD_1、VD_6 导通，$u_d = u_a - u_b = u_{ab}$，在 ωt_1 时刻，由于 u_c 比 u_b 更低，所以共阳极组 VD_2 导通，VD_6 承受反压而关断，此时 $u_d = u_a - u_c = u_{ac}$；在 ωt_1 时刻，由于 $u_b > u_a$，所以共阴极组 VD_3 导通，VD_1 承受反压而关断，此时 $u_d = u_b - u_c = u_{bc}$。以此类推，输出电压 u_d 为线电压中最大的一个，其波形为线电压 u_{21} 的包络线。输出电压 u_d 一个周期内脉动 6 次，每次脉动的波形都相同，因此，三相桥式整流电路又称六脉波整流电路。该整流电路的输出电压波形比单相桥式整流电路的输出电压波形更为平滑，因此更容易滤波。

在单相桥式不可控整流电路中，每个二极管承受整流电源的相电压幅值，而在三相桥式整流电路中，每个二极管要承受交流电源线电压的幅值，因此，三相桥式不可控整流电路中的二极管需要选用更高的耐压值。

3.3.2　PWM 整流电路

PWM 整流电路由全控性功率开关器件构成，采用脉冲宽度调制控制方式。PWM 整流电路不是传统意义上的 AC/DC 变换器，而是一种能够实现电能双向变换的电路，当 PWM 整流电路从电网接收电能时，工作于整流状态；当 PWM 整流电路向电网反馈电能时，则工作于有缘逆变状态。根据不同的分类，PWM 整流电路有不同的类型。按电路的拓扑结构和外特性，PWM 整流电路可分为电压型和电流型，两者的区别在于直流侧滤波形式的不同，电压型整流电路采用大电容，电流型整流电路则采用大电感。电压型 PWM 整流电路更为广泛。

1. 单相电压型 PWM 整流电路

单相电压型 PWM 整流电路最初应用于电力机车交流传动系统中，为牵引变流器提供直流电源。单相电压型 PWM 整流电路如图 3－21 所示，每个桥臂由一个全控器件和反并联的整流二极管组成。L_1 为交流侧附加的电抗器（电路的电感），起平衡电压、支撑无功功率和储存能量的作用。u_N 是正弦波电网电压，U_d 是整流电路的直流侧输出电压；u_s 是交流侧输入电压，为 PWM 控制方式下的脉冲波，其基波与电网电压同频率，幅值和相位可控；i_L 是 PWM 整流器从电网吸收的电流。电网可以通过整流二极管 $VD_1 \sim VD_4$ 完成能量从交流侧向直流侧的传递，也可以经全控器件 $VT_1 \sim VT_4$ 从直流侧逆变为交流，反馈给电网。所以 PWM 整流器的能量变换是双向的，而能量的传递趋势是整流还是逆变，主要取决于 $VT_1 \sim VT_4$ 的脉宽调制方式。

图 3-21 中的串联型滤波器 L_2、C_2，其谐振频率是基波频率的 2 倍，从而可以短路掉交流侧的偶次谐波。

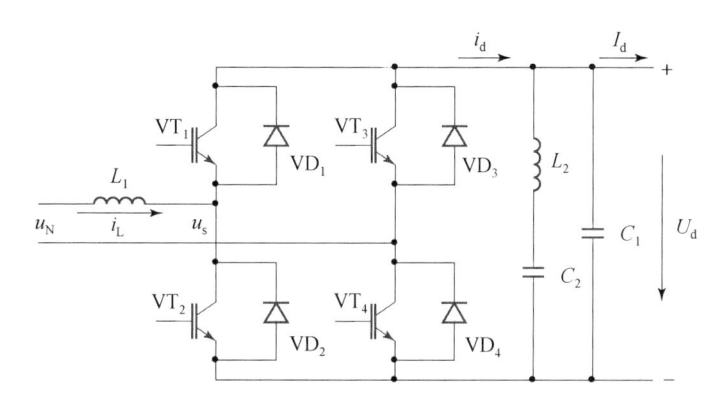

图 3-21 单相电压型 PWM 整流电路

2. 三相电压型 PWM 整流电路

三相电压型 PWM 整流电路如图 3-22 所示。这是最基本的 PWM 整流电路，应用也最广泛。u_a、u_b、u_c 为交流侧电源电压，i_a、i_b、i_c 为交流侧电源电流，L 为电抗器，C 为直流侧滤波电容。

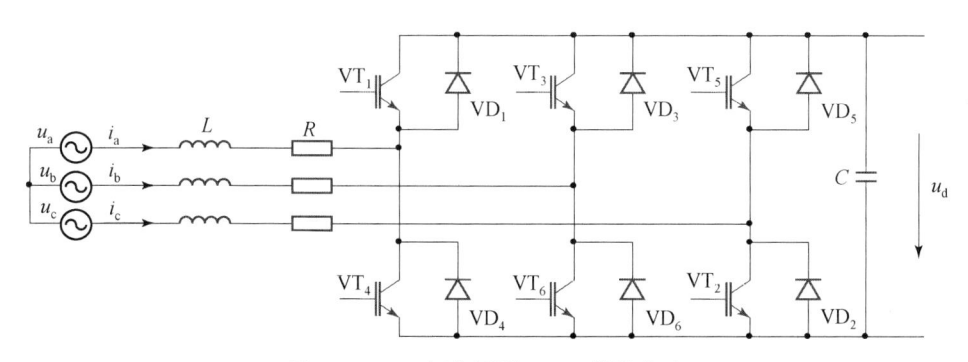

图 3-22 三相电压型 PWM 整流电路

三相电压型 PWM 整流电路具有更快的响应速度和更好的输入电流波形。当稳态工作时，输出电流电压不变，开关器件按正弦规律脉宽调制，整流器交流侧的输出电压与逆变器相同，忽略整流电路输出交流电压的谐波，变换器可以看作是可控正弦三相电压源，它和正弦的电网高电压共同作用于输入电感，产生正弦电流波形，适当控制整流电路输出电压的幅值和相位，就可以获得所需大小和相位的输入电流。

三相电流型 PWM 整流电路如图 3-23 所示。由该图可知，L_d 为整流侧大电感，用于稳定输出电流，使输出特性为电流源特性，利用正弦调制方式控制直流电流在各开关器件上的分配，使交流电流波形接近正弦波，且和电源电压同相位，在交流侧电容的作用下滤除与开关频率相关的高次谐波。

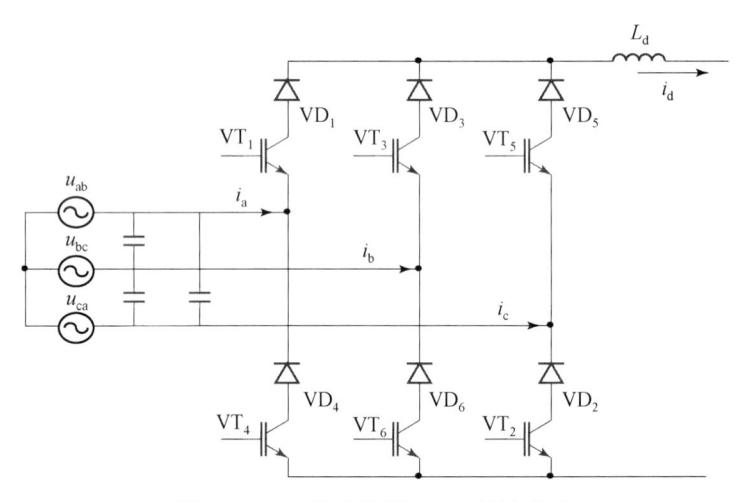

图 3-23 三相电流型 PWM 整流电路

电流型整流电路的优点如下。

①由于输出电感的作用，短路时电路的上升速度受到限制。

②开挂器件直接对直流电流进行脉宽调制，所以输入电流控制简单，控制速度宽。

电流型整流电路具有以下缺点。

①直流侧电感的体积、质量和功耗较大。

②常用的全控器件都是双向导通的，使主电路通态损耗较大。

PWM 整流电路改善了传统晶闸管相控整流电路中交流侧谐波电流较大，深度相控时功率因数较低的缺点。PWM 整流电路采用全控器件可以实现理想化的交直流变换，具有输出直流电压可调，交流侧电流波形为正弦、功率因数可调、可双向变换等优点。

车载充电机是整流电路在新能源汽车上的典型应用，其功能是将电网单相交流电变换为直流电给动力蓄电池充电。为了提高电路的功率因数，减小设备体积，达到比较理想的输出效果，一般是整流电路和其他结构的电路形式相结合，完成电能变换。车载充电机电路结构如图 3-24 所示。

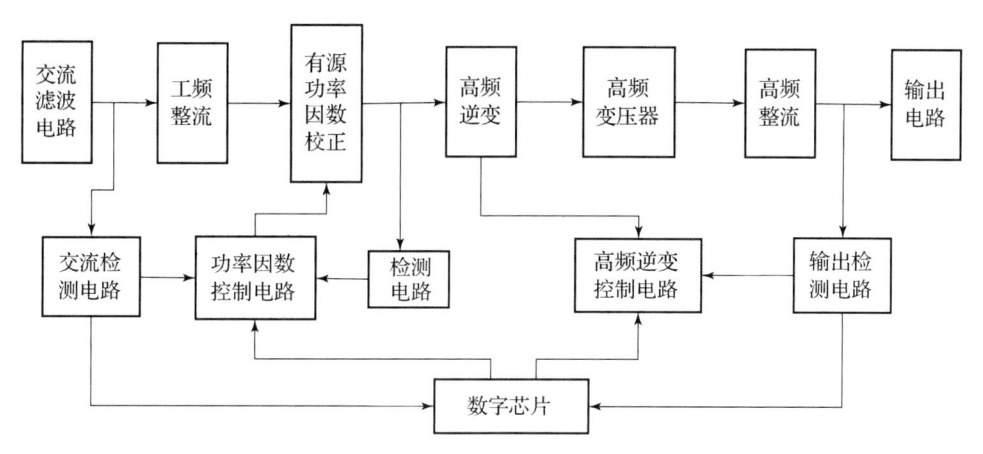

图 3-24　车载充电机电路结构

AC/DC 线性电源与开关电源的对比

四、任务实施

任务名称：AC/DC 变换器认知			
姓名：	班级：		学号：
任务描述	假如你是一名汽车维修助理，一辆纯电动汽车的 AC/DC 模块发生故障，你的主管让你更换 AC/DC 模块。你能完成这个项目吗		
能力目标	（1）能描述 AC/DC 变换器的作用和工作原理； （2）能找到 AC/DC 变换器在实车的位置； （3）能列举 AC/DC 变换器在新能源汽车的应用途径		
实施准备	（1）新能源汽车实训室； （2）新能源汽车 4 辆：1 辆吉利帝豪 EV450、1 辆比亚迪秦、1 辆比亚迪汉和 1 辆大众 ID.6		
实施步骤	（1）分组：教师将学生分成 4 组，每组选出 1 名组长； （2）布置任务：教师让每一组学生分别选一辆新能源汽车，找到 AC/DC 变换器的安装位置，分析其连接线束的连接部件、电流的走向及作用并进行描述； （3）学生查阅资料，组织语言进行介绍，小组合作完成任务； （4）组员交换角色，彼此咨询和介绍		

续表

任务名称：AC/DC 变换器认知		
姓名：	班级：	学号：
自我反思	在专业能力、关键能力等方面的收获或体会：	

五、任务考核

评价项目	评价内容	评价标准	分值	自我评价	平台评价	组内评价	组间评价	教师评价	汇总
素质测评	规则意识	遵守作息制度，不迟到、不早退、不旷课	10						
	分析解决问题能力	提升自我查阅资料、解决问题能力	10						
	个人表达	口头表达能力，书面总结能力	10						
	团队合作	搜集信息、合作共事、知识共享、听取意见等方面	10						
专业测评	信息收集	准确记录顾客和车辆信息	10						
	知识掌握	AC/DC 变换器的分类	5						
		AC/DC 变换器的工作原理	10						
		AC/DC 变换器在实车的位置	10						
		AC/DC 变换器的应用	5						
	AC/DC 变换器介绍	AC/DC 变换器介绍是否准确	10						
	方案制订	方案制订是否合理	10						
总评		总分	100						

六、思考练习

1. 填空题

（1）AC/DC 变换器，又称＿＿＿＿＿＿＿＿，是将交流电源变换成直流电的电路。大多数整流电路由变压器、整流主电路、滤波器等组成。

（2）不可控整流电路一般分为两种：＿＿＿＿＿＿＿＿和＿＿＿＿＿＿＿＿。其中单相不可控整流电路又分为＿＿＿＿＿＿＿＿和＿＿＿＿＿＿＿＿。

2. 简答题

请列举 AC/DC 变换器在新能源汽车中的应用途径。

任务 4　DC/AC 变换器认知

一、学习目标

1. 知识目标

（1）掌握电压型 DC/AC 变换器的电路结构。

（2）掌握三相桥式逆变电路的基本参数。

（3）掌握电流型 DC/AC 变换器的电路结构。

2. 能力目标

（1）能描述 DC/AC 变换器的功用和工作原理。

（2）能找到 DC/AC 变换器在实车的位置。

（3）能列举 DC/AC 变换器在新能源汽车中的应用途径。

3. 素质目标

（1）培养学生逻辑思维能力。

（2）通过 DC/AC 变换器的工作状态的转变，培养学生用发展的眼光看问题。

二、任务引入

假设你是一名汽车维修助理,一辆纯电动汽车的 DC/AC 变换器发生故障,你的主管让你更换 DC/AC 变换器。你能完成这个项目吗?

三、知识储备

DC/AC 变换器,又称逆变器,是应用电力电子器件将直流电转换成交流电的一种变流装置,供交流负载用电或向交流电网并网发电。随着石油、煤炭和天然气等传统能源的日益减少,新能源的开发和利用越来越受到重视,逆变器有了更广泛的应用。逆变技术可以将蓄电池、太阳能电池和燃料电池等通过新能源技术获得的电能变换成交流电以满足对电能的需求,因此,逆变技术对于新能源的开发和利用起着重要的作用。

3.4.1 电压型 DC/AC 变换器

1. 电路结构

三相电压型 DC/AC 变换器电路如图 3-25 所示,在直流电源 U_d 电路上并联电容 C_d,直流侧电压基本无脉动;逆变器采用 6 个功率开关器件 $VT_1 \sim VT_6$ 和 6 个分别与其反并联的续流二极管 $VD_1 \sim VD_6$ 共同构成的 IGBT 功率模块,也可以采用其他全控器件。这种结构每相输出有两种电平,因此,又称两电平逆变电路。

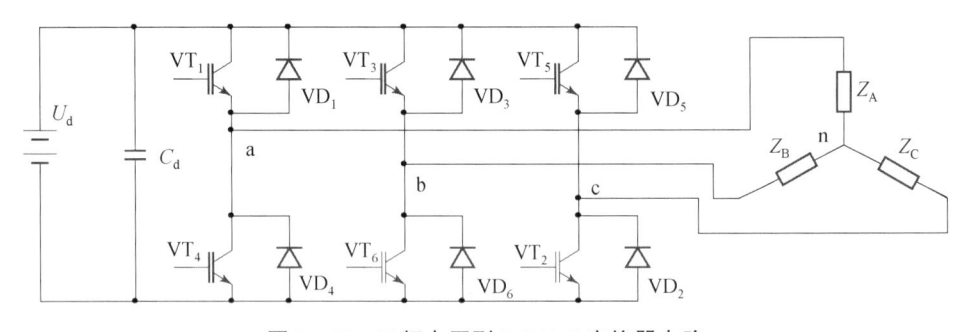

图 3-25 三相电压型 DC/AC 变换器电路

从电路结构上看,如果把三相负载 Z_A、Z_B、Z_C 作为三相整流电路变压器的三个绕组,那么三相桥式逆变电路即三相桥式可控整流电路与三相桥式不可控整流电路的反并联。其中,可控电路用来实现直流到交流的逆变功能,不可控电路为感性负载电流提供续流回路,完成电流续流或能量反馈。因此,二极管 $VD_1 \sim VD_6$ 称为续流二极管或反馈二极管。这种三相桥式逆变电路在交流电动机变频调速系统得到了广泛的应用。

三相桥式逆变电路开关器件的导通次序和整流电路一样,也是 VT₁、VT₂、VT₃…各器件的驱动信号依次互差 60°。根据各器件导通时间的长短,分为 180°导通型和 120°导通型两种。对于瞬时完成环流的理想情况,180°导通型的逆变电路在任意时刻都有三支管导通,每个开关周期内各管导通的角度为 180°。同相上下两桥臂中的两支管称为互补管,他们轮流导通,如 A 相中的 VT₁ 和 VT₄ 各导通 180°,同时相位也差 180°,不会因 VT₁ 和 VT₄ 同时导通而引起电源短路。因此,180°形三相桥式逆变电路导通间隔 60°,各管的导通情况依次是 VT₁、VT₂、VT₃,VT₂、VT₃、VT₄,VT₃、VT₄、VT₅,…,VT₅、VT₆、VT₁,如此反复。120°导通型逆变电路各管导通 120°任意时刻有两只不同相的管导通,同一桥臂中的两只管不是互补导通,而是有 60°的时间间隔,所以逆变电路的各管导通间隔 60°,按 VT₁、VT₂,VT₂、VT₃,VT₃、VT₄,…,VT₆、VT₁ 的顺序导通。当某相中没有管导通时,该相的感性电流经续流二极管导通。

2. 三相桥式逆变电路的基本参数

对 180°导通型三相桥式逆变电路进行分析,每隔 60°的时段,其相电压、线电压、输出等效电路如表 3-1 所示。

表 3-1　180°导通型三相桥式逆变电路参数分析

时段		0°~60°	60°~120°	120°~180°	180°~240°	240°~270°	270°~360°
导通管号		1、2、3	2、3、4	3、4、5	4、5、6	5、6、1	6、1、2
相电压	u_{AO}	$+\frac{1}{3}U_d$	$-\frac{1}{3}U_d$	$-\frac{2}{3}U_d$	$-\frac{1}{3}U_d$	$+\frac{1}{3}U_d$	$+\frac{2}{3}U_d$
	u_{BO}	$+\frac{1}{3}U_d$	$+\frac{2}{3}U_d$	$+\frac{1}{3}U_d$	$-\frac{1}{3}U_d$	$-\frac{2}{3}U_d$	$-\frac{1}{3}U_d$
	u_{CO}	$-\frac{2}{3}U_d$	$-\frac{1}{3}U_d$	$+\frac{1}{3}U_d$	$+\frac{2}{3}U_d$	$+\frac{1}{3}U_d$	$-\frac{1}{3}U_d$
线电压	u_{AB}	0	$+U_d$	$-U_d$	0	$+U_d$	$+U_d$
	u_{BC}	$+U_d$	$-U_d$	0	$-U_d$	$-U_d$	0
	u_{CA}	$-U_d$	0	$+U_d$	$+U_d$	0	$-U_d$

假设三相负对称,即 $Z_A = Z_B = Z_C$。以下对 0°~60°时段的电路工作原理进行分析。

在 0°~60°时段,IGBT（或其他全控型电力电子器件）VT₁、VT₂、VT₃ 同时导通,A 相和 B 相负载 Z_A、Z_B 都与电源正极连接,C 相负载 Z_C 与电源负极连接。由于三相负载对称,取负载中心点为电压基准点,则 A 相的电压 u_{AO} 和 B 相的电压 u_{BO} 相等,均为 $+\frac{1}{3}U_d$,

C 相电压为 $-\dfrac{2}{3}U_\mathrm{d}$。

同理，在 60°~120°时段，VT$_1$ 关断，VT$_2$、VT$_3$、VT$_4$ 导通，Z_B 与电源正极连接，Z_A 与 Z_C 与电源负极连接，故 $u_\mathrm{BO} = +\dfrac{2}{3}U_\mathrm{d}$，$u_\mathrm{AO} = u_\mathrm{CO} = -\dfrac{1}{3}U_\mathrm{d}$，依此类推可得一个周期内其他时段的各相电压。最终得出任何一相的相电压的波形为六阶梯波，u_BO 滞后 u_AO120°，u_CO 滞后 u_BO120°，如图 3-26（a）所示。

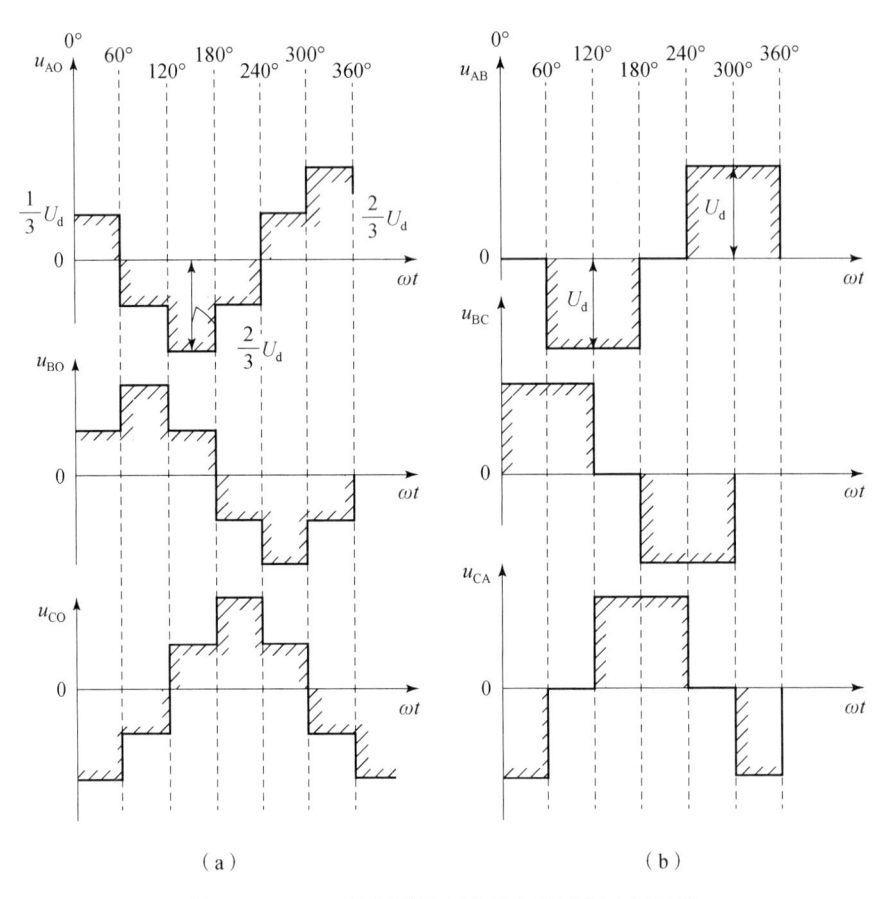

图 3-26　180°导通型三相逆变电路输出电压波形

线电压的表达式为

$$u_\mathrm{AB} = u_\mathrm{AO} - u_\mathrm{BO} \tag{3-23}$$

$$u_\mathrm{BC} = u_\mathrm{BO} - u_\mathrm{CO} \tag{3-24}$$

$$u_\mathrm{CA} = u_\mathrm{CO} - u_\mathrm{AO} \tag{3-25}$$

线电压波形为 120°的矩形波，各线电压依次相差 120°，如图 3-26（b）所示。

当逆变电路按 120°导通方式工作时，如在 0°~60°，VT$_6$、VT$_1$ 导通，则 Z_A、Z_B 连接电源的正负极，Z_C 不通电，则 $u_\mathrm{AO} = +\dfrac{1}{2}U_\mathrm{d}$，$u_\mathrm{BO} = -\dfrac{1}{2}U_\mathrm{d}$，$u_\mathrm{CO} = 0$。在 60°~120°时段，

VT$_1$、VT$_2$ 导通，Z_A、Z_C 分别连接电源的正负极，Z_B 不通电；则 $u_{AO} = +\frac{1}{2}U_d$，$u_{BO} = 0$，$u_{CO} = -\frac{1}{2}U_d$。以此类推，可以得到相电压与线电压波形，如图 3-27 所示。与 180°导通型逆变电路输出相反，该相电压为矩形波，而线电压为六阶梯波。

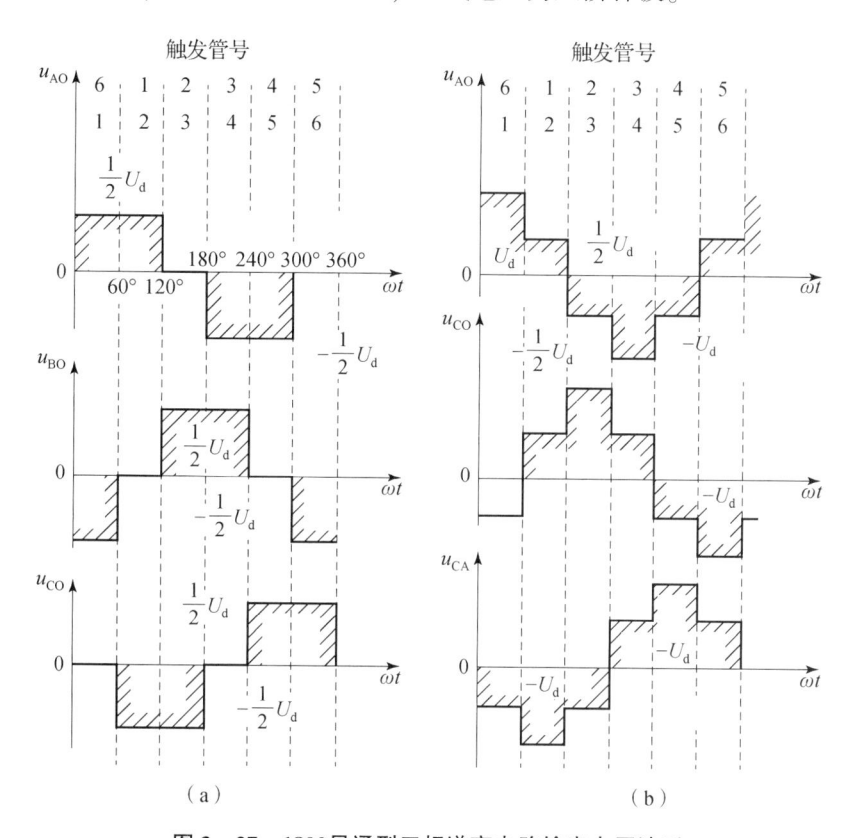

图 3-27　180°导通型三相逆变电路输出电压波形

逆变器采用 120°导通方式时，由于同一桥臂中上下两开关管有 60°的导通间隙，对换流的安全有利，但管的利用率较低，并且若电动机采用Y形接法，则始终有一相绕组断开，在换流时该相绕组中会引起较高的感应电动势，需要采取过电压保护措施。而 180°导通方式无论电动机Y形接法或是△形接法，正常工作时不会引起过电压。因此，对于电压型逆变器，180°导通方式应用较为广泛。

3.4.2　电流型 DC/AC 变换器

三相电流型逆变电路如图 3-28 所示，在电流电源 U_d 上串联大电感，电流基本无脉动，相当于电流源；大电感能起到缓冲无功能量的作用，则不必给开关器件反并联功率二极管。

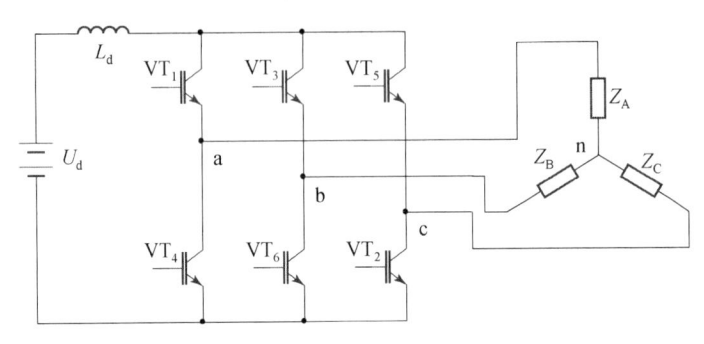

图 3 - 28 三相电流型逆变电路

在输入直流电流的每个周期中，按照一定的规律控制开关器件的导通与关断，其基本的工作方式是120°导通方式，每个桥臂在一个周期内导通120°，每个时刻上下桥臂组中各有一个臂导通，换流方式为横向换流。各开关器件通断规律如表 3 - 2 所示。

表 3 - 2　三相电流型120°导通逆变器开关器件通断规律

工作状态	各状态下导通的开关器件					
状态 1	VT6	VT1	—	—	—	—
状态 2	—	VT1	VT2	—	—	—
状态 3	—	—	VT2	VT3	—	—
状态 4	—	—	—	VT3	VT4	—
状态 5	—	—	—	—	VT4	—
状态 6	VT6	—	—	—	—	VT5

在新能源汽车上装配有多种采用交流电动机驱动的辅助设备，如空压机、空调系统的压缩机，转向助力器等，它们的电源来自动力蓄电池或燃料电池组。需要小型的 DC/AC 变换器将直流电转换为交流电后，以驱动辅助设备的电动机运行。目前新能源汽车驱动电机广泛采用交流电机，其电机控制器用功率变换电路采用三相两电平电压型逆变器实现电能变换。

拓展元素 3.4

四、任务实施

任务名称：DC/AC 变换器认知		
姓名：	班级：	学号：
任务描述	假设你是一名汽车维修助理，一辆纯电动汽车的 AC/DC 模块发生故障，你的主管让你更换 DC/AC 模块。你能完成这个项目吗	
能力目标	（1）能描述 DC/AC 变换器的作用和工作原理； （2）能找到 DC/AC 变换器在实车的位置； （3）能列举 DC/AC 变换器在新能源汽车中的应用途径	
实施准备	（1）新能源汽车实训室； （2）新能源汽车 4 辆：1 辆吉利帝豪 EV450、1 辆比亚迪秦、1 辆比亚迪汉和 1 辆大众 ID.6	
实施步骤	（1）分组：教师将学生分成 4 组，每组选出 1 名组长； （2）布置任务：教师让每一组学生分别选一辆新能源汽车，找到 DC/AC 变换器的安装位置，分析其连接线束的连接部件、电流的走向及作用，并进行描述； （3）学生查阅资料，组织语言进行介绍，小组合作完成任务； （4）组员交换角色，彼此咨询和介绍	
自我反思	在专业能力、关键能力等方面的收获或体会：	

五、任务考核

评价项目	评价内容	评价标准	分值	自我评价	平台评价	组内评价	组间评价	教师评价	汇总
素质测评	规则意识	遵守作息制度，不迟到、不早退、不旷课	10						
	分析解决问题能力	提升自我查阅资料、解决问题的能力	10						
	个人表达	口头表达能力，书面总结能力	10						
	团队合作	搜集信息、合作共事、知识共享、听取意见等方面	10						
专业测评	信息收集	准确记录顾客和车辆信息	10						
	知识掌握	DC/AC 变换器的分类	5						
		DC/AC 变换器的工作原理	10						
		DC/AC 变换器在实车的位置	10						
		DC/AC 变换器的应用	5						
	DC/AC 变换器介绍	DC/AC 变换器介绍是否准确	10						
	方案制订	方案制订是否合理	10						
总评		总分	100						

六、思考练习

1. 填空题

（1）DC/AC 变换器，又称＿＿＿＿＿＿＿＿，是应用电力电子器件将直流电转换成交流电的一种变流装置，供交流负载用电或向交流电网并网发电。

（2）DC/AC 变换器一般分为两种：＿＿＿＿＿＿＿＿和＿＿＿＿＿＿＿＿。

2. 简答题

请列举 DC/AC 变换器在新能源汽车中的应用途径。

项目 4　功率变换器应用技术分析

功率变换器在新能源汽车上有着至关重要的应用，如车载充电机、电机控制器、DC/DC 变换器等，主要完成不同环节的电能变换任务。以电机控制器为例，功率变换器主要包括功率电路、驱动和保护、控制电路三大部分。其中：功率电路进行能量的变换，将动力蓄电池的直流电转换为驱动电机所需的交流电；驱动与保护对功率电路进行驱动控制与故障保护；控制电路完成对驱动电机转速和转矩的控制，达到车辆运行的要求。

任务 1　功率电路分析

一、学习目标

1. 知识目标

（1）掌握新能源汽车功率模块特点。

（2）掌握选择功率模块的依据。

（3）掌握设计功率电路时电解电容的选择依据。

（4）掌握薄膜电容与电解电容的区别。

（5）掌握功率母排（复合母排）的特点、结构及选择依据。

（6）掌握电力电子模块集成技术的集成方式。

2. 能力目标

（1）能描述功率模块的应用技术。

（2）能描述电容的应用技术。

（3）能介绍功率母排技术。

(4) 能列举电力电子模块集成技术。

3. 素质目标

(1) 培养学生逻辑思维能力。

(2) 培养学生沟通表达能力。

(3) 通过功率电路先进专利技术的学习，培养学生精益求精的大国工匠精神。

二、任务引入

车载充电机、电动机控制器和 DC/DC 变换器都用到了功率电路，如电动机控制器功率电路将动力蓄电池的直流电转换为驱动电机所需的交流电，实现能量转换。功率电路结构是什么样的？在设计功率电路时，各部件的选用要考虑哪些因素？这些都是汽车设计及维修服务技师必须要掌握的问题。相信通过下面的学习，你会找到答案。

三、知识储备

功率电路主要包括功率模块、电容、功率母排和散热系统等部件。这几个部件的性能和可靠性直接决定着汽车的整体性能。因此，对各个部件的性能及关键技术进行深入了解，才能设计出性能良好的功率电路。

4.1.1 功率模块应用技术

新能源汽车在运行过程中的高温、振动等因素对功率模块的性能提出了更高的要求。IGBT 以其输入阻抗高、开关速度快、通态电压低、阻断电压高、可承受电流大等特点，已成为功率变换器设计的主流器件。在一些低压大电流的场合，功率 MOSFET 也有着广泛的应用。

与工业用功率模块相比较，新能源汽车用功率模块有以下特点。

(1) 宽温度特性。

根据设计要求的不同，电动机控制器、车载充电机等装置可能放置在汽车行李箱或前舱盖下等密闭的空间中。对于功率模块来说，一个重要的技术指标就是在不降低模块性能或缩减其使用寿命的前提下，功率模块可以在环境温度达到 105℃ 的情况下正常运行。

(2) 复杂的运行工况。

不同于工业用电动机，新能源汽车运行工况更加复杂 (表 4-1)。例如，车辆频繁起动、停止、加速、减速等运行状态；这些情况下，施加在功率模块上的电压、电流并非一个恒定值，而是随着车辆的不同状态而反复变化，并且有冲击大电压、大电流出现。相应地，功率模块应能够适应复杂的运行工况，在电压、电流的循环冲击下能可靠地运行。

（3）高可靠性要求。

车用功率模块必须和汽车寿命周期保持一致，对于 IGBT、MOSFET 等功率器件的耐久性提出了更高的要求，通常功率模块的寿命为 15 年及以上。

表 4-1 工业用功率模块与汽车用功率模块的差异

指标	工业用	汽车用
环境温度/℃	-40~85	-40~85
冷却水温度/℃	-40~70	-40~105
功率器件结温/℃	125	175
温度循环	100 次循环 低温：-40℃；高温：125℃	100 次循环 低温：-40℃；高温：125℃
间歇工作循环 （功率循环）	15 000 次循环 管芯结温 $\Delta T_j = 100$ ℃	30 000 次循环 管芯结温 $\Delta T_j = 100$ ℃
热疲劳循环 （功率循环）	没有要求	10 000 次循环 管芯结温 $\Delta T_C = 80$ ℃
振动加速度/(m·s^{-2})	100	200

影响功率模块失效的主要因素包括功率循环、热循环及振动等，随着工作循环次数的增加，功率器件的结合点容易出现失效。

如何选择合适的功率器件以适应不同电动机及其驱动系统，是决定变功率变换器性能的关键因素。选择功率模块主要考虑以下几个方面。

（1）额定电压和额定电流。

对于大多数 A0 级及以上的新能源汽车而言，除了混合度较小的混合动力汽车之外，车辆的动力蓄电池的额定电压一般为 300 V 左右，制动或充电过程中，蓄电池电压有可能上升至 400 V 以上。选择功率模块的额定电压时，主要考虑充电结束电压和最大允许电压。所以，对于这一类车辆的功率器件的额定电压一般选为 600 V 或以上的电压等级。

功率器件的额定电流主要由电动机的功率和器件并联的数目所决定。由于器件工作温度的限制，额定电流一般是通过电动机的峰值功率或峰值转矩对应的交流电流峰值来计算，考虑其他安全因素，选择功率模块的额定电流通常为交流电流峰值的 1.3~1.5 倍。当采用多个功率器件并联时，可以选择额定电流较小的器件。但是，为了解决均流的问题，并联的功率器件必须一致。

(2) 开关频率和开关损耗。

开关频率的增大可以提高装置的功率密度及减小滤波器的尺寸，减小或取消缓冲电路，进而减小整个功率变换器的体积和质量，提高变换器的整体效率。效率的提高对新能源汽车有至关重要的影响；如果驱动系统能得到1%的额外能量，那么车辆就可以多行驶数千米。但是，在硬开关PWM变换器中，随着开关频率的上升，开关损耗也会成比例地增加，反而会使电路效率大幅降低；另外，还会产生严重的电磁干扰（electromagnetic interference，EMI）噪声，采用高频软开关技术可以很好地解决这些问题。在谐振软开关电路中，功率器件在零电压或零电流条件下通断，理论上开关损耗为零。在直流环节谐振变换器中，开关频率可以达到200 kHz，而开关损耗却非常小。虽然谐振软开关电路有诸多优点，但是，它离实际应用还有一定的差距。目前，在新能源汽车中仍然采用硬开关PWM变换器。从实用角度来看，5~15 kHz的开关频率对于效率、噪声和电磁干扰是比较合适的。

(3) 动态特性和器件保护。

功率器件应该有高耐 du/dt（20 000 V/μs）和 di/dt（10 000 A/μs）能力。器件的驱动功率应该尽量小，这就要求器件的输入电容很小，输入阻抗必须非常高（几兆欧以上）。与功率器件反并联的续流二极管应该有和主开关器件一样的动态特性，如低的反向恢复时间和相同的电压、电流能力。器件的可靠性直接关系到新能源汽车的可靠性和安全性，当器件承受最大的允许电压时，它应该具有承受适量过电压的能力。另外，器件还应该具有一定的 I^2t 承受能力。在硬开关PWM变换器中，器件在安全工作区（safety operation area，SOA）应该是矩形的，由最大电压和最大电流构成。器件保护电路的设计至为关键，在任何情况下，如果通过器件的电流超过额定最大值，保护电路就必须动作关断器件。

(4) 成本

功率模块的价格在整个功率变换器中占的比例可达30%~40%。由于新能源汽车造价不菲，所以应该尽可能选择性价比高的器件。

4.1.2 电容应用技术

滤波电容是功率变换装置功率回路的一个极为重要的元件，整流电源中运用滤波电容作为整流环节，车载功率变换器多采用滤波电容作为滤波和储能环节，因此，滤波电容容量的选择直接影响着整机的性能。

1. 电解电容

早期的滤波电容通常采用电解电容。由于电解电容等效电感和等效电阻的存在，使电解电容工作于高频状态的等效容量迅速下降，严重时将影响功率变换器的性能。同时，高频下电解电容的纹波电流在等效电阻的作用下的发热及对电解电容寿命的影响变得不容忽视。在功率电路的设计过程中，对于电解电容的选择，主要考虑纹波电流的等级、发热量和使用寿命这几个方面。

（1）纹波电流对电解电容发热量的影响。

随着功率器件的开关动作，功率变换器的能量直接由电容提供，当电解电容的电压低于直流母线电压时，由直流母线电压对电解电容充电。因此，电解电容在功率变换器工作过程中一直处于充放电状态。电解电容的纹波电流通常理解为电容充放电电流的交流分量，纹波电流幅值是指与纹波电流相同面积的正弦波电流的有效值。

电解电容的纹波电流是电解电容损耗和发热的主要因素。电解电容允许的纹波电流与电容允许的最高温度、工作温度及纹波电流频率相关，电解电容允许的纹波电流随温度的升高而降低，由发热引起的温升计算公式为

$$\Delta T = \frac{\Delta I_C^2 R_{ESR}}{AH} \tag{4-1}$$

式中 ΔT——电解电容的中心温升（℃），通常情况下 $\Delta T \leqslant 5$ ℃；

R_{ESR}——电解电容等效电阻；

ΔI_C——纹波电流的有效值（A）；

A——电容的表面积（cm²）；

H——电容的散热系数（对于铝电解电容，$H = 1.5 \times 10^{-3} \sim 2.0 \times 10^{-3}$（W/cm²））。

当纹波电流造成电解电容温升较大时，可以考虑采用金属电容支架，将电容的热量向散热器传输，在一定程度上可以缓解电容发热对系统的影响。

（2）纹波电流对电解电容寿命的影响。

由于电解电容等效电阻的存在，在叠加纹波电流的作用下，发热损耗将影响电容的寿命，根据阿伦尼乌斯法则，温升 10 ℃，电解电容的寿命将减小 $\frac{1}{2}$。考虑纹波电流和环境温度的电解电容寿命计算公式为

$$L = L_0 2^{\frac{T_0 - T}{t_0}} K^{\left(1 - \frac{I}{I_0}\right)\frac{\Delta T_0}{t_0}} \tag{4-2}$$

式中 T——电解电容工作温度；

T_0——电解电容的最高工作温度；

ΔT_0——最高温度下电解电容中心允许温升（℃），经验验证，$\Delta T_0 = 1 \sim 2$ ℃，取值随电解电容直径的增大而增加；

L——温度为 T 时的电解电容的寿命（h）；

L_0——工作在最高温度下的电解电容的寿命（h）；

K——纹波电流对应电解电容的寿命系数，$K = 2$ 对应工作电流在纹波电流允许范围

之内，$K=4$ 对应工作电流超过电解电容限定纹波电流的范围；

I_0——最高温度下对应的额定纹波电流的有效值（A）；

I——温度为 T 时纹波电流的有效值（A）。

根据式（4-2）得到的电解电容使用寿命，适用于环境温度超过 40 ℃ 的最高工作温度范围，但由于电解电容的加工工艺和老化等因素，实际的最大寿命一般不超过 15 年。

（3）根据纹波电流限制计算电解电容的容量。

功率变换器滤波电容容量的选择主要考虑以下三个方面的因素：①能满足期望的纹波电压的电容容量；②电容的额定电压；③电容的额定纹波电流。基于对纹波电流与电解电容发热量和寿命关系的分析，纹波电流对于功率变换器滤波电容容量的选取起着关键的约束作用。根据纹波电流最大允许值计算滤波电容容量：

$$C_\mathrm{d} \geqslant \frac{1}{2\pi f} \frac{k_1 k_2 \Delta I_\mathrm{RMS}}{\Delta U_\mathrm{d(p-p)}} \tag{4-3}$$

式中　$\Delta U_\mathrm{d(p-p)}$——滤波电容上的设计纹波电压峰值，通常为输入直流母线电压的 0.5%（V）；

ΔI_rms——电容上的最大纹波电流的有效值（A），通常最大纹波电流随着电解电容容量的增加和表面的增加而增大；

f——滤波电容的工作频率（Hz）；

k_1——工作频率增加时纹波电流系数，通常当工作频率超过 10 kHz 时，$k_1=1.4$；

k_2——相对于最高工作温度的纹波电流系数，对于最大温度为 105 ℃ 的电解电容，当正常工作温度为 80 ℃ 时，$k_2=2.0$。

对于滤波电容的选取，需要综合考虑电容的纹波电流、电容容量、寿命、工作温度范围及安装空间等因素，合理选择使用电容。

2. 薄膜电容

为进一步降低功率变换器的体积和质量，适应宽电压范围、大功率的要求，需要一个紧凑、低损耗、性价比高的 DC-Link 电容，电容电压可高达 1 000 V DC，容量值可达 3 000 μF。但是，电解电额定电压低于 500 V，且在一定的安装空间内，交流容量有限，难以满足上述工况的要求。薄膜电容的额定电压可以达到 1 000 V DC 以上，环境温度达到 105~125 ℃，并且最大化了体积填充系数，比较适用上述工况的应用。典型的用薄膜电容代替电解电容的例子是丰田的 Prius 混合动力系统。Prius Ⅰ 使用的滤波电容为电解电容，Prius Ⅱ 开始使用薄膜电容。

与电解电容相比，薄膜电容的设计和生产采用了以下专有技术。

（1）超薄金属化薄膜蒸镀技术。

DC-Link 电容的发展趋势是在一定的电压下最大化"容量/体积"，这就要求薄膜介质的耐压水平由原来的 50~80 V/μm 提高到 150~250 V/μm，甚至更高；要有 4 μm 以下的薄膜蒸镀技术，以满足低母线电压的应用要求。薄膜电容采用成熟的金属化薄膜蒸镀技术，将高温的铝蒸气均匀地蒸镀到超薄膜上，并且几乎不损伤薄膜。蒸镀后的薄膜短时间的耐压水平大于等于 350 V/μm，从而满足耐高压的要求。

（2）安全膜技术。

安全膜技术是一种控制电容的自愈能量的技术。这种技术是将薄膜电容的电极分割成由熔丝相连接的许多方块，如图 4-1 所示，方块上的介质弱点会因为熔丝的断开而被隔离。这就避免了电容因为无法正常自愈而导致的短路失效或爆炸的危险。

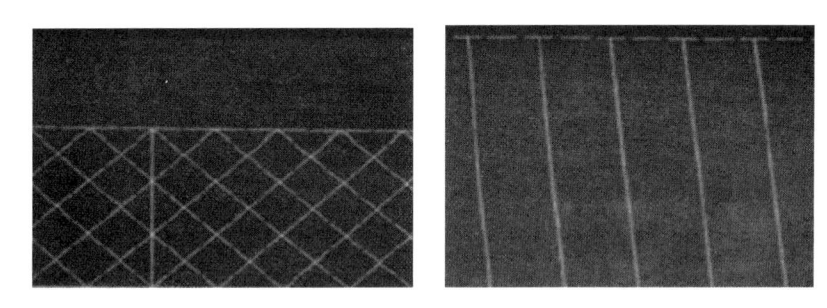

图 4-1 两种不同类型的安全膜

（3）波浪边分切技术。

薄膜电容大多采用波浪边分切技术，如图 4-2 所示，增加镀金材料与电极的接触面积，提高产品抗大电流冲击和温度冲击的能力，有效避免了因金属化薄膜边缘接触不良导致电容失效的问题。

薄膜电容的技术工艺不仅使 DC-Link 电容的耐压水平提高到 150 V/μm 以上，额定温度提高到 105 ℃，还可以改善电容本身的防潮性和抗温度冲击能力。

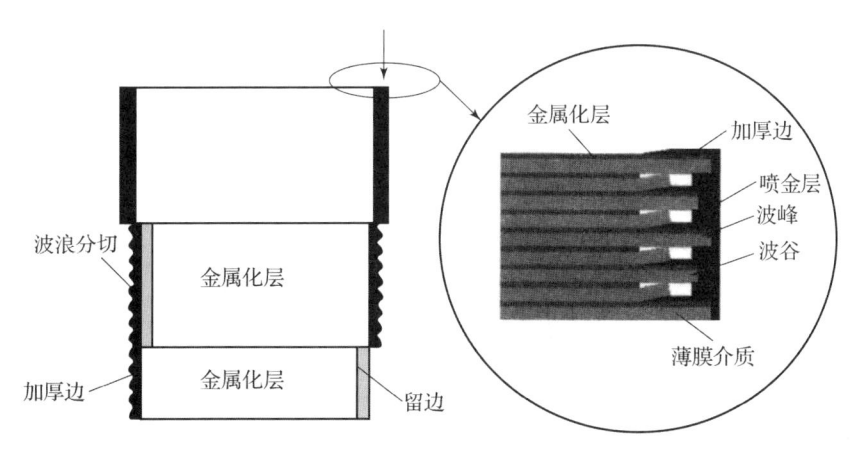

图 4-2 波浪边分切技术

与电解电容相比较,采用上述技术生产的薄膜电容具有以下优点。

(1) 良好的温度特性。DC-Link 薄膜电容采用的高温聚丙烯薄膜,具有聚酯薄膜和电解电容不具备的温度稳定性,而电解电容在低温下容量急剧下降的特点影响了其在低温环境中的应用。因此,在高海拔和高纬度等低温地区使用电解电容进行滤波和储能,就需要特别的设计。

(2) 可承受反向电压。如果超过 $1.5U_n$ 的反响电压被加在电解电容上时,会引起电解电容内部发生化学反应;如果这种电压持续足够长的时间,电容会发生爆炸,或随着电容内部压力的释放导致电解液流出。薄膜电容由于其自身无极性,可以承受双向电压冲击,可靠性更高。

(3) 抗脉冲电压能力强。薄膜电容的耐冲击电压超过 $1.5U_n$,而电解电容的抗脉冲电压低于 $1.2U_n$。

(4) 干式设计。没有电解液泄漏的问题,没有酸液污染。

(5) 低 ESR,通过耐纹波电流能力强。薄膜电容的纹波电流能力可以达到 200 mA/μF,而电解电容通过纹波电流的能力仅为 20 mA/μF。薄膜电容的这个特点可以大幅减小系统中所需电容的容量。

(6) 低 ESL。功率变换器的低电感设计要求其主要元件 DC-Link 电容要有极低的电感值。高性能 DC-Link 薄膜电容通过把母线整合到电容模块里,使它的自感降到最低(<30 mH),减小了在必要高开关频率下的振荡效应。

(7) 使用寿命长。在额定电压和额定温度下,薄膜电容使用寿命大于 100 000 h,和新能源汽车的使用寿命相当。

选择薄膜电容时,如果已知功率变换器的最大允许纹波电压和纹波电流的有效值,系统中需要的最小电容容量可以通过以下的公式计算:

$$C_d \geq \frac{1}{2\pi f} \frac{I_{ms}}{\Delta U_{d(p-p)}} \tag{4-4}$$

薄膜电容采用新的制作工艺和金属化薄膜技术,增加了传统薄膜电容的能量密度,使电容的体积大幅减小。同时,通过将电容的芯子和接线母排整合的方式来满足灵活的车辆安装尺寸要求,使整个功率变换器模块更加紧凑,简化了系统电路,使电路的性能更好。在高电压、大电流、有过电压、有方向电压、长寿命等要求的电路设计中,薄膜电容的应用已经成为一种趋势。

4.1.3 功率母排技术

为了减小连接导线的寄生电感,功率变换器中滤波电容与功率模块常采用功率母线作为连接部件。功率母线可以采用铜排和极板两种形式，铜排具有较大的漏电感和较强的内应力；传统的极板直接通过螺栓与功率模块相互连接，这种连接方式在小功率变频系统中得到了很好的应用，但在中大功率场合，传统的极板容易出现与相反极性的模块端相碰撞的电气安全问题，以及因螺栓与功率模块的连接间隙导致的电流分配不均和连接处局部发热问题。

为了解决上述传统功率母线的问题，结合功率部件的优化布置，采用了功率母排技术，如图4-3所示。这种功率母排具有电气安全性高、电磁辐射小、传导发热小、集成度高等优点。

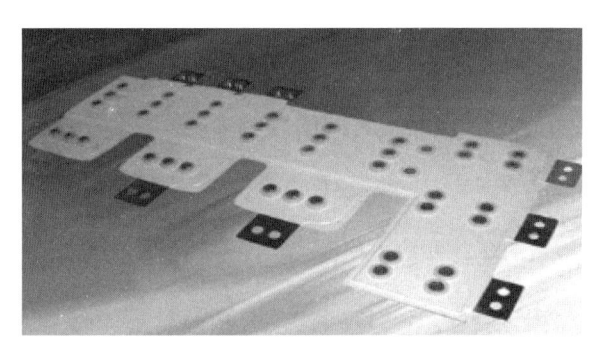

图4-3 功率母排

功率母排由5层板组成，从功率模块上端开始5层板依次为上层绝缘板、正极板、中间层绝缘板、负极板和底层绝缘板，在两极板交界面可设置绝缘垫圈，如图4-4所示。功率母排技术的一大特点是通过中间层绝缘板的形式设计，对负极板边缘可以很好地进行电气隔离，避免了因高压而造成空气击穿的可能性。

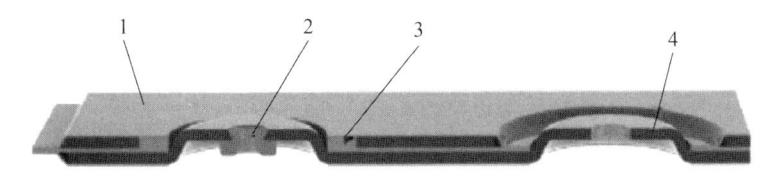

图4-4 功率母排的结构

1—聚酯薄膜；2—PEM钉；3—绝缘垫圈；4—铜材

功率母排的选择主要考虑以下因素。

（1）功率母排寄生电感。

电气连接线路的电感由分布在空间中的磁链和电流之比来决定。导体的电感分内电感和外电感，内电感是导体内部磁链作用的结果，与电流的集肤效应和邻近效应有关；外电感由2根载流导体的形状和空间位置决定，与电源频率无关。根据电磁理论，假设功率母排长度远大于宽度，同时宽度远大于厚度和两极板之间的距离，故功率母排在长度方向上

的磁感应强度 B 相同；同时假设功率母排为非铁磁性材料，通过的电流为 I，且在两极板母线内均匀分布，则宽度方向上的电流密度为 $d=I/b$。功率母排的电感为

$$L = \frac{\mu_0 \omega l}{12b} + \frac{\mu_0 l}{\pi}\left\{\frac{2a}{b}\arctan\left(\frac{b}{2a}\right) + \frac{1}{2}\ln\left[1+\left(\frac{2a}{b}\right)^2\right]\right\} \tag{4-5}$$

式中　L——电感（H），包括两部分，前半部分为内电感，后半部分为外电感；

　　　l——功率母排的长度（m）；

　　　b——宽度（m）；

　　　ω——厚度（m）；

　　　a——两极板之间的距离（m）；

　　　μ_0——极板的磁导率（H/m）。

假设功率母排宽度 b 远大于两极板之间的距离 a，即当 $b/2a \to \infty$ 时，代入式（4-5）中可以得到简化的电感计算公式为

$$L = \frac{\mu_0 \omega l}{12b} + \frac{\mu_0 a l}{b} \tag{4-6}$$

当功率母排的两极板无限靠近时，同时假设极板厚度 ω 和宽度 b 相比可忽略不计时，由上式（4-6）可知其电感为0。

（2）功率母排伴生电容。

由于功率母排的正极板和负极板为相互重叠状态，当极板上分别施加正负电压时，功率母排相当于一个电解电容，且与功率变换器滤波电容相并联。功率母排电容量 C 的计算公式为

$$C = \frac{\varepsilon_0 \varepsilon S}{t} \tag{4-7}$$

式中　ε_0——介质在真空状态下介电常数（$\varepsilon_0 = 8.85 \times 10^{-12}$（F/m））；

　　　ε——介质的相对介电常数（F/m）；

　　　S——功率母排正负极板重叠面积（m²）；

　　　t——功率母排正负极板之间的距离（m）。

（3）功率母排空间电磁干扰分析。

根据电磁场理论，当导体中有电流流过时会在导体周围产生磁场。假设在空间某点的磁场用磁感应强度 B 来衡量，空间中的磁导率可以近似为真空中的磁导率 μ_0，则磁感应强度 B 与电流成正比。当功率母排通入两个大小相同、方向相反的电流时，它们在空间某点产生的磁感应强度是两个方向相反电流产生的磁感应强度的矢量和。根据毕奥-萨伐尔定律，空间任何一点的合成磁感应强度的幅值为

$$B = \frac{\mu_0 I}{2\pi l_1 l_2} \sqrt{l_1^2 + l_2^2 + 2l_1 l_2 \cos\theta} \tag{4-8}$$

式中　I——极板中的电流（A）；

　　　l_1——正极板中心到空间某点的距离（m）；

　　　l_2——负极板中心到空间某点的距离（m）；

　　　θ——空间某点到两极板中心点连线的夹角。

当功率母排极板上的电流一定时，要使空间某点的电磁干扰尽可能地小，应满足 $d = \sqrt{l_1^2 + l_2^2 + 2l_1 l_2 \cos\theta}$，即正负极板之间的中心距离（$\omega + a$）尽可能地小。

功率电路功率母排的选择需要综合考虑寄生电感、伴生电容、电磁噪声等方面的因素，兼顾安装空间的限制，以寄生电感和环路最小为原则，合理设计。

4.1.4　电力电子模块集成技术

电力电子模块集成技术是将功率电路中的功率模块、驱动电路、控制电路和保护电路封装在一个集成模块内部，成为一个功能相对完整的、具有一定通用性的元件，一般有以下几种集成形式。

（1）单片集成。

将所要集成的所有元器件都采用统一的加工工艺和技术，集成在同一片硅片。目前由于制造工艺、高压和低压的距离、电磁隔离和散热等技术的不成熟，单片集成技术仅适用于小功率电力电子电路的集成。单片集成有可能成为电力电子集成技术的未来发展方向。

（2）混合集成。

采用封装的技术手段，将分别包含功率模块、驱动、保护和控制电路的多个硅片封装在同一模块中，形成具有部分或完整功能且相对独立的单元。这种集成方式可以较好地解决不同工艺的电路之间的组合和高电压隔离等问题，具有较高的集成度，也可以比较有效地减小集成模块的体积和质量，但目前还存在分布参数、电磁兼容、散热等高难度的技术问题，并且还不能有效地降低成本，达到较高的可靠性，因此，目前仍以中等功率应用为主，并且正在向大功率模块集成发展。混合集成将是目前电力电子集成技术的主要方向。

（3）系统集成。

根据电力电子系统集成理论和设计规则，可以利用上述子系统方便地集成和扩展，为用户提供所需要的具有独立功能和用途的子系统。

车用高集成度电力电子集成控制器采用的是混合集成技术，主要包括以下几类关键技术。

（1）电力电子功率模块封装技术。

电力电子功率模块封装技术包括铜基板预弯技术、铝丝键合技术及 DBC 焊接气孔控制技术等关键技术。

①铜基板预弯技术。

模块内部的不同材料膨胀系数不同，如 Cu 的热膨胀系数为 $16\times10^{-6}/K$，Al_2O_3 的热膨胀系数为 $5.5\times10^{-6}/K$，在焊接过程中，峰值温度可以达到 180 ℃ 以上，在降温过程中焊接固化，之前自由膨胀的两种材料在冷却过程中因焊料固化而导致收缩受限，最终表现为铜基板向内凹进，如果凹进太多会严重影响模块的散热性能，造成模块内部热量散发不出去，芯片温升超过最高允许温度，最终导致模块失效。因此，铜基板预弯技术是补偿不同材料之间的热形变的关键技术。

②铝丝键合技术。

模块信号端子和功率端子都是通过铝丝键合的方式与模块内部控制部分和功率部分连接在一起的，而不是传统的焊接方式。采用该工艺技术一方面是因为铝丝为软连接，可以提高连接的抗振动性能；另一方面是相对于传统的焊接方式需要大量的人工操作，新型的铝丝键合方式更适合于自动化生产，可以大幅提高生产效率。

键合技术主要的工艺难点是嵌于外壳上的功率端子和信号端子的键合性能，其端子的生产工艺如下：先在铜材上划槽，然后在槽内敷上一层铝，然后切割成所需要的结构（信号端子、功率端子），模块内部的铝线是键合在该端子的敷铝部分。这样可以使铝线与铝表面结合强度和可靠性达到最佳状态，信号端子、功率端子具有较低的电阻和优异的导热性能。

③DBC 焊接气孔控制技术。

模块内部 DBC 板采用三层结构，两侧分高导无氧板，之间为陶瓷绝缘材料。因为要在 DBC 板上刻蚀电路结构，所以刻蚀完成后的 DBC 一般会向上凸起，同时因为铜基板是经过预弯的。在焊接时，焊接面向下凹陷，如果焊接控制不好，容易形成焊接气孔，如果气孔率超过标准会影响模块的散热性能和可靠性。

对于 DBC 和铜基板的焊接，通常采用超声波检测设备，同样有极其严格的总气孔率和单个气孔率的控制标准，严格保证每个模块的焊接特性都能满足要求。

（2）功率母排和电解电容/薄膜电容模块化结构设计技术。

直流侧电容作为车用功率变换器中最重要的无源元件，是影响功率模块功率密度、可靠性及成本的关键部件之一。与传统的电解电容相比，采用新型低电感、高频大电流薄膜电容可以有效减小功率模块的体积和质量，同时提高驱动器的寿命。采用新型薄膜电容和功率母排技术，不仅能提升系统的电气性能，而且能够有效减小功率变换器直流侧电容容量和体积，极大地提高了功率变换器功率密度和使用寿命，是解决当前车用功率变换器技术瓶颈的有效办法。

（3）集成控制器的高温、高换热系数的散热底板技术。

功率变换器在电能转换过程中热损耗占 2%~10%，甚至更高。在车用电机驱动系统中，散热大多采用水冷方式，集成控制器散热底板的设计对于控制器的可靠运行至关重要。冷却系统设计目标为在保证系统散热要求的前提下，优化散热底板设计，以有效减小散热底板面积，降低散热底板质量，达到提高系统功率密度的目的。

（4）多功能全数字控制电路小型化技术。

在电力电子集成控制器内部，采用先进的控制器芯片 MCU 和可编程逻辑芯片 CPLD/FPGA 构成全数字控制电路，这会使集成控制器具有很强的通用性和智能性，可以实现复杂的控制方案和控制策略。

专利《一种绕组切换型开关磁阻电动机功率电路及其控制方法》

四、任务实施

任务名称：功率电路分析			
姓名：	班级：		学号：
任务描述	车载充电机、电动机控制器和 DC/DC 变换器都用到了功率电路，如电机控制器功率电路将动力蓄电池的直流电转换为驱动电机所需的交流电，实现能量转换。功率电路结构是什么样的？在设计功率电路时，各部件的选用要考虑哪些因素？这些问题的解答都需要分析功率电路		
能力目标	（1）能描述功率模块应用技术； （2）能描述电容应用技术； （3）能介绍功率母排技术； （4）能列举电力电子模块集成技术		
实施准备	（1）新能源汽车实训室； （2）电机控制器功率电路图		
实施步骤	（1）分组：教师将学生分成两组，每组选出 1 名组长； （2）布置任务：教师给出电机控制器电路，让学生说出电路图中元器件名称、进行电路分析，一组同学分析功率模块元件的选用的注意因素；另一组同学分析电容在电机控制器电路中的作用，以及选用时应考虑的因素； （3）学生查阅资料，组织语言进行介绍，小组合作完成任务； （4）组员交换角色，彼此咨询和介绍		

续表

任务名称：功率电路分析			
姓名：	班级：		学号：
自我反思	在专业能力、关键能力等方面的收获或体会：		

五、任务考核

评价项目	评价内容	评价标准	分值	自我评价	平台评价	组内评价	组间评价	教师评价	汇总
素质测评	规则意识	遵守作息制度，不迟到、不早退、不旷课	10						
	分析解决问题能力	提升自我查阅资料、解决问题的能力	10						
	个人表达	口头表达能力，书面总结能力	10						
	团队合作	搜集信息、合作共事、知识共享、听取意见等方面	10						
专业测评	信息收集	准确记录顾客和车辆信息	10						
	知识掌握	新能源汽车用功率模块特点	5						
		设计功率电路时电解电容的选择依据	10						
		功率母排的特点、结构及选择依据	10						
		电力电子模块集成技术的集成方式	5						
	元件选用介绍	功率模块及电容选用是否准确	10						
	方案制订	方案制订是否合理	10						
总评		总分	100						

六、思考练习

1. 填空题

（1）功率变换器主要包括_____、_____和_____三大部分。

（2）功率母排由5层板组成，从功率模块上端开始5层板依次为_____、_____、_____、_____和_____，在两极板交界面可设置绝缘垫圈。

（3）电力电子模块集成技术一般有_____、_____和_____三种集成形式。

2. 电气元件识别

请列出图4-5中符号代表的功率母排的结构名称。

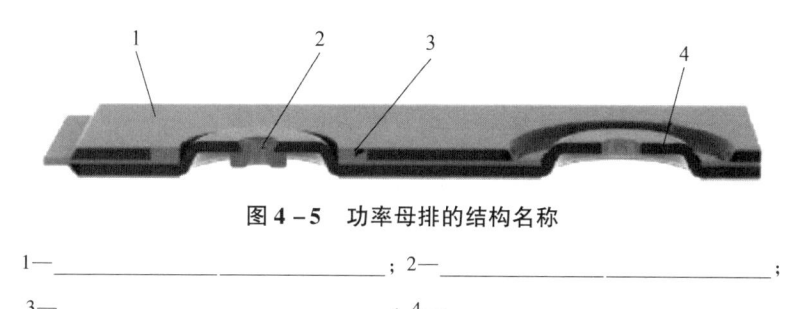

图4-5 功率母排的结构名称

1—_____；2—_____；
3—_____；4—_____。

任务2 冷却技术分析与选择

一、学习目标

1. 知识目标

（1）掌握新能源汽车驱动电机常用的冷却方式。

（2）掌握电动机冷却要求。

（3）掌握电动机和电机控制器损耗分析方法。

（4）掌握冷却系统设计注意事项。

2. 能力目标

（1）能分析电动机和控制器损耗。

（2）能设计驱动电机冷却系统。

3. 素质目标

（1）通过电动机冷却系统与发动机冷却系统的对比，培养学生归纳分析能力。

（2）培养学生沟通表达能力。

（3）通过驱动电机先进冷却技术的学习，培养学生精益求精的大国工匠精神。

二、任务引入

假如你是一名汽车4S店的维修助理，顾客的一辆纯电动汽车仪故障指示灯表显示电动机温度过高，维修主管让你分析故障产生的可能原因并进行简单的检修，你能完成这项任务吗？

三、知识储备

新能源汽车驱动系统中的电动机及电机控制器在运行过程中会产生热量，这些热量会对驱动系统的正常工作和使用寿命造成不良影响。电动机在运行过程中产生的热量对自身的物理、化学及力学性能有严重的影响，当温度上升到一定程度时，电动机的绝缘层会发生本质变化，最终失去绝缘能力；另外，随着温度升高，电动机中的永磁体材料会发生不可逆退磁，电动机的金属构件的强度和硬度会逐渐下降。电机控制器中的电子元器件会因温度升高而性能下降，出现不良影响，如温度过高会导致半导体结点、电阻增大、电路损害，甚至烧坏元器件。为保证驱动系统在运行过程中产生的热量能够及时散发出去，必须对驱动电机和电机控制器进行冷却。

电机温度传感器

4.2.1 冷却方式的分析与选择

1. 驱动电机冷却

驱动电机有别于传统的工业用电动机，由于采用驱动电动机后，电动汽车一般不再装配离合器，车辆变速器挡位也变得较少甚至会被取消，车辆的起动、加速、高速运行等全部依靠驱动电动机来实现。而电动机的内阻不可能为零，因此，在上述运行状态中的大电流情况下，电动机的损耗会不断增加，而电动机的损耗几乎全部以热量的形式释放。如果电动机得不到有效的冷却，电动机的内部温度会不断升高，导致电动机效率下降，如果温度过高，就会造成内部烧蚀甚至击穿导致电动机损毁。另外，对于交流永磁电动机转子为磁性材料，温度升高会导致磁性材料性能下降，出现退磁现象。因此，冷却对于驱动电机的安全可靠运行尤为重要。

电动机常见的冷却方式有自然冷却、风冷、液冷及复合冷却等方式。

自然冷却依靠电动机铁芯自身的热传递，散去电动机产生的热量，热量通过封闭的机壳表面传递给周围介质，其散热面积为机壳的表面，为增加散热面积，机壳表面可加冷却筋。自然冷却具有结构简单，不需辅助设施就能实现，但自然冷却效率差，仅适用于转速低，负载转矩小，电动机发热量较小的小型电动机。风冷是电动机自带同轴风扇来形成内风路循环或外风路循环，通过风扇产生足够的风量，带走电动机所产生的热量。介质为电动机周围的空气，空气直接送入电动机内，吸收热量后向周围环境排出。

风冷结构相对简单，电动机冷却成本较低，适用于功率较小的纯电动汽车。但受环境因素的制约，在恶劣的工业环境中，如高温、粉尘、污垢和恶劣的天气下无法使用风冷。风冷常用于一般清洁、无腐蚀、无爆炸环境下的电动机。采用风冷方式比较常见，如小功率电动机、交流电动机、开关磁阻电动机等。

液冷冷却方式包括水冷和油冷。水冷是将水（冷却液）通过管道和通路引入定子或转子空心导体内部，通过循环水不断地流动，带走电动机转子和定子产生的热量，达到对电动机的冷却功能。水冷的冷却效果比风冷更显著，无热量散发到环境中。但是，需要良好的机械密封装置，水循环系统结构复杂，存在渗漏隐患，如果发生水渗漏，会造成电动机绝缘的破坏，也可能会烧毁电动机；水质需要处理，对其电导率、硬度和 pH 值都有一定的要求。水冷适用于功率较大的纯电动汽车。

水冷技术是目前主流的散热方式，但是由于电动机高温部分主要集中在绕组端部，流体介质无法直接接触高温点、无法直接冷却热源，绕组处的热量需经过槽内绝缘层、电动机定子才能传递至外壳被水带走，传递路径长、散热效率低，且各部件之间的配合公差也影响了传递路径的热阻大小。因为有热阻的存在，从绕组到水冷机壳，存在温度梯度，绕组无法直接冷却，导致温度堆积形成局部热点。为了进一步提高电动机的散热能力，需要直接冷却热源来提升冷却效率。而油本身因为局部不导磁、不易燃、不导电、导热好的特性，对电动机磁路无影响，因此，散热效率更高的油冷技术成为研究热点，国内外一些研究机构及企业大力发展喷油冷却方式，对电动机绕组端部实现喷油冷却。

油冷技术相对于水冷的优势在于绝缘性能良好、机油沸点比水高、凝点比水低，使冷却液在低温下不易结冰、高温下不易沸腾。油冷电动机对端部裸露面积更大的扁线绕组电动机的冷却效果更明显，能够主动冷却到内部转子部件；同时有利于电动机与变速箱的集成，提高轴承的润滑冷却效果、环境温度较低时加热变速箱油提高润滑搅拌效率。因此，从整个驱动系统上讲，油冷电动机相对水冷具备一定的技术优势。油冷按照冷却油与定子轭部的接触形式主要分为直接油冷和间接油冷两种方式。直接油冷又包括浸油式和喷油式两种。浸油冷却方式是将电动机的定、转子均浸没在冷却油里进行冷却；喷油冷却方式是通过油泵等装置喷到定子端部或其他发热处进行冷却。由于冷却用油的绝缘性，使其可以深入到电动机转子、定子绕组等的内部进行更完全的热交换，冷却效果更佳。例如，油冷电动机可以采用定子喷油、转子甩油的油路结构，减速箱与电动机间无油封，减速箱内的油一部分经过定子导油管对定子端部绕组进行冷却；另一部分经过电动机空心轴对电动机轴承与转子磁钢进行冷却，转轴两端开有径向油孔，转子高速旋转时甩油到定子端部绕组内壁表面，进一步冷却定子绕组。

从理论上讲，几乎所有的电动机既可以采用风冷也可以采用液冷，主要取决于电动机的设计用途和功率密度等条件。

如果驱动电机的安装空间较大，通风效果良好，电动机的质量没有严格要求，那么可以采用风冷电动机；为了节省车辆空间，减少电动机的尺寸、减轻电动机质量，提高电动机的功率密度，那么需选用液冷方式。

由于风冷电动机不需要散热水道，在设计及制造工艺上要求较低，成本相对较低；液冷电动机结构复杂，一般在外壳体上布置冷却水道，并且需要增加较为严格的防护措施，因此，成本较高。风冷电动机为了获得必要的冷却效果，体积相对较大，表面一般采用冷却栅的形式增加散热面积，还需要在电动机的封闭端增加散热风扇以增加散热效果，因此，风冷电动机体积和质量都比较大。

为充分利用车辆空间，提高电动机功率，减少体积和质量，驱动电机一般都采用液冷的方式。液冷电动机需要增设额外的电动水泵和散热器等装置，这增加了额外的功耗，使结构更为复杂，对电动机的布置和安装提出了更高的要求。

2. 电动机控制器的冷却

电动机控制器的冷却方式和电动机一样，也有风冷和液冷之分。从外观上看，风冷的控制器体积较大，一般需要安装多个散热风扇进行强制通风。电动机控制器的冷却方式主要取决于电动机的冷却方式，一般情况下，电动机控制器和电动机采用相同的冷却方式。

3. 其他电能装置

新能源汽车上除了驱动电机和电动机控制器，还有 DC/DC 变换器、车载充电机、DC/AC 逆变器等功率变换装置。这些装置一般允许的温度为 60~70 ℃，而最佳工作环境温度为 40~50 ℃，环境温度较高时，很容易就达到温度上限值。因此，这些装置都需要有自身的散热设备，对其温度进行控制，前提是需要选择合适的安装位置，并预留出必要的散热空间。

4.2.2 冷却要求

电动机和电机控制器对最高允许温度有所不同，两者的冷却要求也略有差别。对于风冷电动机和控制器来说，只能从本身的设计和装配方面进行改善，如增加散热面积、增加必要的强制通风设备等，以及安装在开放位置或通风良好的环境下。

对于液冷的电动机及电机控制器来说，需要对电动机和电机控制器进行合理的设计和安装，采用匹配的散热系统，以达到预期的冷却要求。电动机的热源来自电动机内部，包括电流流过定子绕组产生的铜损耗，在铁芯内部磁通变化产生的铁损耗，轴承摩擦产生的机械损耗及附加损耗。电动机产生的热量，首先通过传导方式传送到电动机的表面，然后以辐射和对流的形式将热量从电动机外表面散发到周围的冷却介质中去。冷却介质一般会选用水、防冻液或油等。

为了保证冷却效果，需要选定电动机和控制器的安装位置及装配方式。为保证冷却液流通顺畅，通常会将电动机设计装配成有一定倾角的布置方式，位置较低的口作为进水口，较高的口作为出水口。对于电机控制器，为了避免散热不均匀对内部功率器件产生影响，一般采用水平的安装方式。

冷却系统冷却液流向如图4-6所示，冷却液从散热水箱下出水口出来，经水泵后，对电机控制器进行冷却，然后进入电动机的低位进水口，从电动机出水口回流到散热水箱上回水口。如此进行一个冷却循环，即可完成电动机和控制器的冷却。

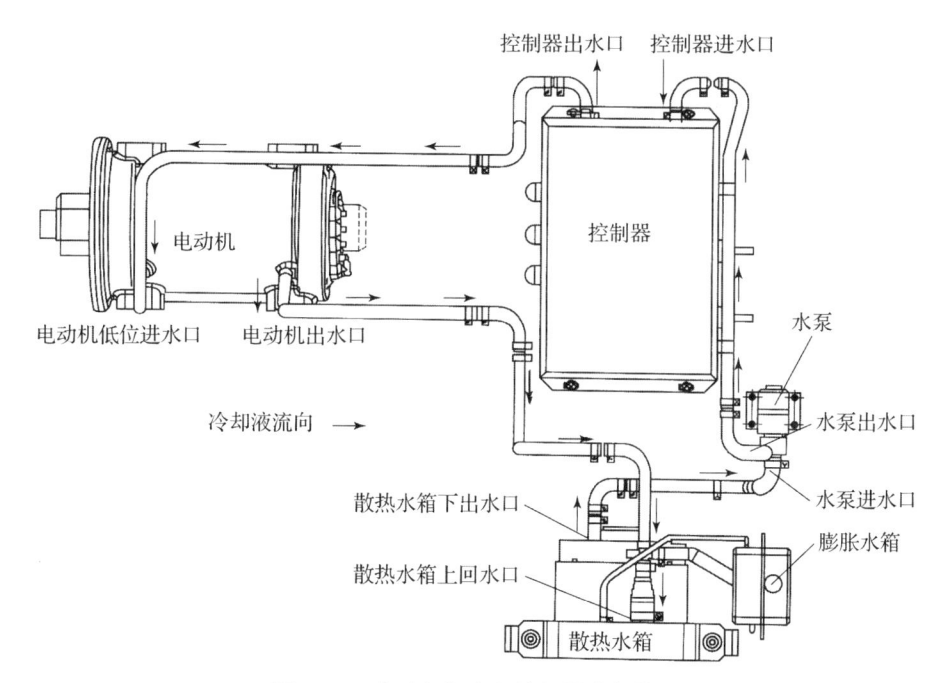

图4-6 电动机与电机控制器冷却管路

为了保证整个系统的冷却效果和可靠性，上述循环系统的水泵需要在车辆的整个运行过程中持续工作。同时，为了节约车载能源，散热水箱的风扇采用温控风扇，可以根据冷却液的温度控制起停和转速，当冷却液温度较低时，可以关闭散热风扇以节约电能；当循环水温度稍高时，风扇以一个较低的转速对散热水箱进行冷却；当循环水的温度高时，风扇会高速转动，以获得最大的散热量，维持散热系统温度在允许范围内。

4.2.3 电动机和控制器损耗分析

1. 电动机损耗分析

电动机的损耗主要有铁损耗P_{Fe}、机械损耗P_{fw}和附加损耗P_{ad}，即

$$P_{d2} = P_{Fe} + P_{fw} + P_{ad} \\ = C_{Fe}(E_1/f_1)^2(f_1/f_{1n})^\alpha + C_{fw}[f_1(1-s)]^3 + 0.005P_2 \quad (4-9)$$

式中 C_{Fe}——铁损耗常数；

E_1——定子感应电动势（V）；

f_1——定子频率；

f_{1n}——电动机额定频率；

α——指数（$\alpha = 1.5 \sim 2.0$）；

C_{fw}——机械损耗常数；

s——电机实际运行时的转差率。

对电动机的冷却系统的设计，耗散功率应与电动机的损耗相平衡。因此，电动机冷却系统的耗散功率可以用P_{d2}来等效。

为了降低成本、节省空间，电动机和控制器冷却系统一般采用一体化结构，两者的连接方式可以并联也可以串联。由于电动机和控制器的能耗基本一致，一般采用串联方式，即如图4-6所示的结构。无论是串联还是并联，冷却系统的散热量P_d均为控制器的损耗P_{d1}和电动机的损耗P_{d2}，即$P_d = P_{d1} + P_{d2}$。

2. 电机控制器损耗分析

电机控制器采用功率模块作为电能变换器件，功率模块的损耗包括开关损耗、通态损耗、断态漏损耗和驱动损耗4个部分，电压型功率模块（如MOSFET、IGBT）的损耗以开关损耗和通态损耗为主；电流型功率模块（如GTR、GTO）的损耗以开关损耗、通态损耗和驱动损耗为主。

（1）开关损耗P_s。

负载为永磁电动机。对于电压型三相逆变电路功率模块和感性负载而言，损耗以开关损耗P_s和通态损耗P_c为主。

开关损耗是功率模块在开通和关断的国度过程中产生的功率损耗，一般根据感性负载和阻性负载分为两类进行计算。驱动电机为感性负载，故开关损耗为

$$P_s = \frac{1}{2}U_{CE}I_{CE(pk)}(t_{s(on)} + t_{s(off)})f_s \qquad (4-10)$$

式中 U_{CE}——功率模块断态集电极 – 发射极电压（V）；

$I_{CE(pk)}$——功率模块通态峰值电流（A）；

$t_{s(on)}$——功率模块开通时间（开通延迟时间 $t_{d(on)}$ + 上升时间 t_r）（s）；

$t_{s(off)}$——功率模块关断时间（下降时间 t_f + 开通延迟时间 $t_{d(off)}$）（s）；

f_s——功率模块最大开关频率（Hz）。

（2）通态损耗 P_c。

通态损耗是功率模块处于导通状态时的损耗，通常以功率模块通过占空比为 δ 的矩形连续电流脉冲使平均通态损耗来等效，即

$$P_c = U_{CE(sat)}I_{CE}\delta \qquad (4-11)$$

式中 $U_{CE(sat)}$——功率模块饱和压降（V）；

I_{CE}——功率模块通态电流（A）；

δ——开关器件导通占空比。

（3）断态漏损耗 $P_{c(off)}$。

断态漏损耗是功率模块处于关断状态时，功率模块漏电流产生的损耗，即

$$P_{c(off)} = U_{CE}I_{CE(off)}(1-\delta) \qquad (4-12)$$

式中 $I_{CE(off)}$——断态时功率模块漏电流（A）。

（4）驱动损耗 P_g。

驱动损耗是功率模块在开关过程中驱动控制极（也成为门极或栅极）的功率损耗和功率模块导通过程中维持一定的驱动电流所消耗的功率，即

$$P_g = U_{GE}I_{GE}\delta \qquad (4-13)$$

式中 U_{GE}——功率模块门极触发电压（V）；

I_{GE}——功率模块门极电流（A）。

对于电机控制器冷却系统的设计，冷却系统的耗散功率应与功率模块的损耗相平衡，电动机控制采用电压型功率模块，因此，冷却系统的耗散功率 P_{dl} 可以用开关损耗和通态损耗来等效，即 $P_{dl} = P_s P_c$。

4.2.4 冷却系统的设计

1. 热阻等效电路分析

（1）电机控制器热阻等效电路。

电动机控制器功率模块采用并排的紧密布置方式，可以将功率模块近似地认为单一热源；同时冷却系统采用优化的设计方案，使冷却系统的热量能够及时散发。因此，可以认

为用于电机控制器的散热器是一个均质发热体。根据上述等效关系得到电机控制器冷却系统热阻等效电路，如图 4-7 所示。

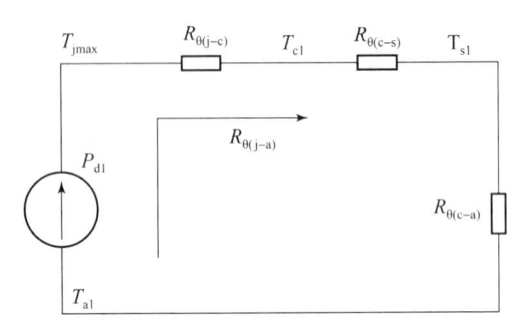

图 4-7 电机控制器冷却系统热阻等效电路

图 4-7 中，$R_{\theta(j-c)}$ 为功率模块的结壳热阻；$R_{\theta(c-s)}$ 为管壳的散热器的热阻；$R_{\theta(s-a)}$ 为散热器到冷却液的热阻；T_{jmax} 为功率模块芯片的最高结温；T_{c1} 为功率模块的管壳温度；T_{s1} 为液冷散热器温度；T_{a1} 为冷却液温度。故冷却系统的等效热阻 $R_{\theta(j-a)}$ 表示为

$$R_{\theta(j-a)} = R_{\theta(j-c)} + R_{\theta(c-s)} + R_{\theta(c-a)} \tag{4-14}$$

式中 $R_{\theta(j-c)}$ 与模块性能有关；$R_{\theta(c-s)}$ 与模块和散热器的接触面状况有关，均可在相应模块使用手册中得到；将散热器和冷却液之间的热交换过程看成一种平壁导热，根据傅里叶传导定律，传导热阻表示为

$$R_{\theta(j-a)} = \frac{\delta_1}{\lambda_1 S_1} \tag{4-15}$$

式中 δ_1——电机控制器散热器的壁厚（cm）；

λ_1——散热器导热率（W/(K·cm)）；

S_1——散热器与冷却液的交换面积（cm²）。

由电机控制器冷却系统的热阻等效电路，根据均质发热体发热过程的动态温升计算方法，可得在一定损耗 P_{d1} 条件下的散热器达到热平衡时的稳态温度 T_{s1} 为

$$T_{s1} = T_{a1} + P_{d1} R_{\theta(s-a)} (1 - e^{-t/\tau_1}) \tag{4-16}$$

式中 τ_1——电机控制器发热过程时间常数，由实验数据测得。

（2）电动机热阻等效电路。

由于电动机的绕组的铜耗和铁耗在定子中是均匀的，绕组和铁芯是等温体，因此，可以用平均温升来表示绕组和铁芯的温度，电动机冷却时的温度将集中在绕组绝缘层和电动机散热器表面与冷却液的接触面上。因绝缘介质本身损耗很小，并且冷却介质不是热源，所以，可以利用热阻等效电路计算液冷条件下的绕组和铁芯的平均温升。电动机冷却系统热阻等效电路如图 4-8 所示。

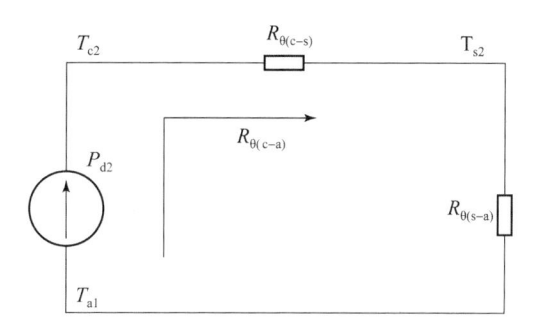

图 4-8 电动机冷却系统热阻等效电路

在图 4-8 中，$R_{\theta(c-s)}$ 为定子绕组和铁芯表面与散热器之间的热阻，与绕组和铁芯与散热器之间的绝缘介质的导热系数有关；$R_{\theta(s-a)}$ 为散热器到冷却液的热阻，T_{c2} 为定子绕组表面温度；T_{s2} 为散热器温度；T_{a2} 为冷却液温度。故冷却系统的等效热阻 $R_{\theta(j-a)}$ 表示为

$$R_{\theta(c-a)} = R_{\theta(c-s)} + R_{\theta(s-a)} = \frac{\delta_2}{\lambda_2 S_2} + \frac{\delta_3}{\lambda_3 S_3} \tag{4-17}$$

由电动机冷却系统的热阻等效电路，根据均质发热体发热过程的动态温升计算方法，可得在一定损耗 P_{d2} 条件下的散热器达到热平衡时的稳态温度 T_{s1} 为

$$T_{s2} = T_{a2} + P_{d2} R_{\theta(s-a)} (1 - e^{-t/\tau_2}) \tag{4-18}$$

式中　τ_2——电动机发热过程时间常数，由实验数据测得。

2. 冷却系统参数设计

电动机和电机控制器冷却系统形状复杂，管道存在多次的弯曲和截面变化。实验证明，流体在管道中的流动状态不仅与流速有关，而且与管道的几何尺寸、流体的黏着系数有密切关系，通常用雷诺数 R_e 来表示流体的状态。

$$R_e = \frac{vd\rho}{\mu} \tag{4-19}$$

式中　v——管道中流体的平均速度（m/s）；
　　　d——管道直径或等效直径（m）；
　　　ρ——流体的密度（kg/cm³）；
　　　μ——流体的黏着系数（kg/(m·s)）。

实验表明，当 $R_e > 4\,000$ 时，流体在管道中以紊流为主，紊流状态下的流体同时沿管道轴向和径向流动，管道中各点的流动状态十分不规则，流速时刻在发生变化，使流体流动阻力急剧增加，附着在关闭的边界层大幅减薄。

一个合理的冷却系统不但要有足够的冷却介质通过散热器，并且应该使这些冷却介质的分配与系统各部分的损耗相对应，从而使系统各部分的温升分布比较均匀，避免因局部

过热而影响系统使用寿命。电动机和电机控制器冷却系统中冷却液在单位时间内流量的表达式为

$$q_v = \frac{\sum P}{c\Delta\theta} \tag{4-20}$$

式中 $\sum P$——冷却介质带走的热量（W），$\sum P = P_{d1} + P_{d2}$；

c——冷却介质的比热容（J/(kg·K)）；

$\Delta\theta$——冷却介质通过系统的温升（K），正常情况下 $\Delta\theta$ 为 8~10 K。

电动机和电动机控制器一体化冷却系统在设计中注意保持冷却介质流量的分配与系统中各部分损耗的分配相对应，对冷却结构进行详细的流量计算，并且在实验中加以修正。

复杂的管道形状变化（如截面突然扩大、缩小、弯曲），会使流体出现涡流、加速或旋转等都将产生一定的能量损失，这种能量损失可以通过流阻来表示即

$$Z = \frac{\xi\rho}{2S^2} \tag{4-21}$$

式中 Z——管道流阻（kg/cm^7），$Z = Z_1 + Z_2$，Z_1 为电机控制器冷却管道流阻，Z_2 为电动机冷却管道流阻；

ξ——局部阻力系数，通过管道形状来计算；

ρ——管道中流体的密度（kg/cm^3）；

S——管道的截面积（m^2）。

为维持冷却液不断以单位时间流量 q_v 通过冷却管道，并带走电动机和电机控制器损耗产生的热量，必须持续地为冷却系统提供动力。对液冷系统来说，通过水泵来保持冷却液的循环流动。水泵功率计算式为

纯电动汽车、混合动力汽车和燃油汽车冷却系统的区别

$$P_f = Zq_v \tag{4-22}$$

四、任务实施

任务名称：冷却技术分析与选择		
姓名：	班级：	学号：
任务描述	假如你是一名汽车4S店的维修助理，顾客的一辆纯电动汽车仪表故障指示灯显示电动机温度过高，维修主管让你分析故障产生的可能原因并进行简单的检修。你能完成这项任务吗	
能力目标	（1）能分析电动机和控制器损耗； （2）能设计驱动电机冷却系统	

续表

任务名称：冷却技术分析与选择			
姓名：	班级：		学号：
实施准备	（1）新能源汽车实训室； （2）纯电动汽车 1 辆，混合动力汽车 1 辆，燃油汽车 1 辆		
实施步骤	（1）分组：教师将学生分成 3 组，每组选出 1 名组长； （2）布置任务：教师将三组学生与实训车辆进行对应，A 组对应纯电动汽车，B 组对应混合动力汽车，C 组对应燃油汽车，每组学生分别找到自己汽车的冷却系统的组成结构进行标识，分析每部分如果故障可能引发的整车故障现象； （3）学生查阅资料，组织语言进行介绍，小组合作完成任务； （4）组员交换角色，彼此咨询和介绍，归纳出顾客车辆故障可能的原因		
自我反思	在专业能力、关键能力等方面的收获或体会：		

五、任务考核

评价项目	评价内容	评价标准	分值	自我评价	平台评价	组内评价	组间评价	教师评价	汇总
素质测评	规则意识	遵守作息制度，不迟到、不早退、不旷课	10						
	分析解决问题能力	提升自我查阅资料、解决问题的能力	10						
	个人表达	口头表达能力，书面总结能力	10						
	团队合作	搜集信息、合作共事、知识共享、听取意见等方面	10						

续表

评价项目	评价内容	评价标准	分值	自我评价	平台评价	组内评价	组间评价	教师评价	汇总
专业测评	信息收集	准确记录顾客和车辆信息	10						
	知识掌握	新能源汽车驱动电机常用冷却方式	5						
		电机冷却要求	10						
		电机和控制器损耗分析方法	10						
		冷却系统设计注意事项	5						
	知识应用	电机过热故障原因分析	10						
	方案制订	方案制订是否合理	10						
总评		总分	100						

六、思考练习

1. 填空题

（1）电动机常见的冷却方式有＿＿＿＿＿＿、＿＿＿＿＿＿、＿＿＿＿＿＿、＿＿＿＿＿＿及＿＿＿＿＿＿方式。

（2）电机控制器的冷却方式和电动机一样，也有＿＿＿＿＿＿和＿＿＿＿＿＿之分。

（3）电动机的损耗主要有＿＿＿＿＿＿、＿＿＿＿＿＿和＿＿＿＿＿＿。

（4）电机控制器采用功率模块作为电能变换器件，功率模块的损耗包括＿＿＿＿＿＿、＿＿＿＿＿＿、＿＿＿＿＿＿和＿＿＿＿＿＿4个部分。

任务3　IGBT驱动与保护电路分析

一、学习目标

1. 知识目标

（1）掌握造成IGBT模块损坏的主要原因。

（2）掌握IGBT的保护措施。

（3）掌握 IGBT 驱动与保护电路的基本要求。

2. 能力目标

（1）能识别 IGBT 模块驱动电路。

（2）能识别 IGBT 模块保护电路。

（3）能设计 IGBT 模块电路。

3. 素质目标

（1）培养学生归纳分析能力。

（2）培养学生沟通表达能力。

（3）通过 IGBT 保护电路设计，增强学生安全意识及严谨细致的思维能力。

二、任务引入

假设你是一名维修助理，维修主管确定顾客的一台秦 EV 的电机控制器出现故障，要求你快速且熟练地拆解内部的各个电路，并能检测各部件好坏。你能完成这项任务吗？

三、知识储备

4.3.1 IGBT 的损坏机理与保护形式

（1）造成 IGBT 模块损坏主要有以下原因。

①由于 IGBT 内部寄生晶闸管的存在，当漏极电流很大时，发生擎住效应，寄生晶闸管开通，漏极电流增大造成过高的损耗，最后导致 IGBT 损坏；在 IGBT 关断时，IGBT 也可能会发生擎住效应，造成 IGBT 的损坏。

②主电路发生短路故障时，IGBT 由饱和导通区进入放大区，集电极电流并未大幅增加，但集电极与发射极之间的电压很高，IGBT 功耗很大，使 IGBT 局部过热而导致损坏。

③在高频工作条件下，当 IGBT 导通时，寄生电容通过 IGBT 放电，从而出现较大的浪涌电流。同时，与 IGBT 反并联的续流二极管在阻断能力恢复时，会因电流突变而在线路电感中产生换向过电压；当 IGBT 关断时，正向电流迅速降低，也会因线路中存在电感而在 IGBT 集电极与发射极之间产生较高的电压值。

④IGBT 的最大饱和压降为 1.7～2.4 V，当新能源汽车工作在大功率运行工况时，其输出的电流很大，使通态功耗增大；而且 IGBT 在开关过程中存在拖尾电流和超调电流，实际的开关损耗比理论计算的高，若散热不当，则很可能会造成过热损耗。

（2）针对 IGBT 的损坏原因，常采用以下保护措施。

①在主电路中加入吸收电路，抑制过高的 du/dt，对于 IGBT 模块，可以采用在直流输入端加吸收电容的方法。

②通过检测 IGBT 导通压降检测过电流信号进而控制切断门极信号，实现过电流保护。

③利用温度传感器检测 IGBT 的壳温，当超过允许温度时，由控制电路封锁 IGBT 驱动信号，实现过热保护。

④对于一般的过载和过电压，可以利用传感器检测电流或电压，进行集中保护。

IGBT 的过电流保护分为过载保护和短路保护，其中，过载保护属于低倍数（额定电流的 1.2~1.5 倍）的过电流保护，对于过载保护不必快速响应，可以采用集中保护，即检测输出电流或输入的母线电流。当电流超过设定值后比较器翻转，封锁所有 IGBT 驱动电路的输入脉冲，使输出电流降为零。这种过载电流保护，一旦动作，需要通过复位才能恢复正常工作。短路保护属于高倍数（额定电流的 8~10 倍）的过电流保护，通常采取的保护措施有软关断和降栅压两种；软关断是指在过电流和短路时，直接关断 IGBT。但是软关断抗干扰能力较差，一旦检测到过电流信号就关断，容易发生误动作。为增加保护电路的抗干扰能力，可以在故障信号与起动保护电路之间加一定的延时，但是故障电流会在这个延时内急剧上升，大幅增加功耗，同时还会导致器件的 di/dt 增大。降栅压值检测到过电流时，马上降低栅压，但器件仍保持导通。降栅压后设有一定的延时，故障电流在这一延时内被限定在一较小值，则降低了故障时的器件功耗，延长了器件的抗短路的时间，而且能够减小器件关断时的 di/dt，对器件保护十分有利。若延时后故障信号依然存在，则关断器件；若故障信号消失，驱动电路自动恢复到正常的工作状态，因此大幅增强了抗干扰能力。

在设计过电流保护时，通常用短路耐量来考察 IGBT 承受短路电流的能力。通常把短路发生到器件损坏这段时间称为短路耐量。短路耐量的存在说明 IGBT 能够在一定的时间内承受短路电路。短路耐量与 IGBT 的集电极-发射极电压 U_{CE}、门极电压 U_{GE} 及结温 T_j 密切相关，当集电极-发射极电压 U_{CE} 增加、门极电压 U_{GE} 增加及结温 T_j 升高时，短路耐量减小。器件短路时间超过短路耐量后，会因发热严重导致损坏。另一个参数是 IGBT 的安全工作区，该参数通常包括 IGBT 的短路安全工作区，正向安全工作区和反向安全工作区。IGBT 短路安全工作特性由短路安全工作区来描述。当栅极脉冲宽度不大于 10 μs 时，短路安全区有效；IGBT 模块规定可承受 1 000 次短路情况，且两次短路之间的间隔时间应不小于 1 s。

根据 IGBT 的短路特性，过电流保护的基本方法有降栅压保护和慢关断保护。其作用是设法延长允许的过电流时间，减小关断时的过电压冲击，以免擎住现象的发生。

（1）降栅压保护。

降栅压保护是指当IGBT出现过电流时，将栅极驱动电压降低。这种方法有两大优点：一是延长IGBT的短路耐量；二是降低过电流幅值。降栅压保护对处于过电流状态的IGBT是极为有利的。过电流状态和驱动电压的关系：当栅极驱动电压$U_{GE}=10$ V时，器件的短路耐量为15 μs；当驱动电压$U_{GE}=15$ V时，器件的短路耐量仅为5 μs；如果在过电流开始时，将栅极驱动电压降低为10 V，则承受过电流的时间可以延长到15 μs，并且过电流幅值也由原来的250 A下降到100 A。但是，由于U_{GE}的降低导致IGBT导通压降升高，这将使器件的瞬时热损耗急剧增大。为了防止热损耗，这个时间应足够短，不允许因此而引起热损坏。在实际应用中，过电流保护电路的整个相应时间通常小于10 μs。

（2）慢关断保护。

当出现过电流时，IGBT的关断时间不能太快，而是逐渐降低栅压，直到关断，这种方法称为慢关断保护法。采用慢关断的原因是在过电流关断时，电流由一个很大的值迅速下降，形成很大的di/dt，这将会在电路的感性元件上产生很高的反电动势，给IGBT和其他元件造成强烈的过电压冲击。

以上两种方法各有利弊，降栅压保护法可以延长IGBT的允许过电流时间，防止在大电流状态下快速关断，在感性元件上容易产生很高的反电动势。慢关断保护法存在允许过电流时间短等不足。在电路设计中常采用两种保护方式相结合的方法，取两者之长，并克服各自的不足，是一种更完善的保护方法。

4.3.2　IGBT驱动与保护电路的基本要求

IGBT驱动与保护电路的基本要求可归纳为以下几点。

（1）提供适当的正向和反向输出电压，使IGBT能够可靠导通或关断。

（2）提供足够大的瞬时功率或瞬时电流，使IGBT能够及时迅速建立栅控电场而导通或关断。

（3）尽可能小的输入输出延迟时间，以提高工作频率。

（4）足够高的输入输出电气隔离性能，及时控制信号电路与门极驱动电路绝缘。

（5）具有可靠的过电流保护能力。

IGBT是MOSFET与GTR的复合结构，所以用于功率MOSFET的门极驱动电路原则上也能适用于IGBT。IGBT也是场控器件，输入阻抗很高，但对于大功率IGBT，由于有相当大的输入电容，在IGBT导通瞬间门极脉冲电流的峰值可以达到数安培。因此，驱动电路应有足够大的正向电压和电流输出能力。同时IGBT的正向电压U_{GE}还与它的导通电压U_{CE}

有关。当 U_{GE} 增大时，导通电压 U_{CE} 下降，只有当 U_{CE} 增大到一定值时，U_{CE} 才能达到较低的饱和值。使 IGBT 达到饱和的正偏压与该器件的容量有关，如对于 50 A 的器件，选择正偏压 U_{GE} 为 15 V 较好，这时 U_{CE} 约为 4 V。通常对于较大容量的 IGBT 正偏压区为 15 ~ 20 V。

门极负偏压对 IGBT 的关断特性影响不大，但对于用在驱动电机的功率变换器而言，为了使 IGBT 能稳定可靠地工作，门极负偏压必不可少。同时，门极负偏压还能防止 IGBT 在过大的 du_{GE}/dt 发生误触发。因此，驱动电路中也引入了 $-U_{GE}$。负偏压通常取 -5 V 或者稍大一些。

IGBT 驱动电路中的门极电阻 R_G 对它的工作性能影响很大，取较大的 R_G，对抑制 IGBT 的电流上升率 di_C/dt 及降低器件上的电压上升率 du/dt 都有好处。若 R_G 过大，就会过分延长 IGBT 的开关时间，使它的开关损耗加大，这对高频的应用场合是很不利的；过小的 R_G 可以使 di_C/dt 太大而引起 IGBT 的不正常或损坏，所以正确选择 R_G 的原则是在开关损耗不太大的情况下，应选择略大的 R_G。R_G 的具体数值还与驱动电路的具体结构型式及 IGBT 的电压、电流大小有关，一般在数欧姆到数十欧姆。小容量的 IGBT 的 R_G 值较大，可超过 100 Ω。

为了使门极驱动电路与控制信号电路隔离，应采用抗干扰能力强、信号传输时间短的隔离器件。IGBT 门极与发射极的布线应尽量短，并且回路面积最小，以降低栅极电感和干扰信号的进入。

一种基于光耦合器件隔离信号的驱动电路如图 4-9 所示。驱动电路是由 MOSFET 及晶体管电路组成的，具有正、负偏置。当输入信号为高电平时，MOSFET 截止，VT_1 导通，使 IGBT 导通；当输入信号为低电平时，MOSFET 及 VT_2 都导通，IGBT 截止。

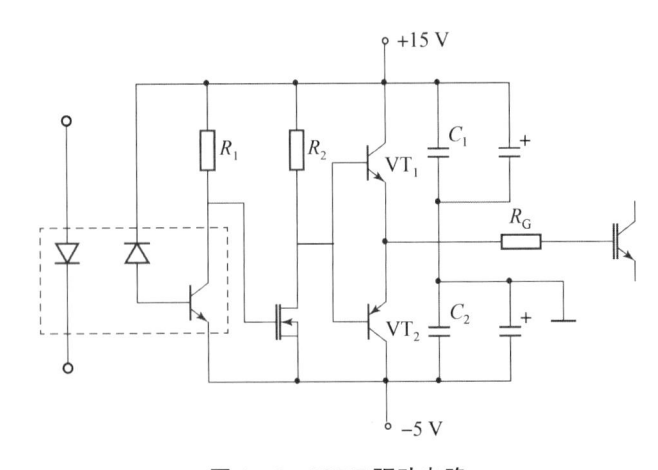

图 4-9 IGBT 驱动电路

IGBT 芯片的失效研究

四、任务实施

任务名称:	IGBT 驱动与保护电路分析
姓名:	班级: 学号:
任务描述	假如你是一名维修助理,维修主管确定顾客的一台秦 EV 的电动机控制器出现故障,要求你快速且熟练地拆解内部的各个电路,并能检测各部件好坏。这项任务的完成需要分析 IGBT 电路。你能完成这项任务吗
能力目标	(1) 能识别 IGBT 模块驱动电路; (2) 能识别 IGBT 模块保护电路; (3) 能设计 IGBT 模块电路
实施准备	(1) 新能源汽车实训室; (2) 一台秦 EV 的电机控制器
实施步骤	(1) 分组:教师将学生分成 2 组,每组选出 1 名组长; (2) 布置任务:教师给出电机控制器电路,让学生分析电路图中元器件名称、进行电路分析,一组学生分析驱动电路,一组学生分析保护电路,分析各个元器件在电路中发挥的作用; (3) 学生查阅资料,组织语言进行介绍,小组合作完成任务; (4) 组员交换角色,彼此咨询和介绍; (5) 进行 IGBT 的基本检测
自我反思	在专业能力、关键能力等方面的收获或体会:

五、任务考核

评价项目	评价内容	评价标准	分值	自我评价	平台评价	组内评价	组间评价	教师评价	汇总
素质测评	规则意识	遵守作息制度,不迟到、不早退、不旷课	10						
	分析解决问题能力	提升自我查阅资料、解决问题的能力	10						
	个人表达	口头表达能力,书面总结能力	10						
	团队合作	搜集信息、合作共事、知识共享、听取意见等方面	10						
专业测评	信息收集	准确记录顾客和车辆信息	10						
	知识掌握	造成 IGBT 模块损坏的主要原因	5						
		IGBT 的保护措施	10						
		IGBT 驱动与保护电路的基本要求	10						
		IGBT 失效的形式	5						
	知识应用	IGBT 模块电路的检测	10						
	方案制订	方案制订是否合理	10						
总评		总分	100						

六、思考练习

1. 填空题

(1) 降栅压保护是指当 IGBT 出现过电流时,将栅极驱动电压降低。这种方法有两大优点:一是延长 IGBT 的_____,二是降低_____。

(2) 当出现过电流时,IGBT 的关断时间不能太快,而是逐渐降低栅压,直到关断,这种方法称为_____。

2. 简答题

IGBT 驱动与保护电路的基本要求有哪些?

项目 5　驱动电机控制技术分析

驱动电机及其控制系统总体上可分为直流电机及其控制系统和交流电机及其控制系统两大类。新能源汽车使用的电机主要包括项目 2 介绍的直流电动机、交流感应电动机、交流永磁电动机（永磁同步电动机和无刷直流电动机）和开关磁阻电动机，不同类型的电动机在控制特性、可靠性等方面各有特点。

任务 1　直流电动机控制技术分析

一、学习目标

1．知识目标

（1）掌握电枢电动势的定义及计算方法。

（2）掌握电磁转矩的定义及计算方法。

（3）掌握直流电动机的机械特性数学方程式。

（4）掌握直流电动机的控制方式。

（5）掌握典型直流电动机的控制系统。

2．能力目标

（1）能够计算电枢电动势。

（2）能够计算电磁转矩。

（3）能够绘制直流电动机的转速、电流双闭环控制系统原理框图。

3．素质目标

（1）增强学生严谨认真的工程意识。

(2) 通过绘制直流电动机的转速、电流双闭环控制系统原理框图，培养学生的工程应用能力。

二、任务引入

假如你是新能源汽车电机生产制造公司的一名助理，设计师要求你设计并绘制某款直流电动机的控制系统示意图，要求能够实现电机转速快慢、正转、反转、电动工况和发电工况的切换。请利用所学知识完成这项任务。

三、知识储备

5.1.1 直流电动机机械特性参数

1. 电枢电动势的定义及计算方法

电枢电动势是指直流电动机在正常工作时，电枢绕组切割气隙磁场所产生的电动势。根据直流电动机的运行原理，可以推导出

$$E_\mathrm{a} = \frac{pN}{60a}\Phi n = C_\mathrm{e}\Phi n \tag{5-1}$$

式中　p——电动机磁极对数；

N——电枢绕组总的导体数；

a——电枢绕组的支路对数；

Φ——励磁磁通（Wb）；

n——电动机的转速（r/min）；

C_e——电动势常数。

2. 电磁转矩的定义及计算方法

电磁转矩是指直流电动机的电枢绕组有电流通过时，载流导体在磁场中受力而产生的总转矩。根据直流电动机的运行原理，可以推导出

$$T = \frac{pN}{2\pi a}\Phi I_\mathrm{a} = C_\mathrm{T}\Phi I_\mathrm{a} \tag{5-2}$$

式中　I_a——电枢电流（A）；

C_T——转矩常数。

由式（5-2）可知，直流电动机的电磁转矩电动机的每极磁通和电枢电流成正比。

3. 直流电动机的机械特性数学方程式

根据式（5-1）和式（5-2）可得到直流电动机的机械特性数学方程式，即

$$n = \frac{U_a}{C_e\Phi} - \frac{R_a + R_c}{C_e C_T \Phi^2}T = n_0 - \beta T \tag{5-3}$$

式中 R_a——电枢回路电阻（Ω）；

R_c——电枢外接电阻（Ω）；

n_0——理想空载转速（r/min），$n_0 = U_a/C_e\Phi$；

β——机械特性斜率，$\beta = (R_a + R_c)/(C_e C_T \Phi^2)$。

通过式（5-3）可知，改变参数 R_a、U_a、Φ 即可调节直流电动机的转速，相应的控制方式有串电阻、调压和弱磁三种。

5.1.2 直流电动机的控制方式

由式（5-3）可看出，R_a、U_a、Φ 三个参数都可以成为变量，若改变其中的一个参数，则可改变电动机的转速。故直流电动机有三种基本调速方式：①改变电枢回路电阻 R_a；②改变电枢电压 U_a；③改变励磁磁通 Φ。

1. 电枢回路电阻控制方式

电枢回路电阻控制方式是指在磁极绕组励磁电流不变的情况下，通过改变电枢回路的电阻，使电枢电流变化来实现电动机转速的控制。当电动机负载一定时，若随着串入外接电阻的增大，则电枢回路总电阻增大，相应地电动机转速就会降低。外接电阻的改变可以通过接触器或主令开关来实现。这种调速方式控制简单、操作方便，但只能进行有级调速，调速平滑性差，机械特性较软，在空载时几乎没有调速作用，而且调速电阻会消耗大量电能，因此，很少在新能源汽车上应用。

2. 电枢电压控制方式

电枢电压控制方式是指通过改变电枢电压控制电动机的转速，适用于电动机基速以下的调速控制。直流电动机的电枢电压与转速之间近似于线性关系，同时电动机的输出转矩为恒定值。因此，该控制方式也称恒转矩控制。该控制方式可以使直流电动机在较宽的速度范围内实现平滑的速度控制，调速比一般为 1∶10。如果配合磁场调节，则调速比可以达到 1∶30。

电枢电压调速控制的实现过程：当电枢电压降低，而转速、阻力矩还没来得及改变时，电枢电流必然下降，其产生的电磁转矩也随之下降，致使电枢转速下降。随着电枢转速的降低，电枢反电动势减小，电枢电流上升，电磁转矩又随之增大，直到与电动机的阻力矩相平衡时，电动机就会在比调压前更低的转速下稳定运行。

3. 励磁磁通控制方式

励磁磁通控制方式是指通过调节励磁电流，改变励磁磁通来调节电动机的转速，适用于电动机基速以上的调速控制。当电动机电枢电流不变时，该控制方法具有恒功率调速的特性。励磁磁通控制方式效率较高,但其调速范围较小(一般不超过1∶3),且响应速度较慢。

励磁磁通调速控制的实现过程:减小励磁磁通,在机械惯性力的作用下,电枢转速还没有来得及下降,而反电动势随着励磁磁通的减小而下降,电枢电流上升。由于电流上升的幅度大于励磁磁通减小的幅度,所以,电动机的电磁转矩增大。如果这时电动机的阻力矩不变,则转速就会上升。随着电动机转速的上升,电枢的反电动势增大,电枢电流随之减小,在电磁转矩与阻力矩平衡时,电动机就会在比减小励磁磁通前更高的转速下稳定运行。

在实际的直流电动机调速控制中,通常将电枢电压控制和励磁磁通控制两种方式配合使用。在电动机基速以下,励磁磁场保持不变,通过调节电枢电压控制电动机的转速,称为调压调速,或称恒转矩调速;在电动机基速以上,通过调节励磁磁通控制电动机的转速,称为弱磁调速,或称恒功率调速。调压调速与弱磁调速相配合时,直流电动机的转矩–转速特性如图5–1所示。

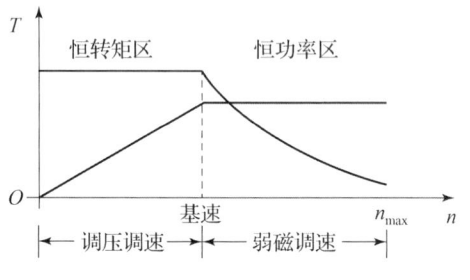

图5–1 直流电动机的转矩–转速特性

5.1.3 典型直流电动机的控制系统

直流电动机的转速、电流双闭环调速控制系统原理如图5–2所示。当车辆处于加速状态时,蓄电池提供电能,经DC/DC变换器输出给直流电动机,为其提供运行所需的直流电压;当车辆处于减速状态时,直流电动机将机械能转化为电能,经DC/DC变换器向蓄电池或超级电容等储能系统充电。可看出该DC/DC变换器为功率双向传输的。

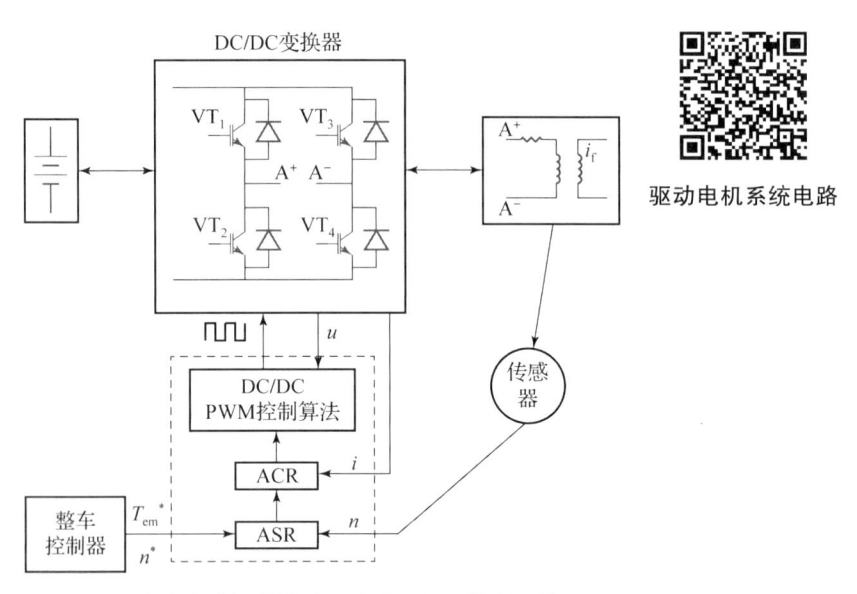

图5–2 直流电动机的转速、电流双闭环控制系统原理

根据整车运行的需求，对直流电动机实施转速与电流的双闭环控制。其中外环 ASR 是自动速度调节器，根据转速指令与传感器输出的速度值，产生电枢电流指令，其输出限幅为允许的最大电枢电流值；内环 ACR 是自动电流调节器，控制实际电枢电流跟随电流指令值，该调节器输出电枢电压指令值，其输出限幅为允许的最高电枢电压值且该电压指令值通过 PWM 单元产生开关信号，可控制四象限可逆 DC/DC 变换器中半导体开关器件的导通和关断。控制 VT_1、VT_4 的开关状态，可以使 DC/DC 变换器向电动机电枢绕组提供正向电压，从而控制电动机处于正转电动工况；控制 VT_2 的开关状态，可以控制电动机处于正转发电工况；控制 VT_3、VT_2 的开关状态，可以控制电动机处于反转电动工况；控制 VT_4 的开关状态，可以控制电动机处于反转发电工况。

直流电动机的控制方式

四、任务实施

任务名称：直流电动机控制技术分析			
姓名：		班级：	学号：
任务描述			假设你是新能源汽车电机生产制造公司的一名助理，设计师要求你设计并绘制某款直流电动机的控制系统示意图，要求能够实现电动机转速快慢、正转、反转、电动工况和发电工况的切换。请利用所学知识完成这项任务
能力目标			（1）能够计算电枢电动势； （2）能够计算电磁转矩； （3）能够绘制直流电动机的转速、电流双闭环控制系统原理框图
实施准备			（1）新能源汽车实训室； （2）白板
实施步骤			（1）分组：教师将学生分成 3 组，每组选出 1 名组长； （2）布置任务：教师给出直流电动机的控制要求，学生分组讨论，一组思考实现电动机转速快慢的控制方法及实现方式，另一组思考实现电动机正反转的控制方法及实现方式，一组思考实现电动机电能和机械能转换状态（电动工况和发电工况）的控制方法及实现方式； （3）学生查阅资料，组织语言进行介绍，小组合作完成任务； （4）组员交换角色，彼此咨询和介绍

续表

任务名称：直流电动机控制技术分析			
姓名：	班级：		学号：
自我反思	在专业能力、关键能力等方面的收获或体会：		

五、任务考核

评价项目	评价内容	评价标准	分值	自我评价	平台评价	组内评价	组间评价	教师评价	汇总
素质测评	规则意识	遵守作息制度，不迟到、不早退、不旷课	10						
	分析解决问题能力	提升自我查阅资料、解决问题能力	10						
	个人表达	口头表达能力，书面总结能力	10						
	团队合作	搜集信息、合作共事、知识共享、听取意见等方面	10						
专业测评	信息收集	准确记录顾客和车辆信息	10						
	知识掌握	电枢电动势的定义及计算方法	5						
		电磁转矩的定义及计算方法	10						
		直流电动机的机械特性数学方程式	10						
		直流电动机的控制方式	5						
	知识应用	绘制直流电动机的转速、电流双闭环控制系统原理框图	10						
	方案制订	方案制订是否合理	10						
总评		总分	100						

六、思考练习

1. 填空题

（1）直流电动机有三种基本调速方式，包括＿＿＿＿＿＿＿、＿＿＿＿＿＿＿和＿＿＿＿＿＿＿。

（2）电枢电动势是指直流电动机在正常工作时，电枢绕组切割＿＿＿＿＿＿＿所产生的电动势。

2. 简答题

请绘制直流电动机的转速、电流双闭环控制系统原理框图，并描述其控制原理。

任务2 交流感应电动机控制技术分析

一、学习目标

1. 知识目标

（1）掌握交流感应电动机的调速原理。
（2）掌握变压变频控制原理。
（3）掌握矢量控制原理。
（4）掌握直接转矩控制原理。

2. 能力目标

（1）能够计算交流感应电动机的转速。
（2）能够绘制交流感应电动机矢量控制系统原理框图。

3. 素质目标

（1）增强学生严谨认真的工程意识。
（2）通过绘制交流感应电动机矢量控制系统原理框图，培养学生的工程应用能力。

二、任务引入

假如你是新能源汽车电机生产制造公司的一名助理，设计师要求你设计并绘制某款交流感应电动机的控制系统示意图,要求能够实现电动机转速快慢的控制。请利用所学知识完成这项任务。

三、知识储备

交流感应电动机控制系统主要用于为电动机提供变压、变频电源,同时其电压和频率能够按照一定的控制策略进行调节,使驱动系统具有良好的转矩-转速特性。

5.2.1 交流感应电动机的调速原理

由于交流感应电动机直轴和交轴的耦合作用,导致其动态模型高度非线性,这就使交流感应电动机的控制比直流电动机要复杂得多。交流感应电动机转速控制的基本方程为

$$n = n_s(1-s) = \frac{60f}{p}(1-s) \tag{5-4}$$

式中 n——电动机转子转速(r/min);

n_s——同步旋转磁场转速(r/min);

s——转差率;

p——磁极对数;

f——电源频率(Hz)。

通过式(5-4)可知,改变 s、p 和 f 可以调节转速。因此,可以将交流感应电动机的基本调速方式分为三种:调压调速、变极调速和变频调速。改变交流感应电动机输入电源的电压进行调速的方式称为调压调速,是一种变转差率调速方式;改变交流感应电动机的磁极对数,从而改变同步旋转磁场转速进行调速的方式称为变极调速,其转速呈阶跃变化;改变交流感应电动机输入电源的频率,从而改变同步旋转磁场转速的调速方式称为变频调速,其转速可以均匀变化。交流感应电动机调速控制,一般采用控制多种变量的方法。目前高级的控制策略和复杂的控制算法,如自适应控制、变结构控制和最优控制等已经得以应用,以获得快速响应、高效率和宽调速范围。

交流感应电动机驱动系统为了实现理想的调速控制,已经开始采用新的控制方法,其中较为成功的是变压变频(variable voltage and variable frequency,VVVF)控制、磁场定向控制(field oriented control,FOC,又称矢量控制)、直接转矩控制(direct torque control,DTC)。传统变压变频控制的基速由于其非线性的动态模型,并不能使电动机满足所要求的驱动性能,而矢量控制可以克服由于非线性动态模型带来的控制难度,能在线准确辨识出电动机的参数,控制性能非常优越。目前随着微处理器性能的不断提高,国内外已经推出了多种型号的基于矢量控制的控制器,其控制性能已基本满足新能源汽车的动力要求。

5.2.2 变压变频控制原理

在对交流感应电动机进行调速控制时,希望保持电动机中每极气隙磁通 Φ_m 为额定值不变。若每极气隙磁通太小,则不能充分利用电动机的铁心,是一种浪费;若每极气隙磁通太大,则会使铁心饱和,导致励磁电流过大,严重时会因绕组过热而烧坏电动机。由于交流感应电动机的磁通是由定子和转子磁动势合成产生的。因此,需要采取相应的控制方式保持每极气隙磁通恒定。

气隙磁能在交流感应电动机定子每相感应电动势有效值的表达式为

$$E_g = 4.44 f_1 N_s k_{Ns} \Phi_m \tag{5-5}$$

式中 E_g——气隙磁通在交流感应电动机定子每相中感应电动势的有效值(V);

f_1——定子频率(Hz);

N_s——定子每相绕组串联匝数;

k_{Ns}——定子绕组系数;

Φ_m——每极气隙磁通(Wb)。

由式(5-5)可知,只要控制好感应电动势 E_g 和定子频率 f_1,就可以达到保持每极气隙磁通 Φ_m 恒定的目的。对此,需要考虑基频(额定频率)以下和基频以上两种情况。

1. 基频以下调速

当定子频率 f_1 从基频向下调节时,若要保持每极气隙磁通 Φ_m 不变,则必须同时降低感应电动势 E_g,且

$$\frac{E_g}{f_1} = 常数 \tag{5-6}$$

即采用电动势频率比为恒定值的控制方式。

若定子绕组中的感应电动势难以直接控制和调节,当电动势较高时,则可忽略定子绕组的漏磁阻抗压降,认为 $U_s \approx E_g$,即有

$$\frac{U_s}{f_1} = 常数 \tag{5-7}$$

这就是基频以下的恒压频比控制方式,此时输出转矩保持恒定,属于恒转矩调速控制方式。

当处于低频状态时,U_s 和 E_g 都比较小,定子绕组的漏磁阻抗压降所占比例较高,不能忽略,这时可以人为升高 U_s,以补偿定子绕组的漏磁阻抗压降。

2. 基频以上调速

在基频以上调速时,定子频率应该从基频向上调节,但定子电压 U_s 不能超过额定电

压 U_{sN}，只能保持 $U_s = U_{sN}$。在定子频率向上调节的同时，使磁通与定子频率成反比例降低，即相当于直流电动机的弱磁升速，属于恒功率调速。

交流感应电动机的变压变频控制的转矩 – 速度特性如图 5 – 3 所示。该特性曲线可分为三段：第一段在电动机频率低于基频时，产生额定转矩，称为恒转矩区；第二段定子电压保持恒定，转差增加到最大值，电动机功率保持在额定值不变，称为恒功率区；第三段转差保持恒定不变，而定子电流衰减，转矩以速度的平方减小，称为高速区。因为变压变频控制方式有气隙磁通偏移和延时响应等缺点，所以该方式并不适用于高性能新能源汽车驱动系统。

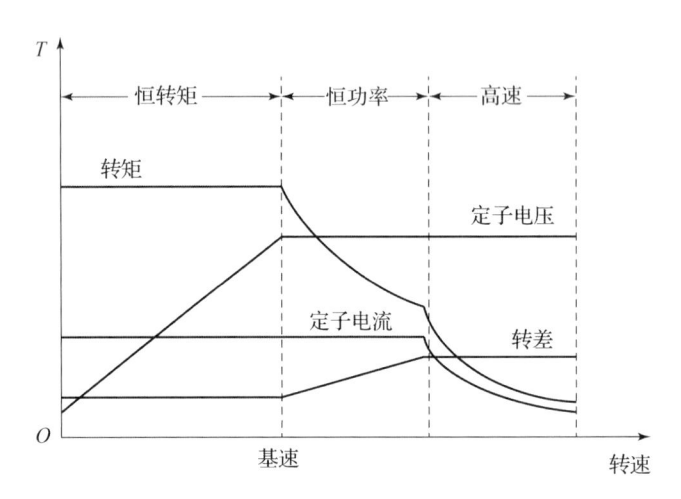

图 5 – 3　交流感应电动机的变压变频控制的转矩 – 转速特性

5.2.3　矢量控制原理

交流感应电动机的控制通常是通过调节定子三相端电压来实现的。但实际上，施加定子电压后，定子绕组不仅包含电枢电流，同时还包含励磁电流分量。传统的变压变频控制方式不能对其中的电枢电流和励磁电流解耦，实施独立控制，因此，交流感应电动机的转矩变化呈现强烈的非线性特征，转矩控制性能远不能与他励直流电动机相比。

为了改善交流感应电动机的动态特性，应优先选择矢量控制方式，而不是变压变频控制方式。磁场定向矢量控制技术是建立在交流感应电动机与直流电动机的类比基础上的。直流电动机工作原理如图 5 – 4 所示，其中，静止的主磁场 Φ 由定子励磁绕组产生，为水平方向；电枢绕组中通过交变电枢电流，但在电刷和换向器的作用下，电枢反应磁场 Φ_a 成为静止

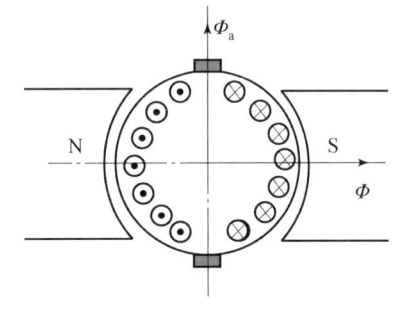

图 5 – 4　直流电动机工作原理

磁场，且方向与主磁场保持垂直，所以直流电动机的转矩公式 $T_e = C_T \Phi I_a$ 才会如此简单。

在数学中，一个稳定的正弦变化量，可以等效为某个恒定旋转矢量在静止坐标轴上的投影，且矢量的旋转速度等于正弦变化量的角速度，所以稳态下交流感应电动机正弦变化的定子电流可以与某个恒定电流的旋转矢量相对应。如果交流感应电动机控制系统立足于选择定子电流矢量，并始终与其保持同步运行，则将看到一个恒定的直流电流。在动态过程中，看到的则是一个大小发生变化的直流电流。

交流感应电动机转矩的产生是定子电流与气隙磁场作用的结果，而定子电流矢量与气隙磁场以相同的速度旋转，在上述坐标系中，就可以看到直流定子电流与直流气隙磁场，它们的大小与夹角正弦值的乘积就可以表示电动机转矩的大小。与他励直流电动机不同的是，交流感应电动机的磁场需要定子绕组中的电流来产生，所以上述直流定子电流与直流气隙磁场一般并不能保持垂直。在这种情况下，直流定子电流可以分解为两个分量：一个是与直流气隙磁场平行的 I_1，该电流仅与磁场有关系；另一个是与直流气隙磁场垂直的 I_2，即与磁场作用产生转矩的电流分量。这两个电流分量分别称为定子电流的励磁分量和转矩分量，它们与直流电动机的励磁电流和电枢电流相对应，并且也都是直流分量。通过这种方式就完全可以按照直流电动机的控制规律去控制交流感应电动机，并且具有与直流电动机相同的控制性能。

1. 交流感应电动机数学模型

交流感应电动机是一个高阶、非线性、强耦合和多变量系统，通常情况下作如下假设。

（1）不考虑铁心饱和的影响，利用叠加原理计算交流感应电动机各个绕组电流共同作用下产生的合成磁场。

（2）三相绕组对称，绕组所产生的磁动势沿气隙圆周在空间上按正弦分布，忽略空间谐波的影响。

（3）不考虑频率和温度变化对绕组电阻的影响，且无论绕线型绕组还是笼型绕组，都等效为绕线转子，并折算到定子侧。

这样把实际的交流感应电动机等效为六绕组耦合电路模型。A，B，C 三相静止的定子绕组和 a，b，c 三相旋转的转子绕组均对称分布（空间上各自互差120°），并且转子绕组以某一电角度 ω 旋转。

2. 矢量控制基本思路

对于交流感应电动机三相对称的静止绕组 A、B、C，在通过三相平衡的正弦电流 i_A、

i_B、i_C 时,所产生的合成磁动势为旋转磁动势 F,在空间呈正弦分布,以同步转速 ω 沿 A→B→C 的相序旋转。

由电机学可知,在两相、三相、四相等多相对称绕组中通以多相对称电流时,均能够产生旋转磁动势。其中以两相最为简单。两相静止绕组 α 和 β,它们在空间互差90°,通以时间上互差90°的两相平衡交流电流 i_α、i_β,也可以产生旋转磁动势 F。当该磁动势与三相对称的静止绕组 A、B、C 所产生的磁动势大小和转速都相等时,即认为两者等效。

两个匝数相等且互相垂直的绕组 M 与 T,其中分别通以直流电流 i_m 和 i_t,产生合成磁动势 F,其位置相对于绕组固定。让包含两个绕组在内的整个铁心以同步转速旋转,则磁动势 F 也随之旋转,成为旋转磁动势。当该磁动势的大小和转速与三相对称的静止绕组 A、B、C 所产生的磁动势大小和转速都相等时,即认为两者等效。

根据旋转磁场等效的原则,经过三相两相变换和旋转变换等矢量变换,使三相交流电机的三相绕组和直流电机的直流绕组等效,以此来模拟直流电机控制转矩的方法对交流电机转矩进行控制,这就是矢量控制。

对交流感应电动机与直流电动机进行对比、分析,可看出矢量控制的基本思路为模拟直流电动机的控制方法对交流感应电动机进行控制。根据线性变换,以及变换前后的磁动势和功率不变原则,通过正交变换将 $a-b-c$ 三相静止坐标系的数学模型变换为 α-β 二相静止坐标系的模型,然后通过旋转变换将二相静止坐标系的模型变换为 d-q 二相旋转坐标系的模型。在 α-β/d-q 变换下,将定子电流矢量分解成按转子磁场定向的两个直流分量 i_d,i_q(i_d 为励磁电流分量,i_q 为转矩电流分量),并对其分别加以控制,控制 i_d 相当于控制磁通,控制 i_q 相当于控制转矩。

在交流感应电动机磁场的定向矢量控制算法中,有 3 种选择,即将旋转坐标系中的 d 轴放在转子磁场上由转子磁场定向控制;将旋转坐标系中的 d 轴放在定子磁场上由定子磁场定向控制;将旋转坐标系中的 d 轴放在气隙磁场上由气隙磁场定向控制。由于后两种控制方式相对难以实现,且电动机的电磁转矩表达式是非线性的。因此,通常采用转子磁场定向矢量控制(rotor field oriented control,RFOC)方式对交流感应电动机模型进行分析和控制。

由三相静止坐标系 $a-b-c$ 变换为二相旋转坐标系的变换转矩为

$$C_{3s-2r} = C_{2s-2r}C_{3s-2s} = \sqrt{\frac{2}{3}} \begin{bmatrix} \cos\theta & \sin\theta \\ -\sin\theta & -\cos\theta \end{bmatrix} \begin{bmatrix} 1 & -\frac{1}{2} & -\frac{1}{2} \\ 0 & \frac{\sqrt{3}}{2} & -\frac{\sqrt{3}}{2} \end{bmatrix} \quad (5-8)$$

基于转子磁场定向控制的交流感应电动机磁链方程为

$$\psi_r = \frac{L_m}{1+T_r p} i_{sm} \tag{5-9}$$

式中 T_r——转子回路时间常数，$T_r = L_r/R_r$。

基于转子磁场定向控制的交流感应电动机电磁转矩方程为

$$T_e = p_n \frac{L_m}{L_r} i_{st} \psi_r \tag{5-10}$$

当转子磁链 ψ_r 恒定时，式（5-10）可变换为

$$T_e = p_n \frac{L_m^2}{L_r} i_{sm} i_{st} \tag{5-11}$$

从式（5-11）可看出，当交流感应电动机转子磁链恒定时，其电磁转矩方程与直流电动机电磁转矩方程相似。从物理结构上看，交流感应电动机与直流电动机不同，它并不是通过换向器固定磁场的空间位置关系，而是通过坐标变换或矢量变换使转子磁链 ψ_r 与转矩电流分量 i_{st} 正交解耦。因此，可以通过控制 ψ_r 和 i_{st}，或控制 i_{sm} 和 i_{st} 来控制电磁转矩。对应用于新能源的交流汽车的交流感应电动机来说，在基速以下运行时，保持励磁电流分量 i_{sm} 为恒定值，只需调节转矩电流分量 i_{st} 即可改变电磁转矩，实现转矩控制；在基速以上运行时，自动调节励磁电流分量 i_{sm} 与转速 ω_r，并保持 $i_{sm}\omega_r$ 恒定，同时调节转矩电流分量 i_{st}，保持 $T_e\omega_r$ 恒定，实现恒功率控制。

随着磁场定向控制技术的发展，出现了许多实现磁场定向控制的方法。根据转子磁场测量方式的不同，这些方法可分为直接磁场定向控制和间接磁场定向控制两类。直接磁场定向控制需要直接测量转子磁场，增加了控制的复杂性和低速运行时测量的不可靠性。因此，直接磁场定向控制很少应用于交流感应电动机控制系统。

与直接磁场定向控制不同，间接磁场定向控制通过计算确定转子磁场，而不是直接测量，这种方法相对于直接磁场定向控制更易于实现。因此，间接磁场定向控制在高性能的新能源汽车驱动系统中具有很好的应用前景。

3. 交流感应电动机矢量控制系统

交流感应电动机矢量控制系统原理如图 5-5 所示，该控制系统采用电流控制的电压型逆变器供电。控制系统首先根据外部给定信号（转速、转矩等）结合被控对象的信息（电动机参数）设定电动机运行的励磁电流和转矩电流的参考值 i_{sm}^*，i_{st}^*（相当于直流电动机的励磁电流和电枢电流），然后利用转子磁场角度进行旋转坐标变换，将参考值变换到三相静止坐标系中，得到三相定子电流参考值；根据此电流参考值采用合适的 PWM 技术控制逆变器三相输出电流密切跟随其电流指令值。

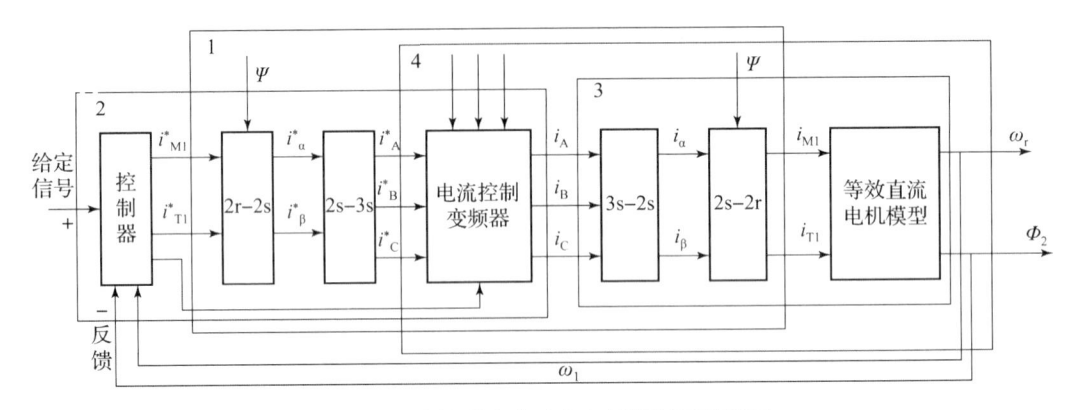

图 5-5 交流感应电动机矢量控制系统原理

在理想情况下,逆变器的电流响应没有延时,图 5-5 中矩形框 1 部分的延时可以忽略,那么交流感应电动机控制系统就可转换为直流电动机控制系统,这就是矢量控制的思路;矩形框 2 部分是将外部给定信号转换为电动机电流指令信号的单元,该部分比直流电动机的控制器多两个变换单元,是控制系统软件的主要部分;矩形框 4 部分是控制系统的硬件,也是控制系统电能变换的部分;矩形框 3 部分表示被控对象交流感应电动机和与其等效的直流电动机之间的关系。

4. 间接磁场定向控制系统

图 5-6 所示为间接磁场定向矢量控制系统原理。由该图可知,其磁场定向角由转子位置信号,以及根据电动机工作指令计算出的转差角频率的积分合成得到,采用这种方式进行磁场定向可以弱化控制系统对电动机参数的依赖。针对定子电流的闭环控制,该系统采用三相定子电流闭环控制方案。在基速以上运行时,图 5-6 中图中的函数发生器 FG 单元根据电动机速度适当减小励磁电流,从而在电压有限的情况可以继续进行升速控制。此外,电压型逆变器在图示算法的控制下呈现受控电流源特性。通常情况下,车载储能器件,包括燃料电池发动机(fuel cell engine,FCE)、超级电容(super capacitor,SC)及蓄电池(battery,BAT)等,最好通过一个 DC/DC 变换器与逆变器相连接,特别是燃料电池发动机的特性比较软,在大负载的情况下,过大的电压跌落会严重制约新能源汽车动力性能的发挥;双向 DC/DC 变换器可以将车辆制动时的电能重新储存一部分至超级电容及蓄电池中,从而改善整车的能耗指标。

5.2.4 直接转矩控制原理

20 世纪 80 年代中期,德国鲁尔大学 M. Depenbrock 教授和日本学者 Takahashi I. 相继提出直接转矩控制技术。这是继矢量控制技术之后发展起来的一种高动态性能交流感应电动机变压变频调速技术。DTC 技术首先应用于交流感应电动机的控制,后来逐渐推广到弱磁控制和同步电动机的控制中。

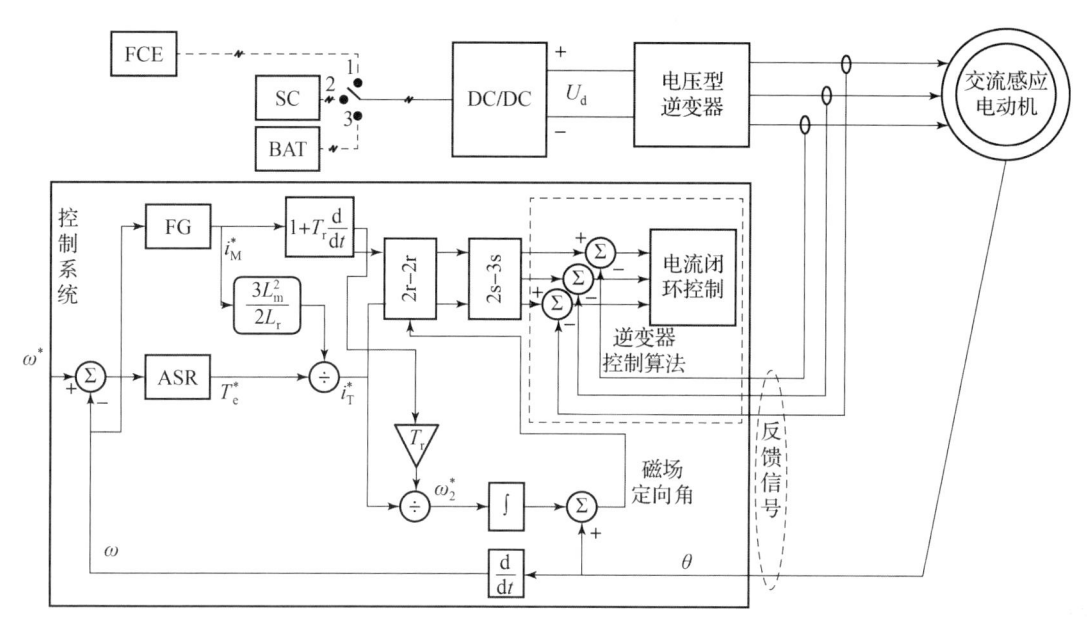

图 5-6　间接磁场定向矢量控制系统原理框图

1. 直接转矩控制基本概念

交流感应电机驱动系统中的直接转矩控制基于定子二相静止参考坐标系，一方面维持转矩在给定值附近，另一方面维持定子磁链沿着给定轨迹（预先设定的轨迹，如六边形或圆形等）运动，对交流感应电动机的电磁转矩与定子磁链直接进行闭环控制。最早提出的经典控制结构是先将定子磁链与电磁转矩的脉动限制在预先设定的范围内，然后采用 bang – bang 调节器对它们实施 bang – bang 控制。bang – bang 调节器是进行比较与量化的环节，当实际值超过调节范围的上下限时，它就产生动作，输出的数字控制量就会发生变化。该控制量直接决定电压型逆变器输出的电压空间向量。

这种经典的直接转矩控制系统具有以下特点。

(1) 基于静止坐标系对电动机进行闭环控制，控制系统简单，不需要磁场定向矢量控制系统中的旋转坐标变换。

(2) 没有电流调节单元，不需要像磁场定向矢量控制系统中对定子电流的磁场分量和转矩分量进行闭环控制。

(3) 没有专门对定子电压进行脉宽调制的单元，不需要像磁场定向矢量控制系统中采用专门的 PWM 算法（如空间矢量脉宽调制技术和电流滞环脉宽调制技术）。

(4) 特有的矢量电压表，这在其他控制系统中是不会出现的。

(5) 对定子磁链幅值、电磁转矩均通过 bang – bang 调节器实现闭环控制，这也是经典直接转矩控制系统所特有的。

2. 直接转矩控制方案分析

（1）德国 M. Depenbrock 教授的直接自控制（direct self – control，DSC）方案。

直接自控制方案是针对大功率交流传动系统电压型逆变器感应电动机提出来的控制方案。由于 20 世纪 80 年代中期采用大功率 GTO 半导体开关器件，考虑器件本身的开通、关断比较慢，以及开关损耗和散热等实际问题，GTO 器件的开关频率不能太高。当时的开关频率要小于 1 kHz，通常只有 500~600 Hz。即便到现在，在大功率交流传动系统的应用场合中，开关频率也只能有几千赫兹。在较低的开关频率下，直接自控制方案采用两点式电压型逆变器输出的六个非零电压矢量，并将其按照预先给定的定子磁链幅值指令顺次切换，从而实现预设的六边形定子磁链轨迹控制。转矩自控制单元的功能是，在定子磁链自控制单元的基础上，通过实时插入零电压矢量来调节电动机的转矩，使其保持在合适的范围内。在插入零电压矢量时，合适地交替选择两个零电压矢量可以起到减小 GTO 开关频率的作用。直接自控制方案原理如图 5 – 7 所示。

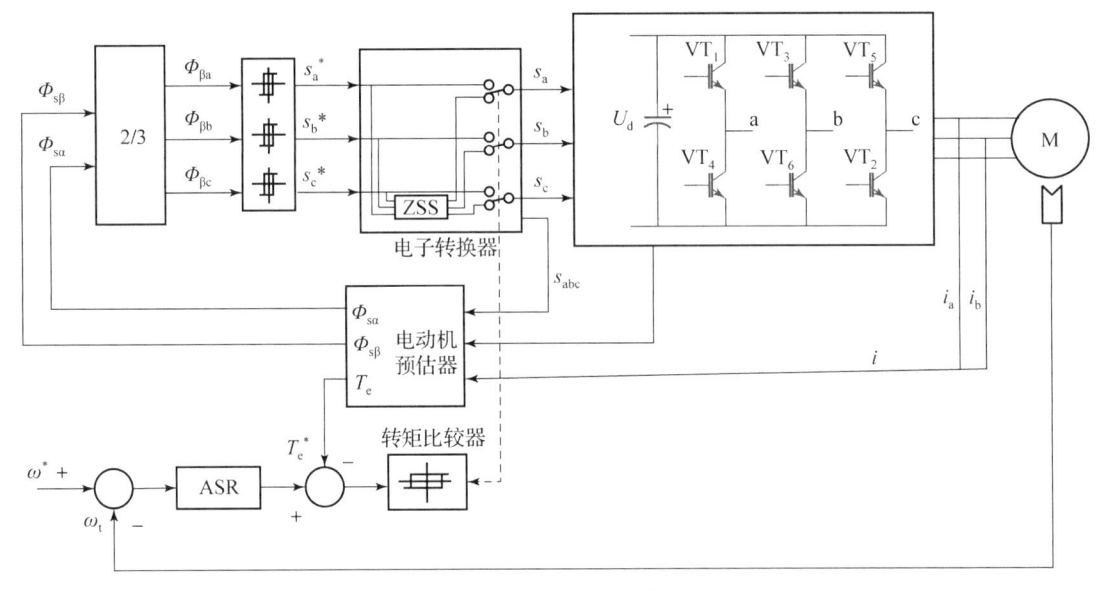

图 5 – 7 直接自控制方案原理

六边形定子沿磁链轨迹运行时，定子磁链中含有较多的谐波分量。经分析，定子磁链与转子磁链之间是一阶函数的关系，当处于低速大负载状态时，转子磁链不再是圆形，并且含有较多的谐波分量，此时转矩出现明显的低频脉动。可以采取以下几种方式改善这种情况。

①引入多边形定子磁链轨迹的控制（开关频率会增加）。例如，在合适的位置引入相应折角，就可以显著减小逆变器直流环路中电流的整数倍次谐波分量。

②从根本上来说，引入占空比的控制，可以适当调节定子磁链旋转的平均角速度，从而显著减小低速大负载时的转矩低频脉动。

③引入空间矢量脉冲宽度调制（space vector pulse width modulation，SVPWM）的间接定子量控制（indirect stator - quantities control，ISC），可以在系统闭环控制周期较大的情况下保持较好的静动态性能。

（2）日本学者 Takahashi I. 的 DTC 方案。

该方案是现今研究最多的一种 DTC 方案，其采用了查询电压矢量选择表的方法，对定子磁链和电动机转矩同时进行调节，该控制方案原理如图 5-8 所示。根据定子磁链幅值与电动机转矩的 bang-bang 调节器、定子磁链矢量空间位置，得到查询电压矢量选择表所需的信息，并从该表中直接查出应施加的电压矢量所对应的开关信号，以此来控制逆变器。这种方案为了向理想的圆形磁链轨迹靠近，采用了准圆形定子磁链轨迹，以保证定子磁链幅值基本不变，但同时也使开关频率有较大的增加。

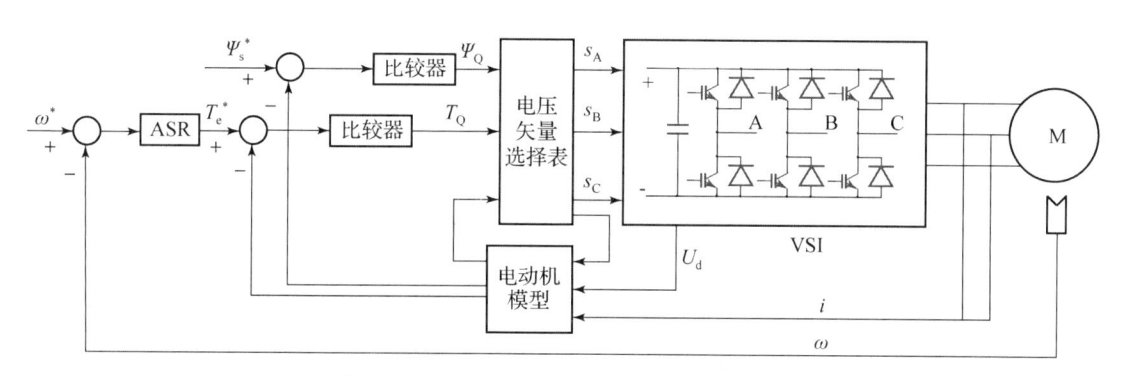

图 5-8　Takahashi I. 提出 DTC 方案原理

对于该控制方案，不同的电压矢量选择表会对交流传动系统的静动态性能有很大的影响。例如，选用反转的电压矢量可以有效地加快系统的动态响应，以及防止定子磁链大幅减小，即防止消磁现象的出现；但在静态时，转矩有较大脉动，同时开关频率也较大。若不采用反转的电压矢量，则会出现消磁现象，同时也会减慢转矩减小时的过渡过程，但其开关频率会低一些。另外，采用不同阶数的滞环调节器、设置不同的滞环环差，以及不同的负载及电动机的速度都会影响逆变器实际的开关频率，这也是直接转矩控制技术的特点之一。

传统的 DTC 方案均是直接利用逆变器本身输出的电压矢量，并且选中的电压矢量将作用于整个控制周期，这也是 DTC 方案特有的 PWM 技术。因此，DTC 方案无须使用其他的 PWM 单元。但由于其所采用的电压矢量大小、方向均是固定不变的，因此会导致很大的转矩脉动。转矩脉动只能由转矩 bang-bang 调节器来限制，但由于控制系统的惯性，转矩脉动往往超出其预设范围。

(3) 改进的 DTC 方案。

传统直接转矩控制技术虽然具有控制结构简单、动态响应快等优点，但其存在着与 PWM 技术密切相关的定子磁链与电磁转矩脉动，并且在低速时，转矩脉动相当大，甚至有时电动机转速也有较大波动，这些均会降低交流传动系统低速运行时的稳定性。

为了改善系统性能，应在电动机定子上施加方向、幅值可调的电压矢量，对传统直接转矩控制技术进行改进。电压矢量的调节方式包括以下三种。

①对电压矢量幅值大小进行调节，方向仍为其固有的六个方向。

②增加一些较多方向且幅值可调的电压矢量。

③电压矢量可以取任意方向和任意幅值。

第一种方案是引入占空比的控制。简单地说，就是调节某一个电压矢量在整个控制周期内作用的时间份额。在进行占空比控制时，有以下两种方案：一种是稳态占空比，即着重考虑电动机的速度，同时为了改善动态性能，又必须考虑定子磁链幅值与其给定值之间的差值，以及转矩实际值与给定值之间的差值等；另一种是瞬态占空比控制，即每个控制周期内的占空比均通过实时计算得到。例如，计算出以减小转矩脉动为目的而需施加的电压矢量的一个分量，就可算出占空比。第一种方案基本不改变传统直接转矩控制系统的简单结构，却可以在低速时极大地减小转矩脉动。选择合适的占空比控制方案，系统的动态响应基本不会变慢。

第二种方案是利用 SVPWM 技术综合应用两电平逆变器、三电平逆变器及多电平逆变器应用的一种方案。例如，若将两电平逆变器原有的电压矢量只作用半个控制周期，则相当于在整个控制周期内作用的是具有原先幅值一半的同向的电压矢量，如图 5-9 (b) 所示。图 5-9 (a) 所示为两点式电压型逆变器输出的六个非零电压矢量，图 5-9 (b) 中的六个小矢量就是采用上述方法派生出来的，同样也可以派生出别的幅值。类似地，采用 SVPWM 技术可以生成一些具有其他方向的电压矢量，如图 5-9 (c) 所示。该方案是在采用传统 DTC 方案（bang-bang 调节器及电压矢量选择表）的基础上，发掘两电平逆变器（或其他较少电平的逆变器）的能力而提出的。通过上述合成新型电压矢量的技术，可以派生出如图 5-9 (d) 所示的类似三电平逆变器（或更多电平的逆变器）的电压矢量图，这样就相当于大大扩充了电压矢量选择表中供选取的电压矢量的数目。在低速时，小幅值电压矢量在满足控制需求的前提下，可以大幅减小转矩脉动。故该方案可以取得更好的控制效果。

（a） （b）

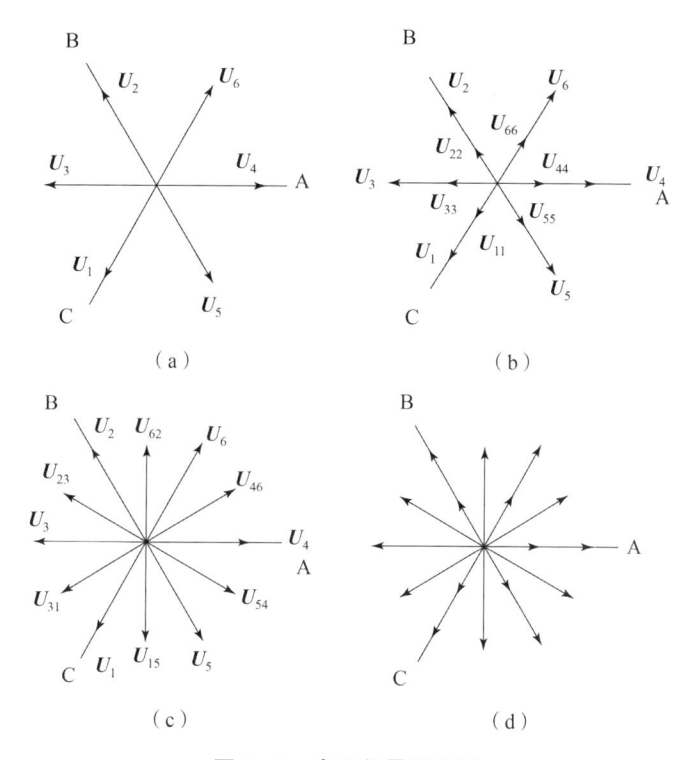

（c） （d）

图 5-9 电压矢量扩充图

第三种方案是应用任意方向、任意幅值（在逆变器的输出范围内）的电压矢量，这就需要新型的 SVPWM-DTC 控制系统，也称间接定子量控制系统。该方案仍然基于定子二相静止坐标系，但与传统 DTC 方案不同的是，其对定子磁链与电动机转矩均采用经典的 PI 调节器进行闭环控制，并由其输出共同合成电压矢量的指令值。该方案分为基于定子静止坐标系和基于同步旋转坐标系等不同的形式。虽然这些控制方案的结构相对复杂，但由于运用了较成熟的 SVPWM 技术，可以使逆变器输出幅值和方向均可调的电压矢量，因此，驱动系统的稳态性能更好，基本上可以取得与矢量控制相当的性能。

感应电动机控制
系统工程应用

四、任务实施

任务名称：交流感应电动机控制技术分析		
姓名：	班级：	学号：
任务描述	假如你是新能源汽车电机生产制造公司的一名助理，设计师要求你设计并绘制某款交流感应电动机的控制系统示意图，要求能够实现电动机转速快慢的控制，请利用所学知识完成这项任务	

续表

任务名称：交流感应电动机控制技术分析			
姓名：	班级：		学号：
能力目标	（1）能够计算交流感应电动机的转速； （2）能够绘制交流感应电动机矢量控制系统原理框图		
实施准备	（1）新能源汽车实训室； （2）白板		
实施步骤	（1）分组：教师将学生分成 3 组，每组选出 1 名组长； （2）布置任务：教师给出对应交流感应电动机转速控制要求、磁极对数 p 和转差率 s，学生分组讨论，一组计算交流感应电动机的转速，另一组思考实现转速控制的方法，一组绘制交流感应电动机矢量控制系统原理框图； （3）学生查阅资料，组织语言进行介绍，小组合作完成任务； （4）组员交换角色，彼此咨询和介绍		
自我反思	在专业能力、关键能力等方面的收获或体会：		

五、任务考核

评价项目	评价内容	评价标准	分值	自我评价	平台评价	组内评价	组间评价	教师评价	汇总
素质测评	规则意识	遵守作息制度，不迟到、不早退、不旷课	10						
	分析解决问题能力	提升自我查阅资料、解决问题能力	10						
	个人表达	口头表达能力、书面总结能力	10						
	团队合作	搜集信息、合作共事、知识共享、听取意见等方面	10						

续表

评价项目	评价内容	评价标准	分值	自我评价	平台评价	组内评价	组间评价	教师评价	汇总
专业测评	信息收集	准确记录顾客和车辆信息	10						
	知识掌握	交流感应电动机的调速原理	5						
		变压变频控制原理	10						
		矢量控制原理	10						
		直接转矩控制原理	5						
	知识应用	绘制交流感应电动机矢量控制系统原理框图	10						
	方案制订	方案制订是否合理	10						
总评		总分	100						

六、思考练习

1. 填空题

（1）交流感应电动机控制系统主要用于为电动机提供_____、_____电源，同时其电压和频率能够按照一定的控制策略进行调节，使驱动系统具有良好的转矩–转速特性。

（2）交流感应电动机的基本调速方式分为三种：_____、_____和_____。

（3）交流感应电动机驱动系统为了实现理想的调速控制，已经开始采用新的控制方法，其中较为成功的是_____、_____和_____。

2. 判断题

（1）交流感应电动机的控制比直流电动机要复杂得多。　　　　　　　　　（　　）

（2）直接转矩控制技术首先应用于交流感应电动机的控制，后来逐渐推广到弱磁控制和同步电动机的控制中。　　　　　　　　　　　　　　　　　　　　　　（　　）

（3）相比于间接磁场定向控制，直接磁场定向控制在高性能的新能源汽车驱动系统中具有很好的应用前景。　　　　　　　　　　　　　　　　　　　　　　　（　　）

3. 简答题

请绘制交流感应电动机矢量控制系统原理框图,并描述其控制原理。

任务3　交流永磁电动机控制技术分析

一、学习目标

1. 知识目标

(1) 掌握永磁同步电动机矢量控制技术。

(2) 掌握永磁同步电动机直接转矩控制技术。

(3) 掌握永磁同步电动机无传感器控制技术。

(4) 掌握无刷直流电动机控制系统。

(5) 掌握无刷直流电动机无位置传感器控制技术。

2. 能力目标

(1) 能够绘制永磁同步电动机矢量控制系统原理框图。

(2) 能够绘制无刷直流电动机控制系统原理框图。

3. 素质目标

(1) 增强学生严谨认真的工程意识。

(2) 通过绘制永磁同步电动机和无刷直流电动机的控制系统原理框图,培养学生的工程应用能力。

二、任务引入

假设你是新能源汽车电机生产制造公司的一名助理,设计师要求你设计并绘制某款永磁同步电动机、某款无刷直流电动机的控制系统示意图,要求能够实现电动机转速快慢的控制。请利用所学知识完成这项任务。

三、知识储备

交流永磁电动机根据转子永磁体产生的气隙磁场不同,可分为永磁同步电动机和无刷直流电动机两类,前者气隙磁场为正弦波,后者气隙磁场为梯形波。气隙磁场的差别决定了两类电动机需要采用不同的控制方式实现调速。

5.3.1 永磁同步电动机控制技术

永磁同步电动机的工作原理与交流感应电动机相似，逆变器将电源输出的直流电转换为可变的三相正弦波电压，为永磁同步电动机提供电能。应用于交流感应电动机的控制技术同样适用于永磁同步电动机。

永磁同步电动机的转矩可分为两个部分：一是永磁体产生的磁链与定子电流转矩分量作用后产生的永磁转矩；二是由于转子的磁凸极效应，使定子电流励磁分量与转矩分量产生的磁阻转矩。这两部分转矩都与定子电流转矩分量成正比，也就是说，可以通过控制定子电流转矩分量的大小控制电动机转矩。定子电流转矩分量与直流电动机的电枢电流相对应，因此，永磁同步电动机的转矩控制可以转化为对定子电流转矩分量的控制。此外，定子电流励磁分量会影响电动机定子磁链的大小，所以可通过定子励磁分量实现弱磁升速的效果，这一点与直流电动机的励磁电动机类似。可以看出，永磁同步电动机与直流电动机有很大的相似性。

1. 永磁同步电动机矢量控制技术

磁场定向矢量控制技术的核心是在转子磁场旋转坐标系中，针对定子电流的励磁分量和转矩分量分别进行控制，并且采用经典的 PI 调节器，使系统呈现出良好的线性特性。可以按照经典线性控制理论进行控制系统设计；逆变器的控制采用较成熟的 SPWM、SVPWM 等技术。磁场定向矢量控制技术相对成熟，动态、静态性能较好，得到了广泛的实际应用。永磁同步电动机矢量控制系统原理如图 5-10 所示。

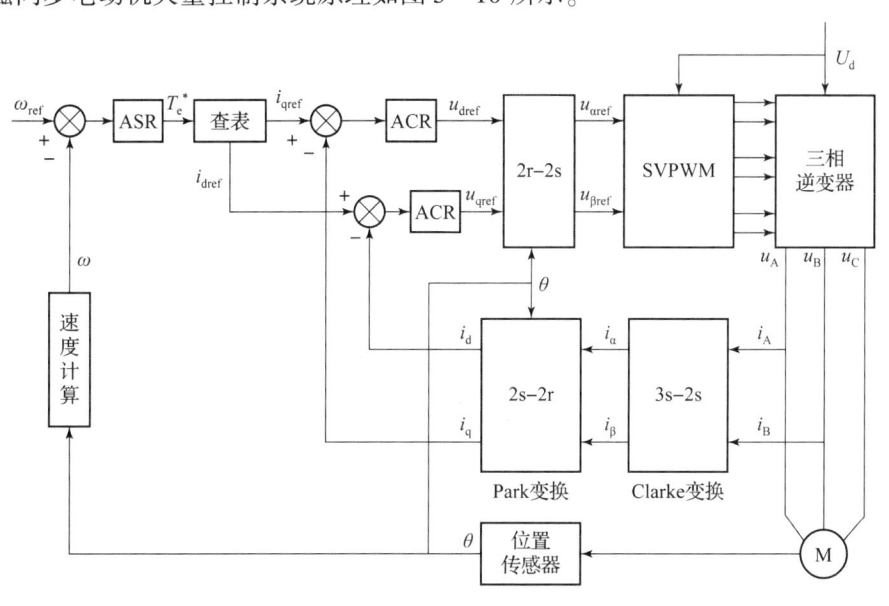

图 5-10 永磁同步电动机矢量控制系统原理

图 5 – 10 中的位置传感器检测出转子位置后，一方面可将其提供给矢量控制旋转坐标变换使用，另一方面进行微分计算得到电动机的角速度 ω，电动机的实际角速度与角速度指令值 ω_{ref} 经过速度调节器 ASR 计算后得到系统的转矩指令值 T_e^*。查表单元根据车用永磁同步电动机电流控制策略确定 d、q 轴定子电流的指令值 i_{dref}、i_{qref}。对电动机三相定子电流进行检测后通过 3s – 2s，2s – 2r 变换可以得到 d、q 轴定子电流的实际值。随后通过两个电流调节器 ACR 分别针对两个电流分量实施闭环控制，ACR 的输出为 d、q 轴的定子电压指令值。经过旋转坐标变换后得到静止坐标系的定子电压指令值 $u_{\alpha ref}$、$u_{\beta ref}$，该电压值经过 SVPWM 单元后可以得到三相逆变器六个开关器件的开关信号，从而对永磁同步电动机实施高性能矢量控制。

2. 永磁同步电动机直接转矩控制技术

直接转矩控制技术首先应用于交流感应电动机控制系统，后来逐渐推广到弱磁区域及永磁同步电动机的控制中。永磁同步电动机直接转矩控制系统原理如图 5 – 11 所示，从系统结构上看，它与交流感应电动机的直接转矩控制系统比较相似，其控制原理是基于电压型逆变器输出的电压矢量对永磁同步电动机定子磁场和电动机转矩的控制作用。

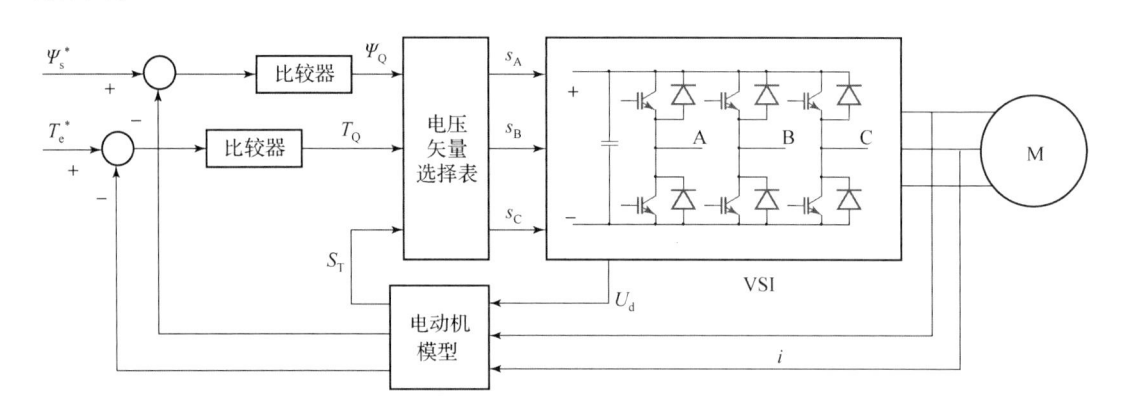

图 5 – 11 永磁同步电动机直接转矩控制系统原理框图

3. 永磁同步电动机无位置传感器控制技术

永磁同步电动机可以采用他控式和自控式变频调速，鉴于新能源汽车对转矩控制性能与传动系统稳定性的要求都很高，因此，一般采用自控式变频调速。永磁同步电动机的自控式调速系统需要使用高性能的转子位置传感器为控制系统提供转子位置信号。

目前，无位置传感器技术已经比较成熟，并且得到实际应用。采用该技术可以省去传统的位置传感器，减小电动机的体积和成本。而对于采用位置传感器的电动机控制系统来说，采用无位置传感器控制技术不仅可以对位置传感器提供的信号进行校验，检测位置传感器是否正常工作,并且可在位置传感器故障时提供准确的电动机转子位置信号,从而提高电动机控制系统的可靠性。

永磁同步电动机无传感器技术主要有两个发展阶段:第一代采用无传感器矢量控制技术,经过近10年的研究和原型机试验,相关产品已经出现在市场上。然而第一代无传感器电动机的调速精度不高,可以正常工作的速度范围有限,并且在低速、零速时,机械特性很软且误差大,无法进行调速。第一代无传感器技术还很不完善,使用范围有限。现在正在研制第二代无传感器技术,预计将有更高的精度,且在零速时也能进行完全的转矩控制,可与传统的矢量控制技术相媲美。第二代无传感器技术预期的应用领域与第一代无传感器技术基本相同,但其有更好的动态特性。

永磁同步电动机无传感器控制技术的基本思想是通过检测电压、电流,并引用相应控制理论实现转子信息的估计。但尚无一种永磁同步电动机无传感器控制可实现永磁同步电动机系统的全速运行。高频信号注入法在低速、零速领域具有绝对优势,其有望成为永磁同步电动机系统全速运行的一种方法,但同时高频信号注入法本身会带来一些问题,仍需进一步研究,这也是目前众多学者的一个专攻方向。此外,基于观测器分析法引入现代控制理论,如自适应控制、变结构控制及非线性控制,可形成众多无传感器控制方法。每一种控制方法都有其自身优点,同时也存在一些问题,单一的控制方法很难取得理想的控制效果。将各种控制方法互相渗透和复合以便更好地提高无传感控制性能,是未来无传感器控制技术的发展方向。

5.3.2 无刷直流电动机控制技术

1. 无刷直流电动机控制系统

无刷直流电动机控制系统由电动机本体、逆变器、驱动控制模块和位置传感器四个部分组成,其速度闭环控制系统原理框图如图 5-12 所示。其中,电动机的位置传感器提供电动机位置信号,并依此计算电动机的速度;由无刷直流电动机的电磁转矩表达式可知,速度调节器 ASR 可根据电动机实际运行速度和速度指令值,控制电动机的电流,即控制电动机的转矩。

无刷直流电动机的电磁转矩表达式为

$$T_{em} = 2E_a I_{DC} \frac{p_n}{\omega} = \frac{4}{\pi} p_n \Psi_m I_{DC} \tag{5-12}$$

无刷直流电动机控制系统的电流调节器 ACR 根据电流反馈值及其命令值,计算出电压型逆变器输出的脉冲占空比,经过 PWM 单元后产生 0、1 开关信号,并且经逻辑控制单元最终产生图 5-12 中六个 IGBT 开关器件($VT_1 \sim VT_6$)的开关信号。无刷直流电动机在

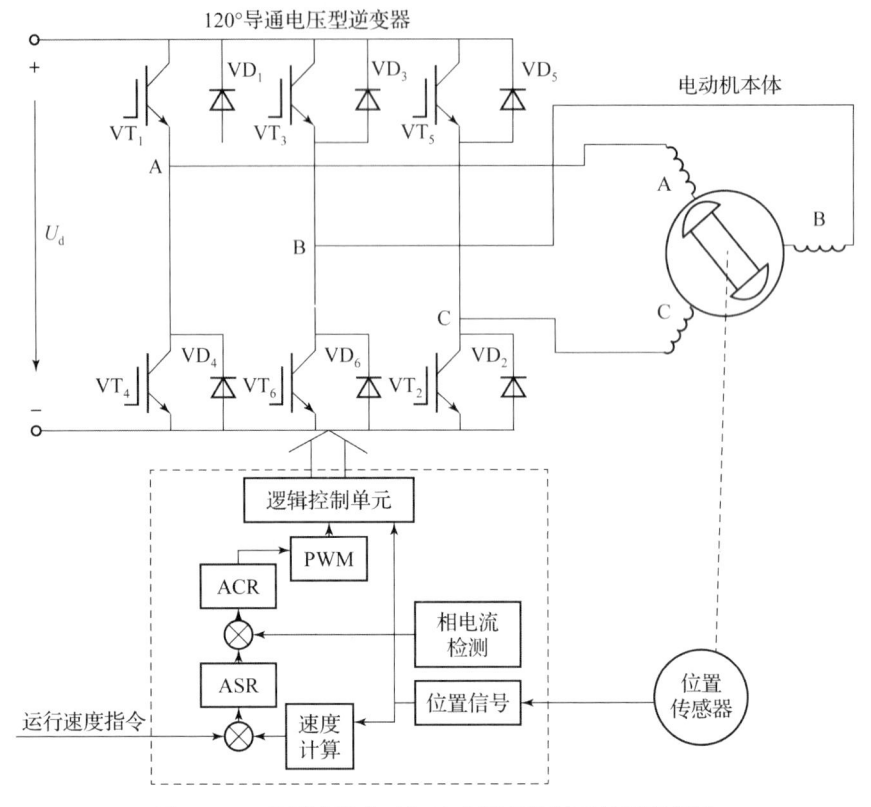

图 5-12 无刷直流电动机速度闭环控制系统原理框图

工作时，必须基于转子位置信号，通过逆变器对电动机电枢绕组实施电子换相，才能在气隙中产生合适的步进式旋转磁场，该磁场与永磁式转子相互作用，从而驱动无刷直流电动机旋转。

（1）调速换相原理分析。

通过对项目 2 中无刷直流电动机工作原理分析可知，无刷直流电动机的 U 相绕组反电动势为正向平顶区域，V 相绕组反电动势为负向平顶区域，控制系统根据转子的位置信号可以获得此信息。此时，为了控制电动机输出较大转矩，可使电动机 U、V 相绕组分别通过正、负向电流，而 W 相不通电流，由此可控制逆变器开关器件 VT_1、VT_6 导通，其他开关器件关断。在这种情况下，U、V 两相定子绕组产生合成磁动势，该磁动势超前转子永磁体 120°电角度，在接下来转子转动 60°电角度的过程中，定子三相绕组的通电模式保持不变。当合成磁动势与转子永磁体夹角达到 60°后，逆变器导通模式发生变化，其中开关器件 VT_6 换相到 VT_2，即发生横向换相，这种换相模式不会像纵向换相那样容易出现直通短路现象，该模式更加安全。

（2）弱磁控制。

当逆变器可以向电动机提供足够的电压和电流时，电子式换向器的开关状态在电动机转子旋转 60°电角度的范围内保持不变，在此过程中，定子合成磁动势与转子位置角度的差值从 120°减小到 60°。从平均值意义上说，可以认为定子合成磁动势和转子磁动势相互垂直，从而产生较大的转矩。但是当电动机运行速度较高，或逆变器直流侧电压较低时，逆变器难以向电动机提供所需的电流，因此，待导通的定子三相绕组必须提前导通一定时间，此时相电流超前反电动势，因而会产生一个去磁电流分量，即弱磁控制。提前导通的电角度不可太大，一般控制在 60°以内。

2. 无刷直流电动机无位置传感器控制技术

转子位置信号对控制逆变器开关器件的切换，以及实现定子电流和反电动势的相位控制至关重要，所以获得转子位置信息是实现无刷直流电动机控制的关键之一。

通常采用安装在电动机定子侧的霍尔开关型磁敏元件，提供电动机转子的位置信息。但位置传感器的引入增加了电动机成本。对于容量在数百瓦以下的无刷直流电动机，常用的霍尔 IC 位置传感器的成本，通常为电动机本体的 30% 左右。此外，使用位置传感器会带来更多的信号线。当电动机需要封闭运行时，较多的信号线容易受到干扰，降低了系统的抗干扰性，在新能源汽车空调、水泵等一些高温、冷冻或具有腐蚀性的环境中，传感器的可靠性也会因此降低，甚至会出错或停止工作。

为此，开发无刷直流电动机控制系统的无位置传感器控制技术是无刷直流电动机应用中的热点之一。目前已有反电动势过零法、定子三次谐波电压检测等多种可使用的无位置传感器控制技术，并有美国国际整流器（International Rectifier，IR）公司等开发的无位置传感器控制的商用集成芯片。

目前，无刷直流电动机常用无位置传感器控制芯片有如下几种。

（1）ML4428 芯片。

ML4428 芯片是美国 Micro Linear 半导体公司开发的用于三角波和星形连接的无刷直流电动机无位置传感器控制芯片。该芯片采用 28 脚 DIP/SOIC 封装，工作电压为 12 V，可直接驱动 MOSFET 器件以驱动无刷直流电动机。该芯片采用反电动势过零法实现无位置传感器控制，并且可以根据外部电压参考值进行电动机的调速控制。

（2）ST7MC1 芯片。

ST7MC1 芯片是意法半导体（STMicroelectronics，ST）集团开发的用于正弦波和梯形波交流永磁电动机的无位置传感器控制芯片。该芯片有 6 路 PWM 输出通道，用于转子位置检测的四路模拟输入通道可以接收无位置传感器、霍尔传感器、测速电机、编码器等 4 种工作模式。芯片采用 SDIP32/TQFP32 封装，5 V 电压供电，工作频率低于 8 MHz，且芯片具有良好的电磁兼容性能。

此外，无刷直流电动机的无位置传感器控制芯片也可以选用 IRMCK203 等用于正弦波无位置传感器控制的专用控制芯片。

永磁同步电动机常用的控制芯片

四、任务实施

任务名称：交流永磁电动机控制技术分析			
姓名：	班级：		学号：
任务描述	假如你是新能源汽车电动机生产制造公司的一名助理，设计师要求你设计并绘制某款永磁同步电动机、某款无刷直流电动机的控制系统示意图，要求能够实现电动机转速快慢的控制。请利用所学知识完成这项任务		
能力目标	（1）能够绘制永磁同步电动机矢量控制系统原理框图； （2）能够绘制无刷直流电动机控制系统原理框图		
实施准备	（1）新能源汽车实训室； （2）白板		
实施步骤	（1）分组：教师将学生分成2组，每组选出1名组长； （2）布置任务：教师给出对应的永磁同步电动机和无刷直流电动机转速控制要求，学生分组讨论，一组绘制永磁同步电动机矢量控制系统原理框图，另一组绘制无刷直流电动机控制系统原理框图； （3）学生查阅资料，组织语言进行介绍，小组合作完成任务； （4）组员交换角色，彼此咨询和介绍		
自我反思	在专业能力、关键能力等方面的收获或体会：		

五、任务考核

评价项目	评价内容	评价标准	分值	自我评价	平台评价	组内评价	组间评价	教师评价	汇总
素质测评	规则意识	遵守作息制度，不迟到、不早退、不旷课	10						
	分析解决问题能力	提升自我查阅资料、解决问题能力	10						
	个人表达	口头表达能力，书面总结能力	10						
	团队合作	搜集信息、合作共事、知识共享、听取意见等方面	10						
专业测评	信息收集	准确记录顾客和车辆信息	10						
	知识掌握	永磁同步电动机矢量控制技术	5						
		永磁同步电动机直接转矩控制技术	10						
		永磁同步电动机无传感器控制技术	10						
		无刷直流电动机控制系统 无刷直流电动机无位置传感器控制技术	5						
	知识应用	绘制永磁同步电动机矢量控制系统原理框图	5						
		绘制无刷直流电动机控制系统原理框图	5						
	方案制订	方案制订是否合理	10						
总评		总分	100						

六、思考练习

1. 填空题

（1）交流永磁电动机根据转子永磁体产生的气隙磁场不同，可分为_____和_____两类，前者气隙磁场为正弦波，后者气隙磁场为梯形波。

（2）永磁同步电动机的转矩可分为两个部分：一是永磁体产生的磁链与定子电流转矩分量作用后产生的_____；二是由于转子的磁凸极效应，使定子电流励磁分量与转矩分量产生的_____。

（3）无刷直流电动机控制系统由_____、_____、_____和_____四个部分组成。

2. 简答题

请绘制永磁同步电动机和无刷直流电动机的控制系统原理框图，并分别描述其控制原理。

任务 4　开关磁阻电动机控制技术分析

一、学习目标

1. 知识目标

（1）掌握开关磁阻电动机控制系统的组成结构。

（2）掌握开关磁阻电动机的控制方式。

（3）掌握开关磁阻电动机的机械特性。

（4）掌握开关磁阻电动机控制系统的特点。

（5）掌握典型开关磁阻电动机的控制系统。

2. 能力目标

（1）能够描述开关磁阻电动机的控制方式。

（2）能够绘制典型开关磁阻电动机控制系统原理框图。

3. 素质目标

（1）增强学生严谨认真的工程意识。

（2）通过绘制典型开关磁阻电动机控制系统原理框图，培养学生的工程应用能力。

二、任务引入

假如你是新能源汽车电动机生产制造公司的一名助理，设计师要求你设计并绘制某款开关磁阻电动机的控制系统示意图，要求能够实现电动机转速和转矩的控制。请利用所学知识完成这项任务。

三、知识储备

开关磁阻电动机控制系统是继变频控制系统、无换向器电动机控制系统之后发展起来的新一代交流无级控制系统。其具有结构简单、坚固、成本低、工作可靠、控制灵活、运行效率高等诸多优点，由其构成的传动系统具有交、直流传动系统所没有的优点。

5.4.1 开关磁阻电动机控制系统的组成结构

开关磁阻电动机控制系统主要由功率变换器、控制器、位置传感器等组成，如图 5-13 所示。功率变换器向开关磁阻电动机提供运转所需的能量，由蓄电池组或交流电整流后得到直流电供电。开关磁阻电动机绕组电流是单向的。控制器综合处理指令、速度、电流和位置传感器的反馈信号，控制功率变换器的工作状态，实现对开关磁阻电动机状态的控制。

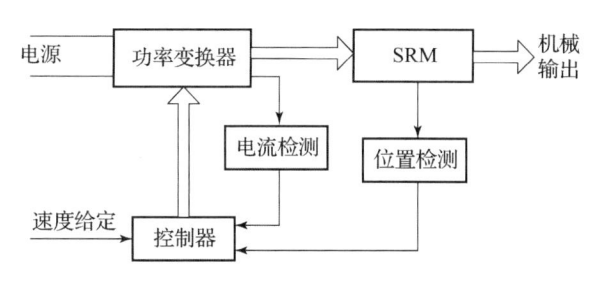

图 5-13 开关磁阻电动机控制系统结构组成

与直流驱动电机类似，为使噪声减小到最小，开关磁阻电动机的斩波电路频率应高于 10 kHz。为减少功率器件的数量，充分利用单极工作，可采用多种功率变换器电路。但减少功率器件会带来许多负面影响，如控制性能变差，可靠性、工作性能降低，需要额外的无源器件等。图 5-14 所示为适用于新能源汽车的开关磁阻电动机功率变换器电路。该电路利用两个功率器件（如 A 相为 VT_1 和 VT_2）和两个续流二极管（如 A 相为 VD_1 和 VD_2）分别控制相电流，并实现制动能量回馈功能。由于这种电路的拓扑结构每相需要两个功率器件，因此，该功率变换器的成本要高于一个功率器件的功率变换器。但是由于其可以单独控制每相绕组，而且不受其他相绕组状态影响。因此，可以采用相重叠的方式增加转矩，使恒功率调速范围变宽。

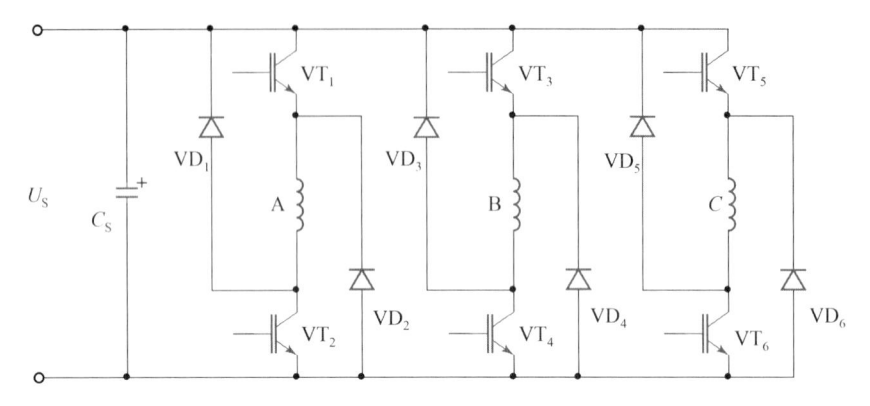

图 5-14 适用于新能源汽车的开关磁阻电动机功率变换器电路

5.4.2 开关磁阻电动机的控制方式

开关磁阻电动机控制系统的可控参数主要包括开通角、关断角、相电流幅值及相绕组端电压。对这些参数进行单独控制或组合控制就能得到不同的控制方法，常用的控制方法有角度位置控制法（angle position control，APC）、电流斩波控制法（chopped current control，CCC）和电压控制法（voltage control，VC）三种。

1. 角度位置控制法

角度控制法是指保持电压不变，通过对开通角和关断角进行控制来改变电流波形，以及电流波形与绕组电感波形的相对位置的方法。在角度控制中，如果改变开通角，则可改变电流波形的宽度、峰值和有效值的大小，以及电流波形与绕组电感波形的相对位置，这对输出转矩产生很大影响。改变关断角一般不会影响电流峰值，但可以影响电流的波形宽度，以及与绕组电感曲线的相对位置，电流有效值也随之变化。由此可见，关断角同样对电动机的转矩产生影响，只是其影响程度没有开通角那么大。在具体实施过程中，一般情况下采用固定关断角、改变开通角的控制模式。固定关断角的选取也很重要，需要保证绕组电感开始下降时，相绕组电流可以尽快衰减到零。对于每个由转速与转矩确定的运行点，开通角与关断角有多种组合，因此，关断角的选取要考虑电磁功率、效率、转矩脉动及电流有效值等运行指标，来确定相应的最佳控制角度。在角度控制中，要遵循一个原则，即保证电流波形位于绕组电感波形的下降段；而当电动机电动运行时，应使电流波形的主要部分位于绕组电感波形的上升段。

角度控制法具有以下特点。

（1）转矩调节范围大。在角度控制下的电流占空比的变化范围几乎为 0~100%。

(2) 同时导通相数可变。同时导通相数越多，电动机输出转矩越大，转矩脉动也就越小。因此，当电动机的负载发生变化时，可以通过自动增加或减小同时导通相数来平衡电动机负载。

(3) 电动机效率高。通过角度控制法优化角度，能使电动机在不同的负载下保持较高的效率。

(4) 不适用于低速运行。在角度控制中，电流峰值主要受限于旋转电动势。当转速降低时，由于旋转电动势减小，容易使相电流峰值超过允许值，因此，角度控制法一般适用于较高的转速。

2. 电流斩波控制法

电流斩波控制法是指保持电动机的开通角和关断角不变，主要通过控制斩波电流的上限、下限，以实现调节电动机转矩和转速的方法。其实现方式有以下两种。

(1) 限制电流上限、下限。

限制电流上限、下限即在一个控制周期内，给定电流的最大和最小值，即上限、下限，使相电流与其进行比较，若大于设定的最大值，则控制该相功率器件关断；若相电流减小到设定最小值，则功率器件重新开通，如此反复。由于一个周期内绕组电感变化率不同，因此，斩波频率疏密不均，在绕组电感变换率大的区间，电流上升快，斩波频率一般都很高。这种方式的缺点是开关损耗大，优点是转矩脉动小。

(2) 电流上限和关断时间恒定。

与上一种方式的区别在于，当相电流大于电流斩波上限值时，控制该相功率器件关断一段固定时间后再开通，重新导通的触发条件不是电流的下限值，而是恒定的关断时间。在每一个控制周期内，关断时间恒定，电流下降数值取决于绕组电感量、绕组电感变化率、转速等因素，因此，电流下限值并不一致。关断时间越长，相电流脉动越大，就越容易出现过斩现象；关断时间过短，斩波频率又会很高，功率器件的开关损耗增大。应根据电动机运行的不同状况来选择关断时间。

电流斩波控制法具有以下特点。

(1) 适用于低速和制动运行。电动机在低速运行时，绕组中旋转电动势较小，电流上升速度大；在制动运行时，旋转电动势的方向与绕组端电压的方向相同，电流上升的速率比低速运行时更大。电流斩波控制法可以有效地限制峰值电流，使电动机获得恒转矩输出的机械特性。

(2) 电动机输出转矩平稳。电流斩波时电流波形呈较宽的平顶状，因此电动机输出的转矩也比较平稳，合成转矩脉动明显比其他控制方式小。

(3)用于调速系统时，抗负载扰动的动态响应慢。在电流斩波控制中，由于电流峰值被限制，所以当电动机转速在负载扰动下出现突变时，电流峰值无法自适应，系统在负载扰动下的动态响应十分缓慢。

3. 电压控制法

电压控制法是指当某相绕组处于导通阶段时，在主开关的控制信号中加入 PWM 信号，通过调节占空比来调节绕组端电压的大小，从而改变相电流值的方法。具体实现方式是在固定开通角和关断角的情况下，利用 PWM 信号调制主开关器件相控信号。通过调节此 PWM 信号的占空比，可以改变相绕组的平均电压，进而改变输出转矩。

电压控制法具有以下特点。

（1）可以控制斩波频率和占空比两个参数，可控性好。一般情况下，斩波频率是固定的，通过选择适当的斩波频率，即可控制相电流频率。

（2）占空比与相电流最大值之间有较好的线性关系，调节 PWM 的占空比即可调节相电流最大值。

（3）通过 PWM 方式调节绕组电压平均值，间接调节和限制过大的绕组电流。因此，该方法既适用于高速运行，又适用于低速运行。

（4）适用于调速系统，抗负载扰动的动态响应快。其缺点是转矩脉动较大，调速范围有限。

4. 组合控制

对于实际的开关磁阻电动机的控制，可以根据不同的运行工况，并结合上述控制方式的优缺点，选用几种控制方式的组合，提高开关磁电动机控制系统的性能。目前比较常用的组合控制方式有以下两种。

（1）高速与低速电流斩波控制组合。

在高速时采用角度控制方式，在低速时采用电流斩波控制方式，这有利于发挥两者的优点。这种组合控制方式的缺点是不容易掌握中速时的过渡。一般要求在升速时的转换点和在降速时的转换点之间有一定的回差，应使前者略高于后者，且应避免电动机在速度切换点频繁转换。

（2）变角度电压 PWM 控制组合。

通过电压 PWM 来调节电动机的转速和转矩，同时通过调节功率器件触发角来解决相电流变化滞后的问题。在这种组合控制方式下，转速和转矩的调节范围大，高速和低速均有较好的电动机控制特性，且不存在两种控制方式相互转换的问题。因此，目前该组合控制方式已经得到广泛应用。

5.4.3 开关磁阻电动机的机械特性

开关磁阻电动机的机械特性分为三个区域：恒转矩区、恒功率区和自然特性区（串励特性区），如图 5-15 所示。n_1 是开关磁阻电动机开始运行于恒功率特性的临界转速，称为电动机的额定转速，也称第一临界转速，对应的功率即额定功率；n_2 是在额定功率下的最高转速，也称第二临界速度，恒功率区的上限，可控条件在此处达到极限。当转速继续增加时，输出功率下降。

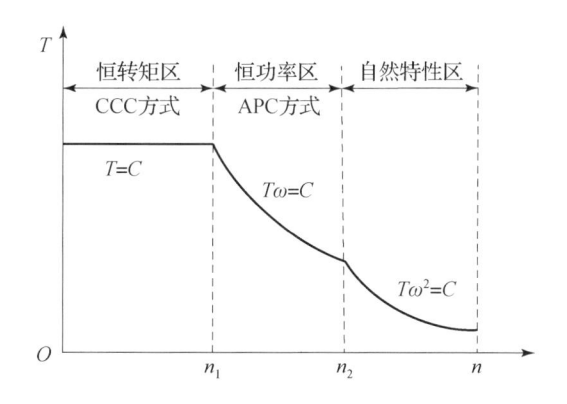

图 5-15 开关磁阻电动机的机械特性

在恒转矩区中，即 $0 < n < n_1$，由于转速较低，开关磁阻电动机的相感应电动势较小，因此，需要对相电流进行斩波限幅，可采用电流斩波控制方式，或相电压脉宽调制方式。

在恒功率区中，即 $n_1 < n < n_2$，相感应电动势较大，相电流赋值受限，可通过调节恒功率区开关器件的触发角和关断角得到恒功率特性，可采用角度控制方式。

在自然特性区中，电源电压、触发角和关断角均达到极限值，开关磁阻电动机不再保持恒功率运行特性，转矩和功率快速下降。由于自然特性区与串励式直流电动机的特性相似，所以也称串励特性区。

5.4.4 开关磁阻电动机控制系统的特点

相比于前述直流控制系统和交流控制系统，开关磁阻电动机控制系统具有以下特点。

（1）调速性能好。系统有4个可控参数，即开通角、关断角、绕组相电流幅值、直流电源电压。控制开通角可以实现对绕组电流大小、波形的控制，从而有效调节电动机的转矩、转速和转向；控制关断角也会影响绕组电流波形，从而在一定范围内调节转矩；控制绕组相电流幅值可以实现对电动机转矩和转速的控制；通过可控整流装置或直流斩波器调节直流电源电压输出，可以实现对开关磁阻电动机转矩和转速的调节。

（2）系统结构简单、可靠，能够在恶劣条件下运行。开关磁阻电动机转子没有绕组、永磁体、集电环，只有硅钢片叠压而成的转子铁心；定子绕组为集中式绕组，端部接线短，是一种结构简单的电动机。由于其转矩方向与绕组电流方向无关，所以功率变换器只需要提供单向电流，因此，其开关器件数量较少，并且开关器件与绕组串联，不会出现传统逆变器的直通短路故障。

（3）在宽广的转速与功率范围内均具有较高的效率。

（4）转矩脉动比较大。目前，致力于减小转矩脉动的控制方法是该领域内的研发热点之一。

5.4.5 典型开关磁阻电动机的控制系统

典型开关磁阻电动机控制系统原理如图5-16所示。其中，SRM是系统能量变换的核心部件，负责电能与机械能之间的转换。功率变换器连接电池电源与SRM，为后者运行提供所需的电能，功率变换器的主电路结构形式与电源电压、电动机相数及开关器件的类型有关。控制器是控制系统的核心部分，它根据位置传感器、电源传感器提供的电动机转子位置、电压电流信息和外部输入命令，通过分析，选择合适的控制模式，从而向功率变换器发出一系列开关信号，控制功率变换器的主开关器件，实现对SRM的高性能控制。图5-16中的控制模式选择单元根据电动机的运行速度选择CCC或APC模式。在CCC模式下，开通角、关断角保持不变，转矩指令直接作为电流指令输出；在APC模式下，电流指令值被设置为一个非常大的数值，从而基本上不会出现斩波，然后通过转矩指令的增减来确定开通角、关断角的指令值，并据此重新修订换相逻辑控制单元决定的开关通断时刻。

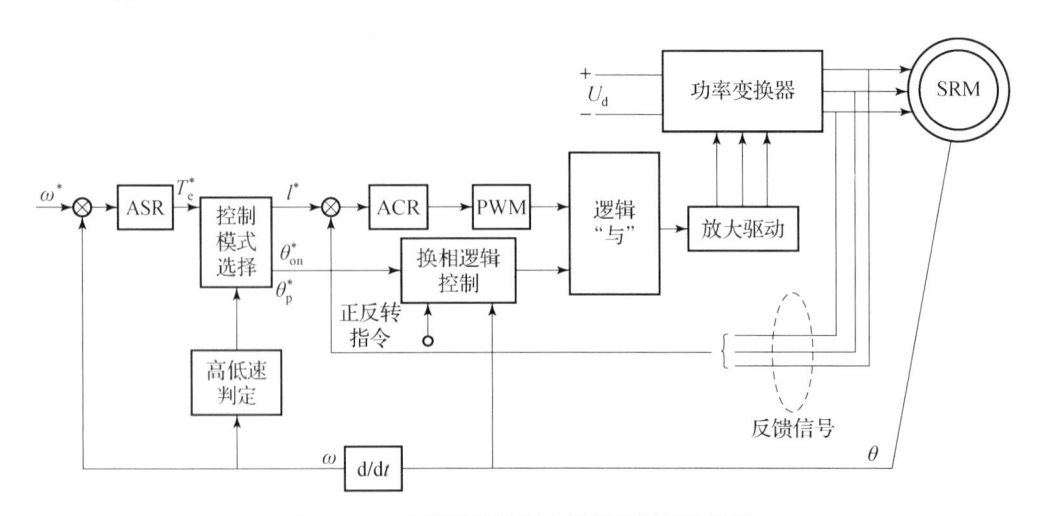

图5-16 典型开关磁阻电动机控制系统原理

无电流传感控制方法

四、任务实施

任务名称：开关磁阻电动机控制技术分析		
姓名：	班级：	学号：

任务描述	假设你是新能源汽车电动机生产制造公司的一名助理，设计师要求你设计并绘制某款开关磁阻电动机的控制系统示意图，要求能够实现电动机转速和转矩的控制。请利用所学知识完成这项任务
能力目标	（1）能够描述开关磁阻电动机的控制方式； （2）能够绘制典型开关磁阻电动机控制系统原理框图
实施准备	（1）新能源汽车实训室； （2）白板
实施步骤	（1）分组：教师将学生分成2组，每组选出1名组长； （2）布置任务：教师给出开关磁阻电动机转速控制和转矩控制要求，学生分组讨论，一组列举可行的开关磁阻电动机的控制方式，另一组绘制典型开关磁阻电动机控制系统原理框图； （3）学生查阅资料，组织语言进行介绍，小组合作完成任务； （4）组员交换角色，彼此咨询和介绍
自我反思	在专业能力、关键能力等方面的收获或体会：

五、任务考核

评价项目	评价内容	评价标准	分值	自我评价	平台评价	组内评价	组间评价	教师评价	汇总
素质测评	规则意识	遵守作息制度，不迟到、不早退、不旷课	10						
	分析解决问题能力	提升自我查阅资料、解决问题能力	10						
	个人表达	口头表达能力，书面总结能力	10						
	团队合作	搜集信息、合作共事、知识共享、听取意见等方面	10						
专业测评	信息收集	准确记录顾客和车辆信息	10						
	知识掌握	开关磁阻电动机控制系统的结构组成	10						
		开关磁阻电动机的控制方式	10						
		开关磁阻电动机的机械特性	10						
		开关磁阻电动机控制系统的特点	5						
		典型开关磁阻电动机的控制系统							
	知识应用	绘制典型开关磁阻电动机控制系统原理框图	5						
	方案制订	方案制订是否合理	10						
总评		总分	100						

六、思考练习

1．填空题

（1）开关磁阻电动机控制系统主要由_____、_____、_____

_____等组成。

（2）开关磁阻电动机常用的控制方法有_____、_____和_____三种。

（3）开关磁阻电动机的机械特性分为三个区域：_____、_____和_____。

2. 简答题

请绘制典型的开关磁阻电动机控制系统原理框图，并描述控制其原理。

项目6 新型驱动电机认知

磁阻电机、永磁电机、电力电子技术和计算机技术的发展，打破了传统的电机设计理论和正弦波电压源供电方式，使电机驱动系统设计进入一个新的黄金时代。电机拓扑结构与控制方式的多样化，推动了新一代高密度、宽调速电机驱动系统的发展，为新能源电机创新性的开发提供了新的内涵和助力。其他可应用于新能源汽车的新型电机，如双机械端口能量变换器（dual-mechanical-port electronical variable transmission，Dmp-EVT）、混合励磁电机、多相电机、轮毂/轮边电机，目前仍未实现市场化，其能否大规模推广取决于长时间的车型试验结果。

双机械端口能量变换器是一种新型混合动力传动系统，具有灵活多样的运行模式，能使内燃机始终运行在高效区域，既可提高系统效率，又可简化混合动力传动系统结构。该电机可应用于混合度较高的混合动力汽车。

混合励磁电机通过改变电机的拓扑结构，使电机主磁场由永磁体和电励磁磁动势共同产生。它有效地解决了永磁电机气隙磁场难以调节、电励磁效率低的缺点，实现了高效率前提下的主磁场调节和控制。混合励磁电机高效率、高可靠性、宽广的恒功率调速范围和变速恒压发电等优点较好地符合新能源汽车的性能要求，在新能源汽车领域有很好的应用前景。

多相电机及其调速传动系统是科技进步、学科交叉与融合的产物，它是在以晶闸管为标志的电力电子技术形成以后，才出现和逐渐发展起来的。多相电机是由逆变器供电的交流电机，摆脱了三相电网供电的束缚，提高了控制系统的整体性能和可靠性。

轮毂/轮边电机的独立驱动方式代表了未来先进新能源汽车驱动发展的方向。与集中驱动方式相比，该电机布置灵活：动力传递路径短，具有强大的技术生命力和广阔的市场发展前景。随着相关基础科学研究的不断深入和关键技术问题的解决与完善，由轮毂/轮边电机驱动的新能源汽车必将走向市场，并在市场中占据重要地位，成为重要交通工具之一。

任务1　双机械端口能量变换器认知

一、学习目标

1. 知识目标
（1）掌握双机械端口能量变换器的结构。
（2）掌握双机械端口能量变换器的工作原理。
（3）掌握双机械端口能量变换器的控制策略。

2. 能力目标
（1）能够描述双机械端口能量变换器的结构。
（2）能够分析双机械端口能量变换器的控制策略。

3. 素质目标
（1）通过新型驱动电机的学习，培养学生的创新精神。
（2）通过新型电机的市场应用，增强学生的成本意识。

二、任务引入

假如你是混合动力汽车生产制造公司的一名助理，设计师要求你尝试设计一套传动机构，替代发电机和电动机分离式结构系统，将来自内燃机的动力分为机械动力和电子动力两条路径，同时发挥串联式和并联式混合动力传动系统的优点。请利用所学知识完成这项任务。

三、知识储备

6.1.1　双机械端口能量变换器的结构

在混联形式的混合动力传动系统中，通过特制的动力分配装置将来自内燃机（internal combustion engine，ICE）的动力分为机械动力和电子动力两条路径，使其可以发挥串联式和并联式混合动力传动系统的优点。但是这种混合动力传动系统存在结构复杂、成本高、齿轮传动效率低等缺点。为了使 ICE 能在整个运行工况下均保持最佳运行效率，同时又可以减少装置的复杂程度，一种双机械端口能量变换器应运而生。

Dmp - EVT 的优点主要包括以下几方面。

（1）Dmp-EVT 的机械装置比混联式 HEV 明显减少，其中的电子无级变速器可视为离合器、齿轮箱、起动器和发电机的总成。

（2）在 Dmp-EVT 驱动系统中，ICE 和汽车驱动桥没有直接的机械联系，从而可使其始终保持在最佳效率点工作，克服了并联式 HEV 的缺点。

（3）Dmp-EVT 的控制电力电子变换器可以控制转差功率的流向和大小，从而控制外转子的转速。由于有一部分能量直接从内转子输送到外转子，所以电力电子变换器和蓄电池的容量可以小一些，克服了串联式 HEV 的缺点。

Dmp-EVT 系统由混合磁路内电机（内转子和外转子）和外电机（定子和外转子）及输入、输出两根转轴组成，其结构如图 6-1 所示，其实物图如图 6-2 所示。ICE 通过输入轴与内转子连接，外转子通过输出轴与驱动桥连接。电力电子变换器直流侧接蓄电池（电端口），内转子采用三相绕线式绕组，通过集电环将转差功率通过电力电子变换器向蓄电池充电或直接输送到外侧的定子。外转子内外两侧均装有永久磁钢，通过内外转子气隙磁场与内转子、定子交换电磁能量。

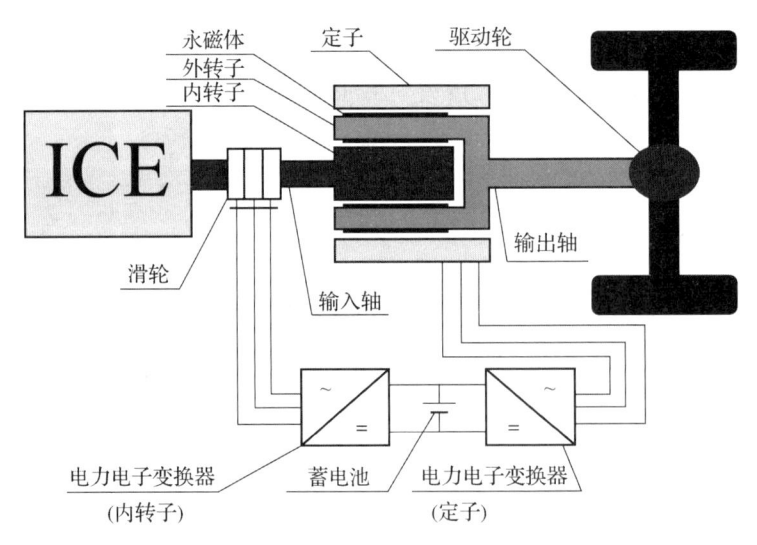

图 6-1　Dmp-EVT 系统结构

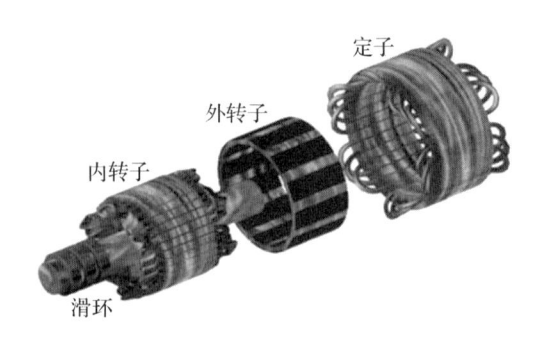

图 6-2　Dmp-EVT 系统实物图

6.1.2 Dmp-EVT 的工作原理

Dmp-EVT 的功率分配如图 6-3 所示,P_{m1} 为内燃机输出给内转子的机械功率,T_{m1} 为内燃机的机械转矩,ω_{m1} 为内转子旋转速度,P_e 为内转子绕组中的转差功率,P_d 为内转子通过气隙传递给外转子的电磁功率,ω_{m2} 为外转子旋转速度,P_{m2} 为外转子输出的机械功率,T_{m2} 为外转子输出的机械转矩。T_{f1} 和 T_{f2} 分别为内气隙和外气隙传递的电磁转矩。

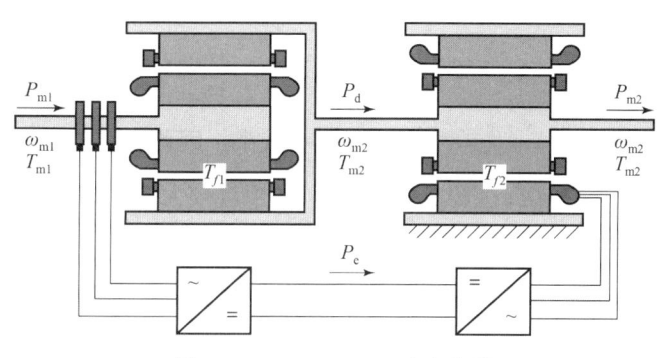

图 6-3 Dmp-EVT 功率分配

内燃机直接连接到输入端口,通过内外电机的协调控制,使其始终运行在最佳效率点(恒定的 P_{m1}、ω_{m1} 和 T_{m1});输出端口直接连接到负载机械,其转速和转矩取决于负载的工况(随时变化的 P_{m2}、ω_{m2} 和 T_{m2})。内外电机控制器分别控制内外两个电机的电磁功率的流向和大小。

为便于分析,假设功率传递过程无损耗,则内燃机输出的机械功率为

$$P_{m1} = \omega_{m1} T_{m1} \tag{6-1}$$

内转子和外转子通过磁场相互作用,使 P_{m1} 一部分功率转化为转差功率 P_e,另一部分转化为电磁功率 P_d,则有

$$P_e = (\omega_{m1} - \omega_{m2}) T_{f1} \tag{6-2}$$

$$P_d = \omega_{m2} T_{f1} = \omega_{m2} T_{mf1} \tag{6-3}$$

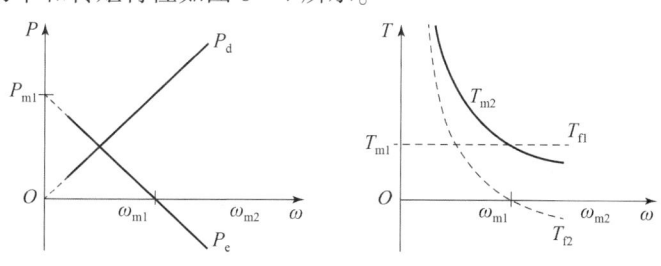

$$P_{m1} = P_e + P_d \tag{6-4}$$

Dmp-EVT 功率和转矩特性如图 6-4 所示。

图 6-4 Dmp-EVT 功率和转矩特性

P_e 通过电力电子变换器输送到定子中,然后通过外电机气隙再输送给外转子,因此,外电机气隙的电磁转矩 T_{f2} 为

$$T_{f2} = \frac{P_e}{\omega_{m2}} = \frac{\omega_{m1} - \omega_{m2}}{\omega_{m2}} T_{m1} \tag{6-5}$$

外转子的机械转矩 T_{m2} 由内电机的电磁转矩 T_{f1} 和外电机的电磁转矩 T_{f2} 共同提供,且内电机的电磁转矩 T_{f1} 等于内燃机的机械转矩,转矩则有

$$T_{m2} = T_{f1} + T_{f2} = T_{m1} + T_{f2} = \frac{\omega_{m1}}{\omega_{m2}} T_{m1} \tag{6-6}$$

上述分析表明,在 $\omega_{m2} = \omega_{m1}$ 点附近,P_e 相对较小,因此,在该点附近的损耗也较小,说明此区域为最佳工作区。在 ω_{m2} 较小的区域,P_e 相对较大,内燃机的电磁转矩 T_{f1} 较大,因此,该区域为短时加速区。所以,在 Dmp – EVT 驱动系统中,直接驱动速度能够获得相对较高的效率。

6.1.3 Dmp – EVT 的控制策略

Dmp – EVT 有多种控制策略,以下选取新能源汽车应用较多的三种运行模式加以分析。

1. ICE 最佳效率运行模式

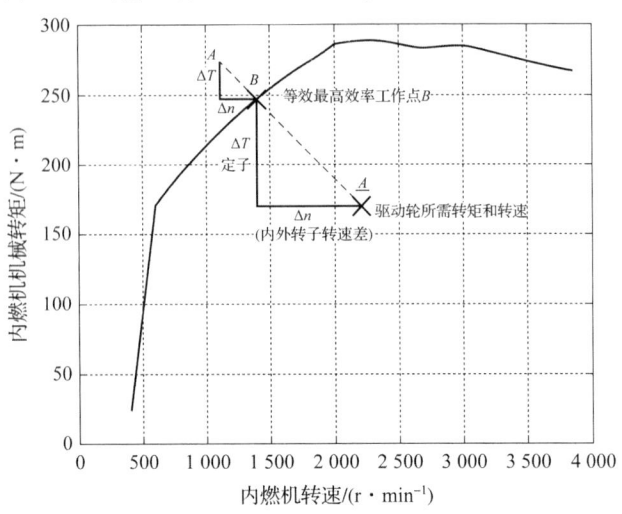

ICE 最佳效率运行曲线如图 6-5 所示。ICE 在不同的功率输出下,有不同的最佳效率运行速度和机械转矩。ICE 最佳效率运行模式有两种:第一种是 ICE 的输出功率保持恒定,负载和 ICE 之间能量的差值由蓄电池补偿;第二种则要求 ICE 的输出功率跟踪车辆驱动轮功率的变化,驱动轮输出功率信号反馈给控制系统,控制系统在过滤信号后,通过查找 ICE 最佳效率运行曲线图来调节 ICE 的输出转速和机械转矩。在此对第二种方式进行深入分析。

图 6-5 ICE 最佳效率运行曲线

在此运行模式下 ICE 的转速、机械转矩一般与驱动轮的转速、机械转矩不相等，可分为三种工况分析。

（1）$\omega_{m2} < \omega_{m1}$。

这种控制策略是比较常见的发动机高速运转而驱动轮低速运转的状态。从图 6-5 中可以看出，此时驱动轮的工作点 A 在 ICE 最佳效率运行曲线的上方。内转子接收 ICE 的机械功率 P_{m1}，由于内转子传递到外转子的机械转矩是不变的，而此时内转子的转速高于外转子，所以外转子得到的电磁功率 P_d 要小于内燃机的输入功率 P_{m1}。机械功率的差额就转变为转差功率 P_e 先通过电力电子变换器输送到直流侧，接着再输送到定子产生一个电磁转矩叠加在外转子原有的机械转矩上。因此，外转子实际的输出转矩大于 ICE 的输入转矩。此时，Dmp-EVT 实际上起到了减速箱的作用。在此种控制策略下，ICE 跟踪驱动轮输出功率的变化，并且在最佳运行曲线上找到该功率所对应的转速和机械转矩，这通常与驱动轮所需的转速和机械转矩是不同的。由此控制电力电子变换器传递的转差功率 P_e，就可以控制驱动轮的转速 ω_{m2}。P_e 越大，驱动轮的转速 ω_{m2} 就越低，且 P_e 的流向为从内转子流向定子。

（2）$\omega_{m2} > \omega_{m1}$。

这种控制策略与上一种情况相反。驱动轮的工作点 A 位于 ICE 最佳效率运行曲线的下方。从功率平衡的角度出发，驱动轮的输出机械转矩小于 ICE 的输入机械转矩。外转子多余的电磁功率转变为转差功率 P_e 通过电力电子变换器输送给内转子。P_e 越大，驱动轮转速 ω_{m2} 越高，且 P_e 的流向为从定子流向内转子。

（3）$\omega_{m2} = \omega_{m1}$。

在这种控制策略中，通过电力电子变换器输送的转差功率 P_e 为 0。系统运行效率最高。

在上述三种控制策略中，ICE 必须在从低到高的整个负荷区范围内运行，而且 ICE 的输出功率要求快速且动态地变化。为了减少 ICE 功率变化，要求车辆驱动轮额定功率与 ICE 额定功率相等。在大部分运行时间内蓄电池不通过电力电子变换器与外界交换能量。当车辆驱动功率大于或小于额定功率时，由蓄电池发出或吸收电能，补充驱动轮功率与 ICE 功率的差额，这部分能量一般不会太大。

2. 纯电动车运行模式

在这种模式下，车辆保持纯电动运行，直到蓄电池低于下限值后，ICE 起动，在最低油耗（或排放）点按恒功率输出，一部分功率用于满足车辆驱动轮功率要求，另一部分功率向蓄电池充电。当蓄电池电量上升到所设定的高门限值时，ICE 关闭，车辆又转变为纯电动运行模式。在这种模式下蓄电池须满足所有瞬时功率的要求。纯电动车运行模式对内燃机比较有利，但蓄电池的过度循环也会造成一定损失。

纯电动车运行模式适用于要求极低噪声和零污染排放的运行场合。在城市人口密集区采用纯电动车运行模式，可有效改善城市交通污染问题。

3. 车辆起动模式

在这种模式下，Dmp-EVT 可视为一台将电动机用作内燃机的车辆起动机；同时，车辆也可以保持由蓄电池供电的纯电动运行状态。

综合分析，车辆在低速运行时，若 ICE 机械转矩不足，Dmp-EVT 系统能为其补充电磁转矩；在车辆高速运行时，ICE 的输出机械转矩足以提供负载所需转矩，若还有多余能量，则 Dmp-EVT 系统可以将其转换为电能储存到蓄电池中；当负载所需转矩较大，而 ICE 的输出机械转矩无法满足时，Dmp-EVT 系统可以使外电机在电动状态下工作，产生助力转矩。

拓展元素 6.1

四、任务实施

任务名称：双机械端口能量变换器认知		
姓名：	班级：	学号：

任务描述	假如你是混合动力汽车生产制造公司的一名助理，设计师要求你尝试设计一套传动机构，替代发电机和电动机分离式结构系统，将来自内燃机的动力分为机械动力和电子动力两条路径，同时发挥串联式和并联式混合动力传动系统的优点。请利用所学知识完成这项任务
能力目标	（1）能够描述双机械端口能量变换器的结构； （2）能够分析双机械端口能量变换器的控制策略
实施准备	（1）新能源汽车实训室； （2）白板； （3）混合动力汽车 2 辆
实施步骤	（1）分组：教师将学生分成 2 组，每组选出 1 名组长； （2）布置任务：教师带领学生观察混合动力汽车的动力传递路线，引导大家思考如何将内燃机的动力分为机械动力和电子动力两条路径。学生分组讨论，一组思考目前新能源汽车采用的方案及其优缺点，另一组思考改进方式； （3）学生查阅资料，组织语言进行介绍，小组合作完成任务； （4）组员交换角色，彼此咨询和介绍

续表

任务名称：双机械端口能量变换器认知			
姓名：		班级：	学号：
自我反思	在专业能力、关键能力等方面的收获或体会：		

五、任务考核

评价项目	评价内容	评价标准	分值	自我评价	平台评价	组内评价	组间评价	教师评价	汇总
素质测评	规则意识	遵守作息制度，不迟到、不早退、不旷课	10						
	分析解决问题能力	提升自我查阅资料、解决问题能力	10						
	个人表达	口头表达能力，书面总结能力	10						
	团队合作	搜集信息、合作共事、知识共享、听取意见等方面	10						
专业测评	信息收集	准确记录顾客和车辆信息	10						
	知识掌握	掌握双机械端口能量变换器的结构	5						
		掌握双机械端口能量变换器的工作原理	10						
		掌握双机械端口能量变换器的控制策略	10						
		了解双机械端口能量变换器的发展历史	5						
	知识应用	分析双机械端口能量变换器的控制策略	10						
	方案制订	方案制订是否合理	10						
总评		总分	100						

六、思考练习

填空题

（1）Dmp – EVT 由混合磁路_____和_____及_____、_____两根转轴组成。

（2）双机械端口能量变换器有多种控制策略，新能源汽车应用较多的三种运行模式包括_____、_____和_____。

任务 2　混合励磁电机认知

一、学习目标

1. 知识目标

（1）掌握混合励磁电机的结构。

（2）掌握混合励磁电机的工作原理。

（3）掌握混合励磁电机的调速特性。

（4）掌握混合励磁电机技术的发展趋势。

2. 能力目标

（1）能够描述混合励磁电机的结构。

（2）能够向顾客描述混合励磁电机的性能。

3. 素质目标

（1）树立以顾客为中心的理念。

（2）增强服务意识。

（3）具备与顾客沟通交流的能力。

（4）具备信息搜集和处理的能力。

二、任务引入

假如你是新能源汽车 4S 店的一名销售人员，现有一款车型采用了混合励磁电机，顾客对该电机的结构和性能比较关注，请为顾客做详细介绍。

三、知识储备

混合励磁电机，是一种在保持电机较高效率的前提下，改变电机的拓扑结构，由两种励磁源共同产生电机主磁场，实现电机主磁场调节和控制，从而改善电机调速、驱动性能及调压特性的新型电机。

混合励磁思想早在1988年便由俄罗斯学者提出，但当时缺乏相对统一的定义。汽车行业内对混合励磁的定义如下：混合励磁也称组合励磁或复合励磁，是由两种励磁源相互作用，共同实现电磁能量转换，是对单一励磁（永磁励磁或电励磁）概念的有效拓宽与延伸。

与永磁电机比较，混合励磁电机具有调节气隙磁场的能力；与电励磁同步电机相比，混合励磁电机具有较小的电枢反应电抗。混合励磁电机不仅继承了永磁电机的诸多特点，而且具有电励磁同步电机气隙磁场平滑可调的优点。作为发电机，混合励磁电机可获得较宽的调压范围，在飞机、舰船和车辆中可作为独立的发电系统；作为电动机，混合励磁电机适用于节能驱动系统，并且由于其宽调速特性，可应用于新能源汽车、武器设备伺服驱动等高要求场合。

6.2.1 混合励磁电机的结构

混合励磁电机中存在两种磁动势源，即永磁体磁动势源和电励磁磁动势源。在电机运行过程中，永磁体工作点基本不变，可近似将其看作一个恒定磁动势源；而电励磁磁动势的幅值和方向可调，因此，可看作一个可变磁动势源。

混合励磁电机有多种结构，按照永磁体磁动势和电励磁磁动势的相互作用关系，可分为串励式混合励磁电机、并励式混合励磁电机和混励式混合励磁电机。两种磁动势之间的相互作用关系直接影响混合励磁电机的性能。

典型的串励式混合励磁电机结构如图6-6所示。串励式结构是指在永磁体磁路上叠加一个电励磁磁动势源。对于电励磁磁动势源来说，永磁体相当于等厚空气，过大的气隙会导致过大的励磁功率。此外，在助磁时，受铁芯饱和效应的影响，其助磁幅度受到限制；在弱磁时，由于永磁体矫顽力的限制，必须保证电励磁磁动势不会对永磁体产生不可逆退磁的危险，因此其弱磁范围不大。

总体上看，串励式混合励磁电机调磁范围有限，对永磁体有不可逆退磁的危险，且产生单位磁通的励磁功率较大，电机整体效率较低。不过，串励式混合励磁电机具有结构紧凑、漏磁小的优点。

典型的并励式混合励磁电机结构如图6-7所示。并励式结构为永磁电机和电励磁同步电机组合后共用一个定子铁芯和定子绕组。该电机的转子有两种组合形式。一种是永磁转子和电励磁转子沿轴向组合，可以通过调节两个转子的长度比例来达到所需的磁场调节范围。另一种是永磁转子和电励磁转子沿周向组合，即将电机分成若干组沿周向分布均匀的、完全相同的、由永磁体磁极和电励磁磁极组成的单元电机。永磁体磁极和电励磁磁极

(a) (b)

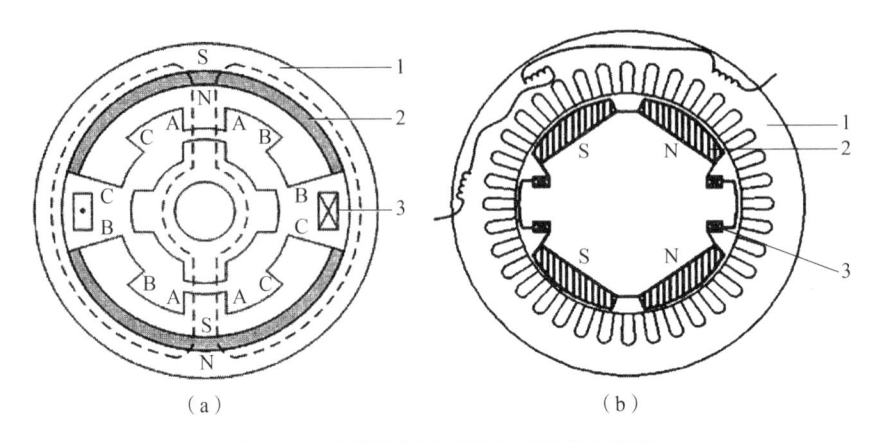

图 6-6 典型的串励式混合励磁电机结构

(a) 双凸极混合励磁电机；(b) 同步/永磁混合励磁电机

1—定子轭部；2—永磁体；3—直流励磁绕组

之间采取隔磁措施将两者磁路隔离，确保各自磁路相互独立；每个单元电机的绕组形成一条电枢支路，各电枢支路之间可以串联、并联或混联，也可以单独运行。可通过调节单元电机永磁体磁极与电励磁磁极的比例来控制磁场的调节范围。

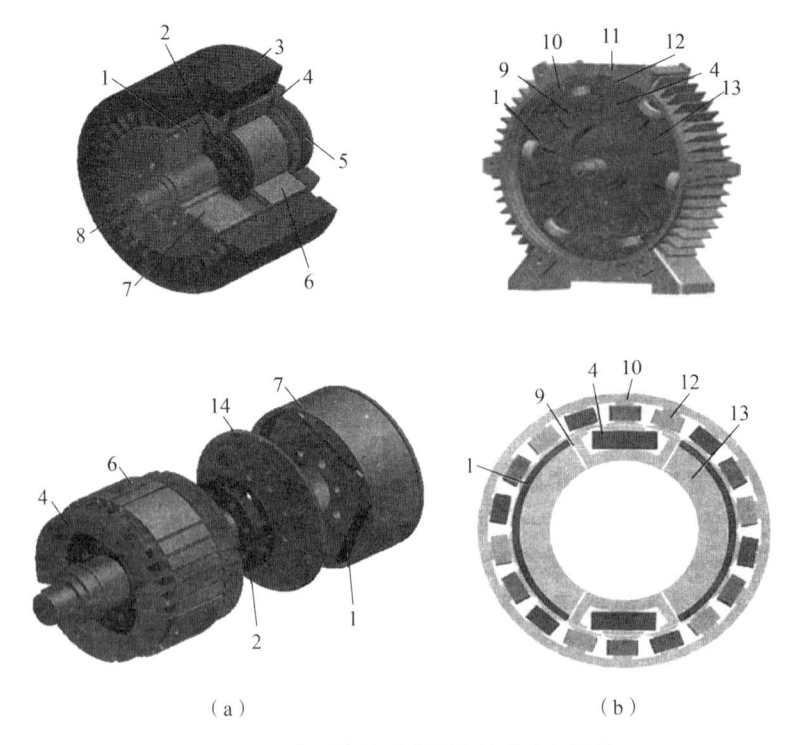

(a) (b)

图 6-7 典型的并励式混合励磁电机结构

(a) 轴向组合式；(b) 周向组合式

1—永磁体；2—固定块；3—定子；4—励磁绕组；5—励磁机；6—隐极式电励磁转子；7—IPM 转子；8—轴；9—隔磁桥；10—定子铁芯；11—机座；12—电枢绕组；13—转子铁芯；14—转子压板

并励式混合励磁电机的励磁损耗小、控制磁场能力强，并且永磁体没有不可逆退磁的危险。然而，现有的并励式混合励磁电机仍然不尽如人意。例如，轴向组合转子混合励磁电机的励磁绕组一侧端部占据了定子铁芯和定子绕组的有效空间，这会降低材料的有效利用率，导致电机成本增大、效率降低。

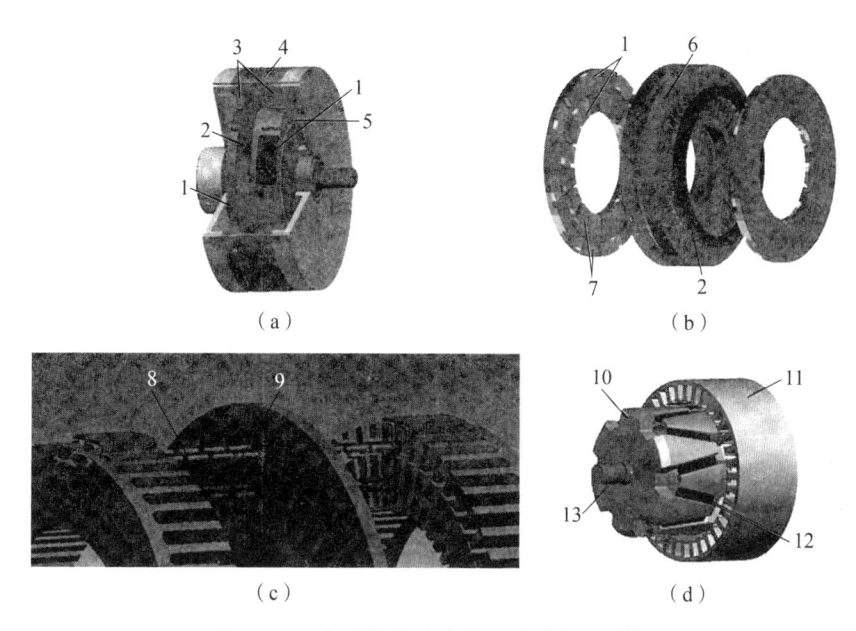

典型的混励式混合励磁电机结构如图6-8所示。在混励式结构中，永磁体磁路和电励磁磁路基本上相互独立，电励磁磁动势不直接或只有很少一部分作用到永磁体上，两者只是在铁芯某部位共磁路，一般不会出现永磁体不可逆退磁的危险。然而，现有混励式混合励磁电机结构比较复杂，电励磁绕组散热困难，不便于工程实践和产品化。此外，该电机磁路长，漏磁大，电励磁控制磁场能力不如并励式混合励磁电机。

图6-8 典型的混励式混合励磁电机结构

（a）径向式磁极分割型；（b）轴向式磁极分割型；（c）双馈电Kaman结构；（d）混合励磁爪极
1—永磁体；2—直流励磁绕组；3—叠片定子；4—实心定子；5—实心转子；6—电枢绕组；
7—铁芯极；8—铁芯极助磁；9—永磁磁通；10—爪极；11—定子铁芯；12—永磁体；13—轴

对三种混合励磁电机的结构进行比较可以看出，并励式混合励磁电机的电励磁控制磁场能力和永磁体的可靠性优于串励式、混励式混合励磁电机，是永磁磁动势和电励磁磁动势组合的首选方案。目前，如何避免现有并励式混合励磁电机存在的弊端，并改进其拓扑结构，使电机结构更紧凑，材料利用率更高，是混合励磁电机深入研究的主要内容，也是决定混合励磁电机是否具有市场竞争力，能进一步推广应用并得到认可的关键所在。因此，混合励磁电机的深入研究应从拓扑结构优化设计的层面入手，加强混合励磁电机基础理论和设计方法研究，开发低成本、高性能的混合励磁电机，满足市场需求。

6.2.2 混合励磁电机的工作原理

混合励磁电机的合成磁场由永磁体磁场和电励磁磁场两部分组成，永磁体磁场恒定不可调节，电励磁磁场方向双向可调，幅值变化范围广。与永磁电机相比，混合励磁电机可以在保持高效率、高密度等优点的前提下，大幅增加磁场的调节范围。

混合励磁电机有多种结构，磁场组合形式也各不相同。下面以轴向组合转子混合励磁电机为例，分析该电机的磁场调节原理。

轴向组合转子混合励磁电机的磁路结构为并励式，因此其永磁磁路和电励磁磁路相互独立，如图 6-9 所示。对于电励磁转子段，电励磁磁通路径为转子磁极 N 极→气隙→定子铁芯→气隙→转子磁极 S 极→转子铁芯轭部→转子磁极 N 极。对于永磁转子段，永磁体磁通路径为永磁体磁极 N 极→转子铁芯→气隙→定子铁芯→气隙→永磁体磁极 S 极→转子铁芯轭部→永磁体磁极 N 极。

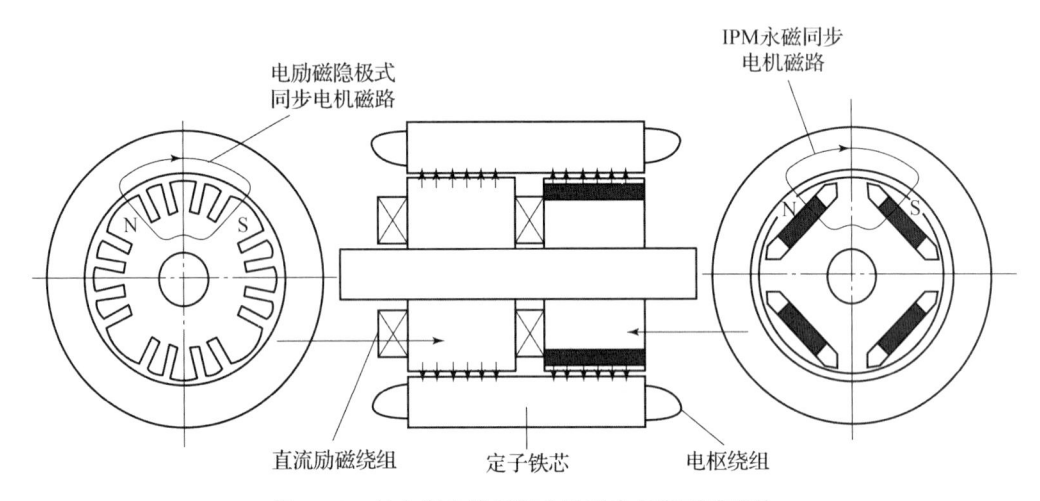

图 6-9 轴向组合转子混合励磁电机的磁路结构

当通入某一方向的电励磁电流时，同一极下电励磁转子的极性和永磁体转子的极性相同，感应电动势增大，电机的每极磁通均增大，电励磁电流起到了助磁的作用，如图 6-10（a）所示；而当通入反方向的励磁电流时，同一极下的两个转子磁极极性相反，电机的每极磁通被削弱，感应电动势也相应减小，电励磁电流起到了弱磁的作用，如图 6-10（b）所示。

6.2.3 混合励磁电机的调速特性

混合励磁电机是电励磁同步电机和永磁同步电机的合成。因此，在忽略漏磁和磁饱和的情况下，气隙内的磁链是永磁磁动势和电励磁磁动势产生的磁链合成。则有磁链方程为

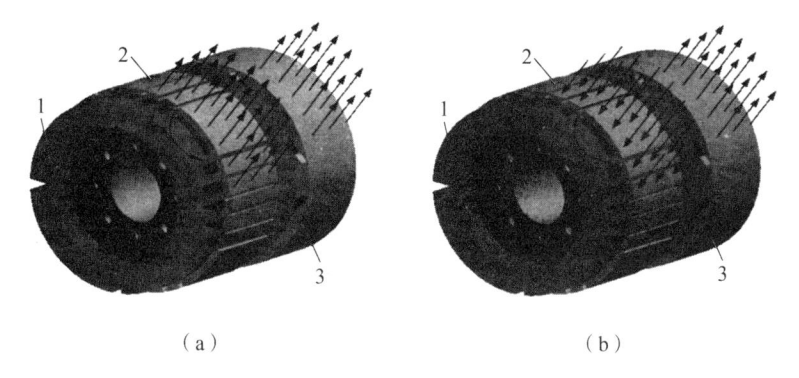

图 6-10 轴向组合转子混合励磁电机的磁场控制

(a) 助磁模式;(b) 弱磁模式

1—直流励磁绕组;2—电励磁转子;3—永磁转子

$$\begin{aligned}\Psi_d &= \Psi_{pm\_d} + \Psi_{e\_d} \\ &= L_{pm\_d} i_d + \Psi_{pm} + L_{e\_d} i_d + \Psi_e \\ &= (L_{pm\_d} + L_{e\_d}) i_d + \Psi_{pm} + \Psi_e\end{aligned} \quad (6-7)$$

$$\begin{aligned}\Psi_q &= \Psi_{pm\_q} + \Psi_{e\_q} \\ &= L_{pm\_q} i_q + L_{e\_q} i_q\end{aligned} \quad (6-8)$$

式中 pm、e——下标,分别表示永磁段和电励磁段;

pm_d、e_d——下标,分别代表永磁段和电励磁段的 d 轴分量;

pm_q、e_q——下标,分别代表永磁段和电励磁段的 q 轴分量。

电磁转矩方程为

$$\begin{aligned}T_{pm} &= p_n(\Psi_d i_q - \Psi_q i_d) \\ &= p_n[(\Psi_{pm} + \Psi_e) i_q + (L_d - L_q) i_d i_q]\end{aligned} \quad (6-9)$$

$$L_d = L_{pm\_d} + L_{e\_d}$$

$$L_q = L_{pm\_q} + L_{e\_q}$$

式中 L_d——定子绕组的等效 d 轴电感 (H);

L_q——定子绕组的等效 q 轴电感 (H)。

当电机稳态运行时,则有

$$\begin{aligned}T_{pm} &= p_n[(\Psi_{pm} + \Psi_e) i_q + (L_d - L_q) i_d i_q] \\ &= \frac{p_n}{\omega}[(e_{pm\_0} + e_{e\_0}) i_q + (X_d - X_q) i_d i_q]\end{aligned} \quad (6-10)$$

式中 e_{pm_0}——永磁段产生的空载感应电动势 (V);

e_{e_0}——电励磁段产生的空载感应电动势（V）；

X_d——定子绕组的等效 d 轴电抗（Ω）；

X_q——定子绕组的等效 q 轴电抗（Ω）。

由式（6-9）及式（6-10）可以看出，混合励磁电机的调速特性综合了永磁同步电机和电励磁同步电机的调速特性，既可以采用矢量控制方法调节转速，也可以通过控制电励磁绕组的电流大小和方向调节磁场的幅值，增加混合励磁电机磁场的调节范围，以达到扩大混合励磁电机恒功率调速范围的效果。

6.2.4 混合励磁电机技术的发展趋势

我国在混合励磁电机方面的研究起步较晚，同时受国内材料加工制造技术落后等不利因素的影响，因此我国在混合励磁电机方面的研究力度还不够，水平也不高，尚无成熟产品。

在永磁电机基础上提出的混合励磁电机，其实质并不是一类新型电机，而是对原有永磁电机结构合理的改变，即通过辅助电励磁绕组的引入，达到改善永磁电机驱动和调压性能的目的。因此，对永磁型混合励磁电机，需要继承研究永磁电机的一般方法、原理及成果。随着对混合励磁电机研究的不断深入，新的研究成果的诞生，也将有效促进永磁电机设计、控制技术的发展。但混合励磁电机的设计、分析与控制技术的研究也有不同于永磁电机的特点，主要表现在以下几个方面。

（1）混合励磁电机合理结构的研究。混合励磁电机在永磁电机的基础上引入电励磁绕组，因此需要对永磁电机的结构做适当的优化和改变。在对永磁同步电机、无刷直流电机、永磁直线电机、爪极式永磁同步电机、定子永磁双凸极电机等结构进行深入分析后，结合永磁材料技术和铁心软磁材料等技术的最新发展，探索合理的混合励磁电机结构，可有效提高原有永磁电机的性能。在分析方法上，可采用大型有限元分析软件，如 Ansys 软件等对电机进行三维建模，采用最新的瞬态联合仿真技术对不同混合励磁电机结构进行分析，探索电励磁段与永磁段的比例对混合励磁电机性能影响的一般规律，建立混合励磁电机动静态特性分析的一般方法。

（2）混合励磁电动机变速驱动控制技术的研究。混合励磁电机存在电枢绕组和励磁绕组，因此需要对电枢电流及励磁电流进行控制。一方面可建立以双向快速励磁电流控制为核心的励磁控制器；另一方面可对电枢电流和励磁电流进行协调控制，建立宽调速变速驱动系统主控制器。根据不同混合励磁电机的结构形式和驱动系统的性能要求，研究混合励磁电机控制系统的一般规律，并采用现代控制理论方法，以及面向电机控制的最新数字信号处理器研发模块化、集成化的控制器，优化软件、硬件结构，以提高系统抗干扰能力和可靠性。

（3）混合励磁电机效率优化技术的研究。混合励磁电机强调在保持电机较高效率的前提下，实现电机性能的改善和优化。若忽视电机的效率，片面强调电机的磁场调节能力和宽调速运行范围，则没有研究意义和应用价值。因此，应对混合励磁电机的效率和功率密度开展深入研究。混合励磁电机电磁转矩由电枢电流和励磁电流共同产生，研究电枢电流和励磁电流的协调控制策略，探索在给定电磁转矩下电枢电流与励磁电流的一般规律，可获得混合励磁电机效率最优分布图，实现在线效率优化，使混合励磁电机在宽调速范围内保持较高的能量效率。

（4）混合励磁电机可靠性技术的研究。随着对混合励磁电机研究的不断深入，以及其应用领域的不断拓宽，特别是在航空航天、新能源汽车等需要连续高速运转的场合中，对其可靠性及容错能力的要求逐渐提高。因此，在满足宽调速性能、转矩及功率等要求的前提下，提高混合励磁电机的可靠性，以及研究具有容错结构和能力的混合励磁电机及其相应智能控制策略，同样也是混合励磁电机研究方向和热点之一。

永磁电机研究

四、任务实施

任务名称：混合励磁电机认知		
姓名：	班级：	学号：
任务描述	假如你是新能源汽车4S店的一名销售人员，现有一款汽车型采用了混合励磁电机，顾客对该电机的结构和性能比较关注。请你为顾客做详细介绍	
能力目标	（1）能够描述混合励磁电机的结构； （2）能够向顾客描述混合励磁电机的性能	
实施准备	（1）新能源汽车实训室； （2）白板	
实施步骤	（1）分组：教师将学生分成2组，一组学生扮演顾客，另一组学生扮演汽车4S店销售人员，每组选出1名组长； （2）布置任务：学生分组讨论，一组思考如何为顾客介绍混合励磁电机的结构，另一组思考如何为顾客介绍混合励磁电机的性能，以及其与永磁同步电机的区别； （3）学生查阅资料，组织语言进行介绍，小组合作完成任务； （4）组员交换角色，彼此咨询和介绍	

续表

任务名称：混合励磁电机认知			
姓名：	班级：		学号：
自我反思	在专业能力、关键能力等方面的收获或体会：		

五、任务考核

评价项目	评价内容	评价标准	分值	自我评价	平台评价	组内评价	组间评价	教师评价	汇总
素质测评	规则意识	遵守作息制度，不迟到、不早退、不旷课	10						
	分析解决问题能力	提升自我查阅资料、解决问题能力	10						
	个人表达	口头表达能力，书面总结能力	10						
	团队合作	搜集信息、合作共事、知识共享、听取意见等方面	10						
专业测评	信息收集	准确记录顾客和车辆信息	10						
	知识掌握	混合励磁电机的结构	5						
		混合励磁电机的工作原理	10						
		混合励磁电机的调速特性	10						
		混合励磁电机技术的发展趋势	5						
	知识应用	向顾客描述混合励磁电机的结构和性能	10						
	方案制订	方案制订是否合理	10						
总评		总分	100						

六、思考练习

1. 填空题

（1）混合励磁电机中存在两个磁动势源，即_____和_____。

（2）混合励磁电机有多种结构，按照永磁体磁动势和电励磁磁动势的相互作用关系，可分为_____、_____和_____。

2. 判断题

（1）并励式混合励磁电机的励磁损耗小、控制磁场能力强，并且永磁体没有不可逆退磁的危险。（ ）

（2）串励式混合励磁电机的电励磁控制磁场能力和永磁体的可靠性优于并励式、混励式混合励磁电机。（ ）

任务3　多相电机认知

一、学习目标

1. 知识目标

（1）掌握多相电机的结构。

（2）掌握多相电机谐波磁场的分析。

（3）掌握多相电机变频调速系统的特点。

（4）掌握多相电机的控制策略。

2. 能力目标

（1）能够向顾客描述多相电机的结构。

（2）能够向顾客描述多相电机的性能。

3. 素质目标

（1）树立以顾客为中心的理念。

（2）增强服务意识。

（3）具备与顾客沟通交流的能力。

（4）具备信息搜集和处理的能力。

二、任务引入

假如你是新能源汽车4S店的一名销售人员，现有一款车型采用了多相电机，顾客对该电机的结构和性能比较关注。请为顾客做详细介绍。

三、知识储备

与三相电机类似，多相电机根据运行原理不同，可分为多相感应电机和多相同步电机两大类。多相感应电机的转子绕组可分为笼型和绕线型，目前多为笼型多相感应电机；多相同步电机根据其转子上励磁方式的不同，可分为多相电励磁同步电机、多相永磁同步电机等。

6.3.1 多相电机的结构

1. 相数

通常利用电机定子绕组出线端的数目来定义电机的相数。但是相同的出线端数目，定子绕组相带 β 角（电角度）可以有两种取值，这两种电机性能有很大差异。1983年，Klingshirn E. A. 提出利用相带角和每极相带数来定义电机的相数，具体定义如下。

电机定子有 $2q$ 个绕组，以 β 电角度在空间对称分布，当 q 为整数时，如果有 $2q$ 个出线端，则称 $2q$ 电机；如果只有 q 个出线端，即相距 π 电角度的两个相带组成一相绕组，则称半 $2q$ 相电机。由于电机的特性主要由相带角决定，因此，半 $2q$ 相电机与 $2q$ 电机有相似的特性。

表6-1所示为几种多相电机相数、相带角及每极相带数之间的关系。

表6-1 几种多相电机相数、相带角及每极相带数之间的关系

相带角 $\beta/$（°）	120	60	60	40	30	30	90	90
每极相带数 q	1.5	3	3	4.5	6	6	2	2
定子绕组出线端数目	3	3	6	9	6	12	3	4
连接名	三相	半六相	六相	九相	半十二相	十二相	半四相	四相

传统的三相60°相带绕组，由于 $q=3$，有三个出线端，按相数的定义称为半六相电机。通常说的六相30°相带绕组，则称半十二相电机。从定子绕组结构上看，六相30°相带绕组实际上是把星形（Y形）连接的三相60°相带绕组的每一相带等分为两个相带，把一个Y形连接的绕组分成两个Y形连接的绕组，彼此位移为30°，故又称六相双Y形移30°绕组。六相双Y形移30°（半十二相）永磁同步电机结构如图6-11所示，图中 A+、

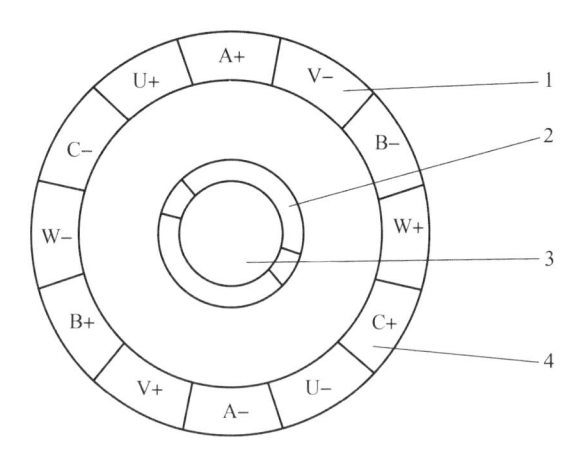

C−、B+、A−、C+、B−分别代表一个三相30°相带丫形连接绕组；U+、W−、V+、U−、W+、V−分别代表与上述一个三相30°相带丫形连接绕组。该电机的转子结构与常规永磁电机的转子结构相似。

图6-11 六相双丫形移30°（半十二相）永磁同步电机结构
1—定子；2—永磁体；3—转子；4—定子绕组

2. 绕组连接方式

多相电机相数可以根据设计要求进行选择，但定子槽数和电机相数之间必须满足一定的关系。对整数槽电机来说，要求 m 相电机的定子槽电枢表面，在每对极内可等分为 m 个相带，定子绕组从内部看应该是 m 相绕组在空间对称分布，相邻轴线相差 $2\pi/m$ 电角度，因此，多相电机的定子槽数 Z 和相数 m 之间有

$$Z = kp_n m \quad k = 1,2,3\cdots \quad (6-11)$$

电机绕组的连接方式可分为星形和多边形连接两种。对于每种连接方式，还可以有多种选择，只要满足相电压的时间相序和空间绕组相序一致即可。

（1）星形连接。如果相数不是质数，则存在中点隔离的不同星形。

使 $m = vu$，即将 m 相分成 u 个中点隔离的 v 相星形，如十二相电机的连接方式，如图6-12所示，其中，a，b，c，…表示定子顺序；1，2，3，…表示逆变器顺序。

（2）多边形连接。

由于 m 相绕组在空间对称分布，因此，对于 m 相多边形，有 $(m-1)/2$ 个不同的连接方式。五相电机定子绕组最常用的多边形连接方式如图6-13所示。

6.3.2 多相电机谐波磁场的分析

多相逆变器的输出含有不可忽略的谐波成分，会形成时域谐波磁场，而定子绕组在空间的非正弦分布则会产生空域谐波磁场。在多相电机的变频调速系统中，这两个因素同时存在，会对电机性能造成不利的影响。

(a)

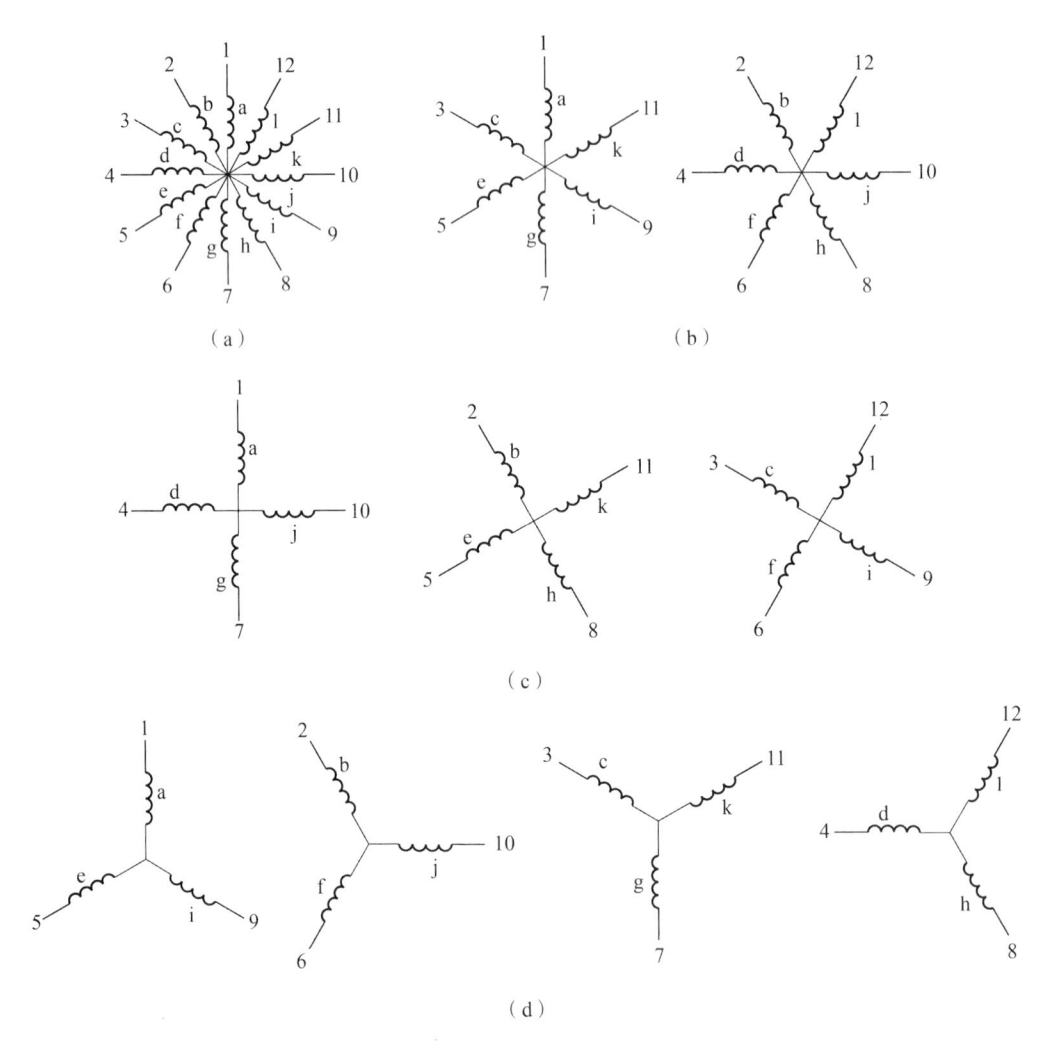

(b)

(c)

(d)

图 6-12 十二相电机定子绕组星形连接方式

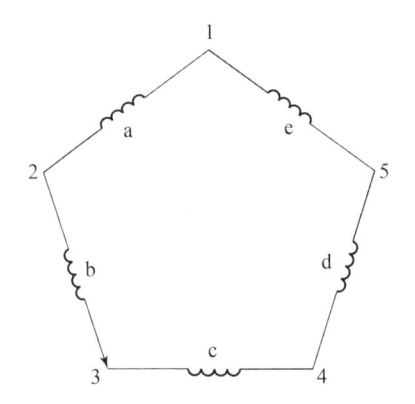

图 6-13 五相电机定子绕组最常用的多边形连接方式

若时间相位依次相差 $\dfrac{2\pi}{m}$ 的 m 相电流通入 m 相对称绕组中,第 i 相的电流可以表示为

$$I_i = \sqrt{2}I\sin\left[\omega t - (i-1)\dfrac{2\pi}{m}\right] \qquad (6-12)$$

由电机学基本定律可知,第 i 相的第 v 次谐波磁动势可以表示为

$$P_{v-i} = \dfrac{2\sqrt{2}}{\pi v p}k_{vv}N_1 I\sin\left[\omega t - (i-1)\dfrac{2\pi}{m}\right]\cos\left[\theta - (i-1)\dfrac{2\pi}{m}\right] \qquad (6-13)$$

式中 N_1——每相串联匝数;

$k_v v$——v 次谐波的绕组系数;

θ——沿气隙圆周的空间坐标。

m 相绕组的 v 次谐波合成磁动势为

$$P_{m-i} = \dfrac{\sqrt{2}}{\pi v p}m k_{vv}N_1 I[k_{v+}\sin(\omega t - v\theta) + k_{v-}\sin(\omega t + v\theta)] \qquad (6-14)$$

$$= F_+ + F_-$$

$$k_{v+} = \dfrac{\sin\left[m\dfrac{1}{2}(v-1)\dfrac{2\pi}{m}\right]}{m\sin\left[\dfrac{1}{2}(v-1)\dfrac{2\pi}{m}\right]} = \dfrac{\sin(v-1)\pi}{m\sin\left[\dfrac{(v-1)\pi}{m}\right]}$$

$$k_{v-} = \dfrac{\sin\left[m\dfrac{1}{2}(v+1)\dfrac{2\pi}{m}\right]}{m\sin\left[\dfrac{1}{2}(v+1)\dfrac{2\pi}{m}\right]} = \dfrac{\sin(v+1)\pi}{m\sin\left[\dfrac{(v+1)\pi}{m}\right]}$$

由上述分析可知,合成磁场 F_v 由正序磁场 F_{v+} 和负序磁场 F_{v-} 两部分组成。当 $v=mk$ ($k=1,2,3,\cdots$) 时,v 次谐波的合成磁动势为 0;当 $v=m(k+1)$ 时,v 次谐波只存在正向(与基波转向相同)旋转磁动势;当 $v=m(k-1)$ 时,v 次谐波只存在反向旋转磁动势。此处 m 是指从电机内部看的相数。表 6-2 所示为几种多相电机的基波电流产生的合成磁动势中谐波次数。

表 6-2　多相电机的基波电流产生的合成磁动势中谐波次数

连接名	三相	半六相	六相	半十二相	十五相	半三十相
相带角 $\beta/(°)$	120	60	60	30	24	12
谐波	$v=3k\pm1$	$v=6k\pm1$	$v=6k\pm1$	$v=12k\pm1$	$v=15k\pm1$	$v=30k\pm1$

由表 6-2 可以看出,随着电机相数的增加,谐波的最低次数增大,转矩脉动频率随之增高,而转矩脉动幅值下降。需要注意的是,多相电机的谐波最低次数已经很高,不必

像三相电机那样采用短距和分布式绕组削减空间谐波电动势。多相电机的设计应合理选择线圈节距来调节线圈的漏电感,以抑制定子电流的时域谐波成分。

6.3.3 多相电机变频调速系统的特点

对于由多相逆变器驱动多相电机所构成的变频调速系统来说,由于其相数可变,因此,增加了设计和控制自由度,能较好地实现电机本体与逆变器的最优匹配,充分发挥调速系统的整体性能和可靠性。所以,多相电机变频调速系统除了具有三相电机的调速特性外,还有以下特点。

1. 实现低压大功率传动

在供电电压受限制的场合,采用多相电机变频调速系统是实现大功率的有效途径。通过增加相数可分摊电流和功率,降低了功率开关器件的电流和电压等级,同时也可以避免功率器件并联使用所导致的动态和静态均流问题,提高了系统的可靠性。

2. 提高调速系统的整体性能

多相电机相数增大,使得谐波次数增大,幅值下降,有效地减小了电机的转矩脉动、噪声和振动,并改善了低速运行性能。另外,多相电机由于谐波幅值小,一般情况下不采用短距和分布绕组,故绕组系数大,使产生同样转矩的基波电流减小,定子铜耗降低。对于感应电机来说,由于磁场谐波含量降低,转子电流谐波减小,转子铜耗下降。

3. 容错能力更强,可靠性高

由于相数较多,因此,当有一相甚至几相出现故障时,电机仍能正常起动,并降低功率运行,适时适当的控制策略可以维持较高的运行性能。

4. 更多的控制自由度

随着相数的增加,电压空间矢量的个数呈指数增加,为电压型逆变器的空间矢量脉宽调制控制等先进控制策略提供了充足的控制资源。例如,多相电机的直接转矩控制性能比三相电机有较大的提高。

尽管多相电机变频调速系统具有诸多优点,但与三相电机调速系统相比,在通用场合的应用中并没有太多优势,三相电机调速系统仍然占据主流地位。其原因是随着相数的增加,电机结构更加复杂,成本增加;由于每相一般至少需采用一个桥臂进行驱动,因此,功率开关器件的数量成倍增加,成本较高。由此可见,多相电机适用于大功率或可靠性要求高的场合。

6.3.4 多相电机的控制策略

1. 矢量控制

在传统的三相电机矢量控制系统中,利用正交坐标变换,将自然坐标系下的物理量映射到同步旋转坐标系下,将定子相电流按励磁分量和转矩分量进行单独控制,从而实现矢量控制。多相系统与三相系统矢量控制的基本原理非常相近，但有两个不同点，即坐标变换矩阵维数增加，以及逆变器控制维度增加。

对于一个 m 相电机驱动系统，对其相电流在进行了 $m'm$ 维的广义派克坐标变换后，可以得到 m 个解耦电流，如图 6-14 所示。

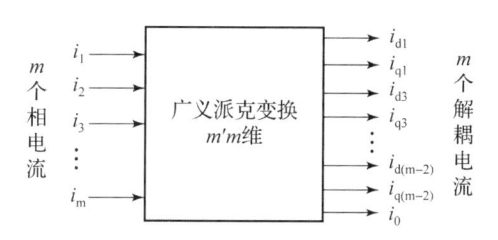

图 6-14　m 相电机的电流解耦变换

基波平面是最重要的机电能量转换平面，相应的基波平面电流 i_{d1}，i_{q1} 分别作为励磁电流和转矩电流加以控制。其他的平面称为谐波平面，对于谐波平面上的电流一般有两种控制方式。

（1）谐波注入。对于集中绕组的多相电机，谐波平面会发生机电能量转换。因此，可以通过特定比例的低次谐波注入来有效提高电机转矩密度。为了充分利用铁磁材料，一般以气隙磁通密度峰值最小为目标来确定谐波注入的比例。但是，谐波注入的比例不仅要考虑不同工况下气隙磁通密度的优化，还要考虑轭部磁通密度的饱和等问题，否则谐波注入反而会降低电机转矩密度。

（2）谐波抑制。由于机电能量的转换主要发生于基波平面，特别是对于分布式绕组的多相电机，谐波平面上的电流几乎不会参与机电能量转换，仅会产生谐波损耗。因此，在一些多相电机的应用场合，需要对谐波平面的电流加入闭环控制，抑制谐波电流。另外，空间谐波的抑制还能有效减少相电流之间的不平衡度。

2. 直接转矩控制

Toliyat H. A. 等人将三相电机的直接转矩控制方法推广应用到五相电机中。由两电平逆变器供电的五相电机系统可以产生多达 $2^5=32$ 个电压矢量，根据磁链和转矩的暂态变化，五相电机在选择电压矢量时更加灵活，有助于提高转矩响应、减小定子磁链和转矩脉动等。

大多数已有的文献都是直接从三相电机的直接转矩控制扩展而来，即仅对基波平面的磁链矢量进行控制，很少考虑谐波平面的磁链控制问题。Parsa L. 等人通过综合使用基波平面和谐波平面的两个电压矢量选择表，实现了对五相永磁电机的两个平面中磁链矢量的控制，有效降低了相电流波形畸变。但基于电压矢量选择表的实现方法会造成开关频率不固定，因此，仍然不适合大功率驱动的要求。

此外，直接转矩控制的一个重要的缺点是电机相数越多，需要考虑的电压矢量和电压平面就越复杂，实现难度就越大。目前的文献中还没有发现九相以上多相电机的直接转矩控制研究。因此，还需要进一步深入研究既能够方便扩展到任意多相，又能够协调控制多维空间下磁链矢量的直接转矩控制方法。

3. 模型预测控制

模型预测控制自 20 世纪 70 年代末出现以后，逐渐被引入电力电子及电机驱动控制中。虽然这种控制方法的计算量较大，但是比矢量控制具有更快的转矩响应，比直接转矩控制具有更高的控制灵活度。西班牙学者 Barrero F. 和 Duran M. J. 等人对多相电机的模型预测控制进行了研究，其基本思路是将三相电机的模型预测方法推广到多相，如图 6 – 15 所示。与三相系统的一个最重要的区别是，多相系统的目标函数中需要加入谐波电流抑制等相关指标。

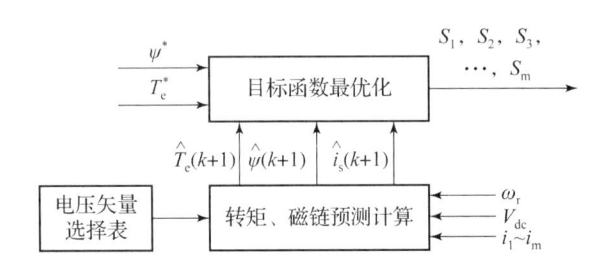

图 6 – 15　多相电机的模型预测控制框图

Barrero F. 等人在五相感应电机上的实验结果表明，与直接转矩控制相比，虽然模型预测控制的计算量会增长 1.5 倍，但是多目标的最优化可以有效降低平均开关频率，并且可以使电机的输出转矩更加平滑。

在近几年的研究中，Guzman H. 等人将模型预测控制引入矢量控制的电流环中，其控制框图如图 6 – 16 所示。在五相电机发生断相、开关管失效等故障时，识别故障部位并更新容错的运行下可以产生新的电压矢量选择表，将跟踪容错控制给出的各电流的指令值作为目标，进而选择最佳电压矢量。

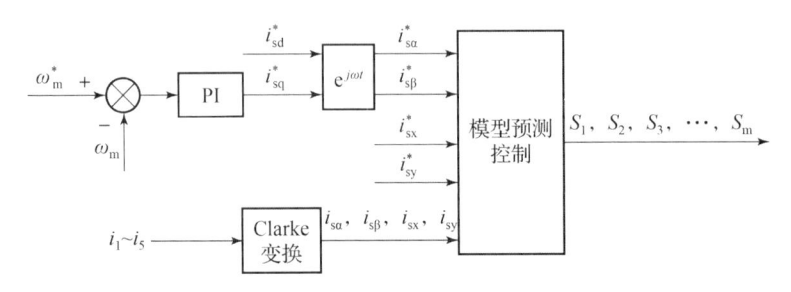

图 6 – 16　矢量控制的电流环模型预测控制框图

但是，对于一个 n 电平逆变器供电下的 m 相电机，其电压矢量有 n^m 个，随着电机相数的增加，模型预测的计算量将呈指数增长，这严重限制了模型预测控制在多相电机驱动控制中的应用。目前仅在两电平逆变器供电的五相、六相电机控制中能够见到模型预测控制的应用。

拓展元素 6.3

四、任务实施

任务名称：多相电机认知			
姓名：	班级：		学号：
任务描述	假设你是新能源汽车 4S 店的一名销售人员，现有一款车型采用了多相电机，顾客对该电机的结构和性能比较关注。请为顾客做详细介绍		
能力目标	（1）能够向顾客描述多相电机的结构； （2）能够向顾客描述多相电机的性能		
实施准备	（1）新能源汽车实训室； （2）白板		
实施步骤	（1）分组：教师将学生分成 2 组，一组学生扮演顾客，另一组学生扮演汽车 4S 店销售人员，每组选出 1 名组长； （2）布置任务：学生分组讨论，一组思考如何为顾客介绍多相电机的结构，另一组思考如何为顾客介绍多相电机的性能； （3）学生查阅资料，组织语言进行介绍，小组合作完成任务； （4）组员交换角色，彼此咨询和介绍		
自我反思	在专业能力、关键能力等方面的收获或体会：		

五、任务考核

评价项目	评价内容	评价标准	分值	自我评价	平台评价	组内评价	组间评价	教师评价	汇总
素质测评	规则意识	遵守作息制度，不迟到、不早退、不旷课	10						
	分析解决问题能力	提升自我查阅资料、解决问题能力	10						
	个人表达	口头表达能力，书面总结能力	10						
	团队合作	搜集信息、合作共事、知识共享、听取意见等方面	10						
专业测评	信息收集	准确记录顾客和车辆信息	10						
	知识掌握	多相电机的结构	5						
		多相电机谐波磁场的分析	10						
		多相电机变频调速系统的特点	10						
		多相电机的控制策略	5						
	知识应用	向顾客描述多相电机的结构和性能	10						
	方案制订	方案制订是否合理	10						
总评		总分	100						

六、思考练习

填空题

（1）多相电机根据运行原理不同，可分为_____和_____两大类。

（2）电机绕组的连接方式可分为_____和_____两种。

（3）对于谐波平面上的电流一般有两种控制方式：_____和_____。

任务 4　轮毂/轮边电机认知

一、学习目标

1. 知识目标

（1）掌握轮毂/轮边电机的结构。

（2）掌握轮毂/轮边电机的驱动方式。

（3）掌握轮毂/轮边电机的工作原理。

（4）掌握轮毂/轮边电机的特点及选择。

2. 能力目标

（1）能够向顾客描述轮毂/轮边电机的结构。

（2）能向顾客描述轮毂/轮边电机的性能。

3. 素质目标

（1）树立以顾客为中心的理念。

（2）增强服务意识。

（3）具备与顾客沟通交流的能力。

（4）通过比亚迪创新分布式电驱系统平台"易四方"中轮边电机的应用案例，培养学生的爱国情怀。

二、任务引入

假如你是新能源汽车4S店的一名销售人员，现有一款车型采用了轮毂/轮边电机，顾客对该电机的结构和性能比较关注。请为顾客做详细介绍。

三、知识储备

轮毂电机技术又称车轮内装电机技术，是一种将电机、传动系统和制动系统融为一体的轮毂装置技术。它最大的特点就是将动力、传动和制动装置都整合到轮毂内，大幅简化了新能源汽车的机械部分。从各种驱动技术的特点和发展趋势来看，轮毂电机技术是新能源汽车的最终驱动形式。图6-17所示为轮毂电机与电子主动悬挂组成的驱动/悬挂系统结构。

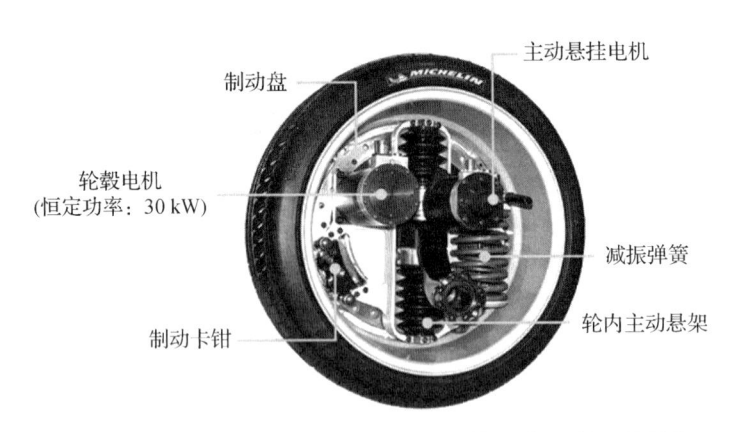

图 6-17 轮毂电机和电子主动悬挂组成的驱动/悬挂系统结构

6.4.1 轮毂/轮边电机的驱动方式

轮毂/轮边电机结构的主要特征是将驱动电机直接安装在驱动轮内（轮毂）或驱动轮附近（轮边）。轮毂/轮边电机的驱动方式主要包括直接驱动和减速驱动两种方式，其如何选择取决于采用低速外转子电机还是高速内转子电机。

直接驱动方式采用低速外转子电机，其电动轮与车轮组成了一个完整部件总成，如图 6-18 所示。其中，外转子电机安装在车轮轮辋上，没有减速装置，可直接驱动车轮带动汽车行驶，电机转速一般为 1 000~1 500 r/min，这种电机称为轮毂电机。其主要优点是电机体积小、质量轻、成本低，系统传动效率高，结构紧凑，既有利于整车结构布置和车身设计，也便于改型设计。然而新能源汽车在起步时需要较大的转矩，这就要求安装在直接驱动型电动轮中的电机必须能在低速时提供大转矩。为了使汽车有较好的动力性，电机还必须具有很宽的转矩和转速调节范围。由于电机工作会产生一定的冲击和振动，还要求车轮轮辋和车轮支承必须坚固、可靠。同时，由于非簧载质量大，要保证车辆的舒适性，要求对悬架系统弹性元件和阻尼元件进行优化设计。此外，电机输出转矩和功率也受到车轮尺寸的限制，系统成本高。

减速驱动方式采用高速内转子电机，电机安装在电动轮附近，通过减速机构与电动轮相连，故称为轮边电机。这种驱动方式允许电机在高速下运行，通常电机设计的最高转速在 4 000~20 000 r/min 范围内，其目的只是为了获得较高的比功率，而对电机的其他性能没有特殊要求。减速机构布置在电机和车轮之间，起到减速和增矩的作用，从而保证新能源汽车在低速时能够获得足够大的转矩。电机输出轴通过减速机构与车轮驱动轴连接，使电机轴承不直接承受车轮与路面的载荷作用，改善了轴承的工作条件；采用固定速比行星齿轮减速器，可使系统具有较大的调速范围和输出转矩，充分发挥驱动电机的调速特性，消除了电机输出转矩和功率受到车轮尺寸影响的限制。设计中主要应考虑解决齿轮的工作

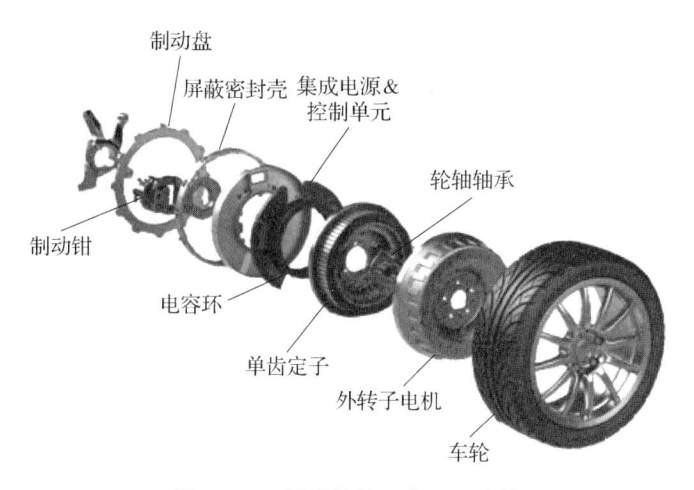

图 6 – 18　低速外转子电机驱动轮

噪声和润滑问题，其非簧载质量也比直接驱动式驱动系统要大。因此，减速驱动方式对电机及系统内部的结构方案设计要求更高。高速内转子电机驱动轮结构如图 6 – 19 所示。

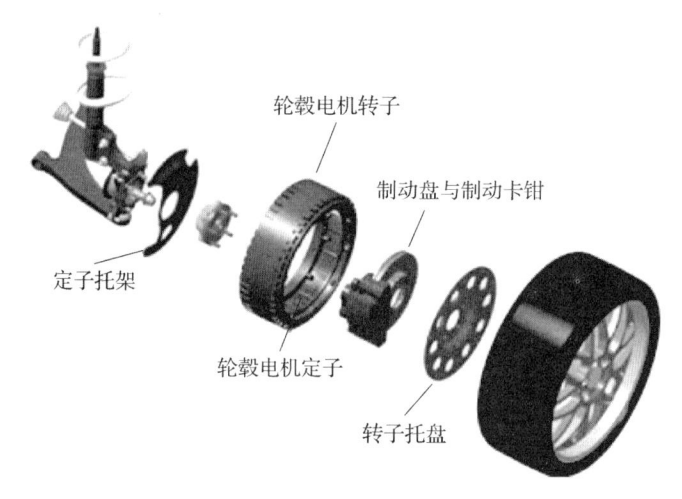

图 6 – 19　高速内转子电机驱动轮结构

6.4.2　轮毂/轮边电机的工作原理

与单电机集中驱动新能源汽车相比，轮毂/轮边电机驱动系统的主要特点在于将总动力分布到多个安装在轮辋的电机中，用电动轮驱动新能源汽车行驶。每个轮辋中的电机独立驱动，控制方便，分布灵活。永磁轮毂/轮边电机是一种特殊结构的永磁同步电机，基本原理与永磁同步电机相同，其主要功能是根据车辆运行工况和负载要求，由控制器提供控制信号，通过功率变换器分配给每个轮毂/轮边电机所需的电压和电流，以控制各电机的运行状态，实施能量变换，即将动力源提供的电能转换为机械能，或将电动轮上的动能转换为电能实现能量反馈。

轮毂/轮边电机驱动系统工作原理如图 6-20 所示。

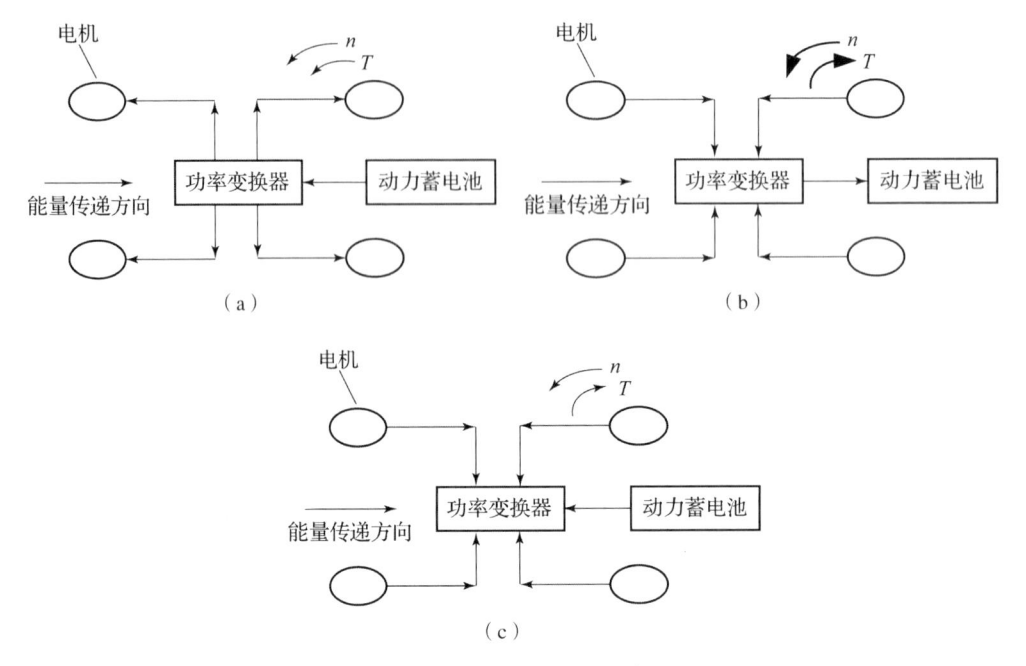

图 6-20　轮毂/轮边电机驱动系统工作原理
(a) 当新能源汽车恒速、加速或上坡时　(b) 当新能源汽车滑行减速或下坡时
(c) 当新能源汽车制动停车时

当新能源汽车在恒速、加速或上坡时，动力蓄电池向功率变换器输送直流电，功率变换器根据控制器发出的控制信号将直流电分别转换成四个电机所需的电压和电流，以控制电机的转速和转矩，满足车辆的运行要求，此时电机运行于电动状态，如图 6-20 (a) 所示。

当新能源汽车在滑行减速或下坡时，若车辆在惯性力克服车轮与地面的摩擦力及空气阻力后，系统还有足够的动力带动电机旋转，电机感应电动势大于动力蓄电池的外电压，车轮剩余的动能或势能可转化为电能，通过功率变换器回馈给动力蓄电池，实现能量回馈，达到节能和提高续驶里程的目的，此时电机运行于制动能量回馈状态，如图 6-20 (b) 所示。

当新能源汽车制动停车时，由功率变换器供电给各电机产生与电动轮运行方向相反的电磁转矩，起动电磁制动功能。较好的电磁制动能力可减小机械制动的运行频率，避免机械制动固有的热衰退现象，提高机械制动器的使用寿命，同时提高了车辆安全行驶性，此时电机运行于电磁制动状态，如图 6-20 (c) 所示。

在频繁制动与启动的工况中，制动能量约占总驱动能量的 50%。据统计，能量回馈可有效降低能耗，使新能源汽车一次充满电后的行驶里程延长 10%~30%。因此，在新能源汽车动力蓄电池能量不足的情况下，提高轮毂/轮边电机驱动总成的制动能量回馈效率显得极为重要。

6.4.3 轮毂/轮边电机的特点及选择

1. 轮毂/轮边电机特点

与单电机集中动力驱动相比，轮毂/轮边电机分布驱动技术具备很大优势，具体表现在以下几个方面。

①结构简单、布置灵活，不需要复杂的机械传动系统，车辆的空间利用率高，传动系统效率高。

②电机小型化分布驱动，独立控制，故障容错能力强。

③采用现代控制技术整体控制各轮毂/轮边电机的转速、转向和功率输出等参数，实现在传统汽车上难以实现的一些高性能控制功能，有效地改善汽车的行驶性能。

④在滑行减速或下坡时，动能或势能可转化为电能，通过功率变换器回馈给动力蓄电池，实现能量回馈，增加了新能源汽车的行驶里程。

2. 轮毂/轮边电机的选择

从理论上讲，轮毂/轮边电机可以选用直流电机、交流感应电机、交流永磁电机和开关磁阻电机等。但对于乘用车或商用车来说，为满足高密度、轻量化、小型化的要求，永磁电机是一个首选方案是因为其具有功率密度/转矩密度高、效率高、功率因数高、可靠性高和便于维护等优点且采用矢量控制，具有较宽的调速范围。所以，永磁电机在新能源汽车领域有着较好的应用前景。

轮毂/轮边电机的选择需要满足以下几个条件。

①要求有较大的起动转矩和一定的短时过载能力，以满足驱动电机频繁起动、加速和上坡对大转矩的要求。

②要求有较宽的恒功率调速范围，可满足电机在各种高低速工况下正常运行。

③要求电机能够正反转运行，以达到车辆在倒车时不必通过齿轮来实现换挡。

④要求电机能够有效实现制动能量回馈。

⑤要求电机具有电磁制动功能。

拓展元素 6.4

四、任务实施

任务名称：轮毂/轮边电机认知			
姓名：	班级：		学号：
任务描述	假如你是新能源汽车4S店的一名销售人员，现有一款车型采用了轮毂/轮边电机，顾客对该电机的结构和性能比较关注。请为顾客做详细介绍		
能力目标	（1）能向客户描述轮毂/轮边电机的结构； （2）能向客户描述轮毂/轮边电机的性能		
实施准备	（1）新能源汽车实训室； （2）白板		
实施步骤	（1）分组：教师将学生分成2组，一组学生扮演顾客，另一组学生扮演汽车4S店销售人员，每组选出1名组长； （2）布置任务：学生分组讨论，一组思考如何为顾客介绍轮毂/轮边电机的结构，另一组思考如何为客户介绍轮毂/轮边电机的性能； （3）学生查阅资料，组织语言进行介绍，小组合作完成任务； （4）组员交换角色，彼此咨询和介绍。		
自我反思	在专业能力、关键能力等方面的收获或体会：		

五、任务考核

评价项目	评价内容	评价标准	分值	自我评价	平台评价	组内评价	组间评价	教师评价	汇总
素质测评	规则意识	遵守作息制度，不迟到、不早退、不旷课	10						
	分析解决问题能力	提升自我查阅资料、解决问题能力	10						
	个人表达	口头表达能力，书面总结能力	10						
	团队合作	搜集信息、合作共事、知识共享、听取意见等方面	10						
专业测评	信息收集	准确记录顾客和车辆信息	10						
	知识掌握	轮毂/轮边电机的结构	5						
		轮毂/轮边电机的驱动方式	10						
		轮毂/轮边电机的工作原理	10						
		轮毂/轮边电机的特点及选择	5						
	知识应用	向顾客描述轮毂/轮边电机的结构和性能	10						
	方案制订	方案制订是否合理	10						
总评		总分	100						

六、思考练习

填空题

（1）轮毂/轮边电机的驱动方式主要包括_____和_____两种。

（2）减速驱动方式采用_____电机，电机安装在电动轮附近，通过减速机构与电动轮相连，故称为轮边电机。

（3）直接驱动方式采用_____电机，其电动轮与车轮组成一个完整部件总成。

参考文献

[1] 王毅, 巩航军. 新能源汽车电机驱动系统检修 [M]. 北京：机械工业出版社, 2023.

[2] 吕冬明, 杨运来. 新能源汽车电机及控制系统检修 [M]. 北京：机械工业出版社, 2021.

[3] 张之超, 邹德伟. 新能源汽车驱动电机与控制技术 [M]. 北京：北京理工大学出版社, 2022.

[4] 何忆斌, 侯志华. 新能源汽车驱动电机技术 [M]. 北京：机械工业出版社, 2021.

[5] 北京中车行高新技术有限公司职业教育培训评价组织. 汽车运用与维修（含智能新能源汽车）1＋X 证书制度——职业技能等级标准 [M]. 北京：高等教育出版社, 2023：273－305.

[6] 北京中车行高新技术有限公司职业教育培训评价组织. 汽车运用与维修（含智能新能源汽车）1＋X 证书制度——职业技能等级标准 [M]. 北京：高等教育出版社, 2023：350－397.

[7] 昝雪松. 国内新能源汽车关键技术发展现状与趋势分析 [J]. 内燃机与配件, 2023（17）：112－114.

[8] 黄胜, 张国富, 张冠勇, 等. 基于数字孪生的新能源汽车电机装配车间设计 [J]. 内燃机与配件, 2023（20）：65－67.

[9] 王文慧, 陈勇吏, 冯远志, 等. 新能源汽车电子诊断技术在技能人才培养中实践 [J]. 内燃机与配件, 2023（14）：113－115.

[10] 兰鹏宇. 新能源汽车扁线电机技术分析 [J]. 内燃机与配件, 2022（06）：212－214.

[11] 王嘉, 黄如君. 信息化技术在"新能源汽车驱动电机与控制技术"教学中应用的研究与实践 [J]. 科技视界, 2019（22）：175－176.

[12] 陈香玉, 夏晓佳, 李敬霓. "新能源汽车电机驱动技术"教学研究的探索与实践

[J]. 内燃机与配件, 2021 (04): 238-239.

[13] 汤思佳. 移动互联时代"新能源汽车电机与控制技术"课程教学研究 [J]. 内燃机与配件, 2021 (18): 242-245.

[14] 于姝娜. 基于新能源汽车电机驱动系统故障处理方式探讨 [J]. 内燃机与配件, 2021 (11): 169-170.

[15] 张龙. 新能源汽车驱动电机关键技术研究 [J]. 时代汽车, 2023 (19): 94-96.

[16] 未倩倩, 孙守富. 电动汽车用驱动电机系统效率测量结果的不确定度分析 [J]. 汽车电器, 2023.

[17] 李军民, 何仁. 基于系统效率最优的双转子轮毂电机电动汽车驱动模式能量管理策略 [J/OL]. 吉林大学学报（工学版）, 2024: 1-11. [2024-07-25]. https://doi.org/10.13229/j.cnki.jdxbgxb.20230427.

[18] 陈爽, 胡明辉, 赵佳伟. 系统损耗最小的双电机纯电动汽车实时转矩分配策略 [J]. 机械工程学报, 2023, 59 (22): 411-423.

[19] 王晶, 耿伟伟, 刘东旭, 等. 电动汽车用新型模块化聚磁转子永磁电机设计及其对比分析 [J/OL]. 中国电机工程学报, 2023: 1-11. [2023-11-30]. https://doi.org/10.13334/j.0258-8013.pcsee.222707.

[20] 农海, 黄雅金, 蒋卫东. 新能源汽车永磁同步电机故障分析与控制技术 [J]. 农机使用与维修, 2023 (09): 125-127.